佛法概论

——三乘菩提概说

方竹平 著

学林出版社

图书在版编目(CIP)数据

佛法概论 / 方竹平著. —上海：学林出版社，2012.9
ISBN 978-7-5486-0395-5

Ⅰ.①佛… Ⅱ.①方… Ⅲ.①佛教-概论 Ⅳ.①B948

中国版本图书馆 CIP 数据核字(2012)第 183644 号

佛法概论

著　　者——方竹平
责任编辑——吴耀根
特约编辑——田国忠
封面设计——文　治

出　　版——上海世纪出版股份有限公司　学林出版社
　　　　　　地址：上海钦州南路81号　电话/传真：64515005

发　　行——中国图书进出口上海公司
　　　　　　地址：上海市广中路88号　电话：36357888

排　　版——南京展望文化发展有限公司

字　　数——26万

书　　号——ISBN 978-7-5486-0395-5/B·23

（如发生印刷、装订质量问题，读者可向工厂调换）

目　　录

自序 ··· 1

第一篇　总论 ·· 1

第二篇　略说二乘菩提 ·· 6
　第一章　声闻菩提 ·· 6
　　第一节　声闻菩提概说 ·· 6
　　第二节　略说四圣谛 ··· 7
　　　第一目　苦圣谛 ·· 8
　　　第二目　苦集圣谛 ·· 12
　　　第三目　苦灭圣谛 ·· 15
　　　第四目　苦灭道圣谛 ·· 18
　　第三节　略说八正道 ··· 21
　　　第一目　世间八正道 ·· 22
　　　第二目　出世间八正道 ····································· 24
　　第四节　声闻菩提之内涵 ····································· 28
　　　第一目　五蕴概说 ·· 28
　　　　第一款　色蕴 ·· 29
　　　　第二款　受蕴 ·· 31
　　　　第三款　想蕴 ·· 32
　　　　第四款　行蕴 ·· 34
　　　　第五款　识蕴 ·· 35
　　　　第六款　非五蕴所摄的意根 ·························· 37
　　　第二目　略说十二处 ·· 39
　　　第三目　略说十八界 ·· 46
　　　第四目　现行熏种子，种子生现行 ················· 48

第五目　五蕴之空相及苦患 ·················· 50
　　　第六目　五蕴空相之证入 ···················· 56
　第五节　四加行之修证 ···························· 59
第二章　缘觉菩提 ···································· 64
　第一节　缘觉菩提概说 ···························· 64
　第二节　缘觉菩提之内涵 ·························· 65
　　第一目　略说缘起法 ···························· 65
　　　第一款　顺观十二因缘 ······················ 68
　　　第二款　逆观十二因缘 ······················ 72
　　　第三款　十二因缘不许离十因缘而存在 ······ 76
　　第二目　略说缘起性空 ·························· 79
　第三节　从他人闻十二因缘者亦属声闻菩提 ········ 81

第三章　二乘菩提之证入——解脱果 ·················· 83
　第一节　二乘菩提之证入 ·························· 83
　第二节　解脱之实际——依如来藏方有解脱 ········ 87

第三篇　略说佛菩提 ·································· 90
　第一章　佛菩提概括三乘 ·························· 90
　第二章　佛菩提道修证之次第 ······················ 93
　　第一节　佛菩提道之阶段差别 ···················· 93
　　第二节　依唯识五位次第 ························ 94
　　第三节　依瑜伽师地论次第 ······················ 95
　　第四节　应修一切种智 ·························· 97
　　第五节　初入地菩萨之修道 ······················ 100
　　第六节　入地菩萨之修道 ························ 104
　　　第一目　二地 ································ 104
　　　第二目　三地 ································ 106
　　　第三目　四地 ································ 108
　　　第四目　五地 ································ 110
　　　第五目　六地 ································ 112
　　　第六目　七地 ································ 113
　　　第七目　八地 ································ 116
　　　第八目　九地 ································ 118

第九目　十地 ……………………………………………………… 121
　　第十目　等觉 ……………………………………………………… 123
第三章　佛菩提修证之枢纽——明心、见性 …………………………… 125
　第一节　求悟般若前应注意事项 ………………………………………… 126
　　第一目　修集福德资粮 …………………………………………… 126
　　第二目　建立正确知见 …………………………………………… 128
　　　第一部分：基础佛法知见 …………………………………… 129
　　　第二部分：禅法知见 ………………………………………… 129
　　第三目　简择真正之善知识 ……………………………………… 138
　第二节　宗门与教门之关联 ……………………………………………… 141

第四篇　三乘菩提之异同 ……………………………………………………… 143
　第一章　三乘菩提之共道——解脱道 ……………………………………… 147
　　第一节　三乘菩提解脱道之别异 ………………………………………… 147
　　　第一目　二乘解脱道之两种涅槃 ……………………………… 148
　　　第二目　大乘解脱道之四种涅槃 ……………………………… 151
　　第二节　二乘无学不证涅槃 ……………………………………………… 152
　第二章　三乘菩提之不共道——大乘独有之佛菩提道 …………………… 156
　第三章　三乘圣人证德差别之所在 ………………………………………… 160
　　第一节　悟道因缘之不同 ………………………………………………… 160
　　第二节　智慧内涵之不同 ………………………………………………… 162
　　第三节　缘智具足之深浅差异 …………………………………………… 164
　　第四节　烦恼断除之不同 ………………………………………………… 166
　第四章　二乘菩提与大乘菩提之境界差别 ………………………………… 168
　　第一节　断疑之不同 ……………………………………………………… 168
　　第二节　思维之不同 ……………………………………………………… 171
　　第三节　智、器清净之不同 ……………………………………………… 172
　　第四节　行净之不同 ……………………………………………………… 173
　　第五节　"其行有边"与"其行无边"之不同 ………………………… 174
　第五章　一念无明与无始无明之别异 ……………………………………… 176
　　第一节　略说一念无明 …………………………………………………… 178
　　第二节　略说无始无明 …………………………………………………… 180
　　第三节　一念无明与无始无明的究竟断尽 …………………………… 182

第六章　二乘菩提与如来藏……………………………………… 187
　　第七章　唯一佛乘……………………………………………… 191

第五篇　藏传佛教应成派的中观思想…………………………… 197
　第一章　藏传佛教应成派中观的缘起 ………………………… 198
　第二章　藏传佛教应成派中观的主张与正统佛法间的差异… 200
　　第一节　应成派中观不立自宗破他宗………………………… 200
　　第二节　应成派中观不许有阿赖耶识………………………… 203
　　　第一目　应成派中观是"六识论"…………………………… 203
　　　第二目　应成派中观的"业灭能生自果"…………………… 206
　　第三节　应成派中观不许有依他起性的自证分……………… 211
　　第四节　应成派中观认为二乘人亦证法无我………………… 214
　　第五节　应成派中观不许唯识宗的"三界唯心，万法唯识"… 217

第六篇　综论……………………………………………………… 223

本书主要参考书目………………………………………………… 234
　一、佛经部分……………………………………………………… 234
　二、古代论著部分………………………………………………… 235
　三、现代著作部分………………………………………………… 236

自　　序

　　所谓"佛法"，即是成佛之法。佛乃觉者也，究竟觉悟之圣者，称为"佛陀"。在二千五百多年前，已经成就究竟佛道的圣者——释迦牟尼佛，将如何成就究竟佛道的方法，现示以教导众生，使众生也同样能够经由修行，而达到成佛的目标；因此这些能使人成就佛道的方法，就称之为佛法。又由于众生种性不同、根器不同、因缘不同，所以佛世尊就施设了三乘法教，应机接引不同的众生。

　　一般而言，众生从因地修行开始，必须历经三大阿僧祇劫方能成就佛道；由于成佛时间久远，因此对一般福慧浅薄、善根微少、性障深重的众生而言，很难相信、接受如此胜妙而难修的成佛之道。因应不同的根器，佛世尊只好施设二乘菩提解脱道的化城，教导众生如何把三界的贪著修除掉，进而解脱三界轮回之苦，出离三界生死。当众生依着世尊的教导，得以断除我见与我执，可以出离三界生死轮回，不再受业力与无明的牵制而免于流转三界六道之中，免除了不断的生死轮回，不受种种的生老病死等痛苦，因此就能相信佛是真语者、实语者、不诳语者、不异语者；依着佛的教导，的确可以使人到达解脱的彼岸，方能对佛所说成佛久远之道，生起具足之信力，故说二乘解脱道只是因应根机而方便施设之法，并非究竟成佛之道。二乘的解脱道，虽然能够使人证得解脱果，出离三界生死，但因其法义不以实证法界万法实相为内涵，所以不能使人生起实相般若之中道智慧，亦不能使人获得一切种智，不能毕竟成佛。又二乘定性无学舍寿时，必入无余涅槃，十八界俱灭，于未来际不能复生，只能于舍寿前随缘度众，所度众生亦唯能证二乘菩提，舍寿后亦皆入灭度，不能尽未来际度化极多有缘众生成佛；皆属尽一世随缘度众而已，故所度众生出三界者，其数亦有限量，所以二乘菩提不名为大乘菩提。

　　而大乘菩提行者若得证悟，不论悟后是否已证得无余依涅槃，悟后皆必依其所证之本来自性清净涅槃发起大悲之心，发起生生世世不入无余涅槃之大愿，常住世间，自度度他成就佛道，利益众生永无穷尽；如是至高无上，究竟无比，不共二乘定性无学者，方得名之为大菩提。大乘成佛之道是以佛菩提智慧为主，除了涵盖二乘菩提之解脱道外，尚包括第二转法轮之般若系诸经所说实相般若总相智、别相智,以及第三转法轮诸经所说如来藏妙义、一切种智、道种智等增上慧学;以亲证万法根源如来藏心体中所含藏一切种子,已具足故,名为成就一切种智;含般若总相、别相之智慧,以及一切种智之智慧,方可名为成佛之道。

以上略述三乘菩提之梗概,使众生了解佛法涵盖二主要道——解脱道与佛菩提道。解脱道是由佛菩提道中分析而出,为度畏惧生死的二乘人;因此单修二乘解脱道,并不能使人究竟成佛,所以将解脱道说为成佛之道者有大过失;因为解脱道只是佛菩提道的局部内涵而已,即使证得解脱果,仍不知法界之实相——万法出生之根本——如来藏,如此证得涅槃,若不相信佛所说如来藏是真实不虚,则等同断灭,违佛四阿含所说涅槃之中仍有"本际"独存的开示。

另有一部分佛学研究者,认为佛法是演变发展而迭有更易。但事实上佛法的标的——如来藏,是"历劫弥新,万古不易"的生命实相,不是因演变、演绎、发展、研究而发展出来的,不是人为而使其益臻完备或胜妙,而是亘古以来即是圆满、究竟、本来已在的实相,不是少数做学问者所说的"后人发展出来"的。长时以来,这些专做佛学学问而不事修证者的错误知见,铺天盖地地宣扬开来,使学佛人无法拣择真正的法义,失去修证成佛之道的契机。

笔者有鉴于大众对三乘菩提多所误解,又受南、北传错悟"大师"所传错误知见的影响,每认为"二乘菩提的解脱道即是成佛之道",否定大乘如来藏妙义,谤为"非佛说",诽谤第三转法轮诸经中所说如来藏正义,谤言无如来藏;并认为"如来藏思想富有外道神我色彩,是大乘崛起之后,由第六意识心体上细分而说,实际上并无七、八识存在"。然而第六意识是被第八识出生者,亦是必须藉第七识为缘方能从第八识中出生者;第七、八识正是第六意识的俱有依与根源,而这些专做佛学学问者却浑然不知,而作颠倒之说。这种错误而且颠倒的邪见,误导今时学佛者至为严重,使众生不仅无法获得出离三界生死的果报,更因错谬法义的毒害,而种下"诽谤如来藏"的恶业种子于自己的如来藏中,成为断善根人,求升反堕;笔者因此心生不忍,希望呈现给众生一个全貌性的佛法概念,以帮助众生在佛道的修证上,建立起完整佛菩提道架构之正确观念,并能明了修证过程中的次第与内涵,故名《佛法概论——三乘菩提概说》。

本书将以三乘菩提为主轴,用平铺直叙的方式将三乘法要和盘托出,建立佛法整体的全盘概念,能令有志学习佛法者知所依循。藉此,除了可以了知三乘菩提的全貌外,依之修学而可实证二乘解脱果,乃至能进修大乘佛菩提果。尤其是对于"佛菩提修证之枢纽——明心与见性",着墨甚多,详述求悟般若前应建立之知见和注意事项,可供欲实际修证佛法之有缘佛子参考,不若诸方大师误以为"佛教史之研究、佛教宗派之介绍、佛经之翻译与编修、佛经真伪之考证、原始佛教之教理与教相"，乃至"教人慈济、布施、行善"之人间善法……即是佛法者，使学人徒生意识枝节葛藤。当知此等种种教相，对于如何求证二乘菩提与大乘菩提，乃至迈向成佛之道，并无直接关联，都属于门外修学佛法；其所作所为，于成佛之道实证上而言，皆属戏论而已。

本书所说乃成佛之法，名为《佛法真实义——三乘菩提概说》而非《阿罗汉法真实义》，故内容取材非仅四阿含诸经法义；谓四阿含所说解脱道法义能使人成阿罗汉，不能使人成佛；利根人若精进修学者，一生可以成办解脱道，故应只能名为阿罗汉法，不名之佛法；唯有将此阿罗汉法摄入佛菩提道中，回归为成佛之法的一部分，方可名为佛法。是故本书法义之取材遍于三乘经典，不侧重于四阿含。本书共分六篇，第一篇"总论"，概略叙述三乘菩提之意涵。第二篇第一章"略说二乘菩提"，说明声闻菩提与缘觉菩提之意涵，并详述四圣谛、八正道、五蕴、十二处、十八界之真实义，使佛子对于观行五蕴之虚妄有确实的着力点。另外谈到十八界的运作、现行熏种子、种子生现行、五蕴空相及其苦患、五蕴空相之证入，乃至与二乘菩提相关却有所不同的六住位大乘见道前四加行之修证，都是佛子欲证生命实相之重要知见，希望能提供完整的资料，供大家参考。

第二篇第二章"缘觉菩提之内涵"中，也对缘起法、顺观十二因缘、逆观十二因缘、缘起性空，有许多阐述，可令佛子对缘起法有深入的了解。第二篇最后谈到二乘菩提解脱果的证入，对有余涅槃与无余涅槃果证内涵有详细之说明，并叙明"解脱果之实际，是依如来藏之独存状态而说"，以证实"依如来藏方有解脱道"。如是证实已，能令声闻解脱道为诸断见外道所不能附丽。

第三篇"略说佛菩提"，略述佛菩提涵盖三乘菩提之道理，并将佛菩提之修证次第，依各种不同层面作分位介绍，以加深佛子从纵向及横向建立全面性佛菩提道之概念。并敬录《华严经·十地品》中，十地菩萨殊胜的修证境界供有缘的佛子参考，以鼓励佛子发起"有为者，亦若是"之菩萨大愿，志求无上正等正觉。第三篇中的另一个重点，就是介绍"佛菩提修证之枢纽——明心与见性"，将如何能证悟之正确知见，及宗门与教门之关联作详尽而完整的阐述，佛子若能依之熏习修学，必能获得大利益，不仅能获得大乘与二乘的见道，还可发起广大心，说法度众、续佛慧命，乃至进求甚深佛菩提道之修证。

第四篇"三乘菩提之异同"，旨在厘清长久以来，佛子们对三乘菩提似是而非之观念，阐述三乘菩提有异有同之正理，三乘中同者乃同证解脱道，异者乃大乘独有之佛菩提道；在三乘解脱道的果证上，也是同中有异，二乘人是"证得解脱，不证涅槃"，大乘菩萨则是"证得解脱，也证涅槃"；其中的妙义，佛子们能从本书中得到详细的解答。第四篇中，也从多个层面，分析三乘圣人之证境与智慧差别所在，可以加深佛子对二乘菩提与大乘菩提证境与智慧差异的了解。另外，在此篇中也专章阐述"一念无明与无始无明之别异"，以使大乘菩提与二乘菩提之差别，由无明的角度来解析，如此可以令佛子们有更清楚的理解。最后以"唯一佛乘，无二无别"作为总结，楷定"佛说有三乘菩提，是方便说，非究竟说"，将三乘汇归一乘，一乘即是"唯一佛乘"；离开自心如来藏，则无任何一法可得，况有三乘菩提可修可证？而二乘菩提也是依于自心如来——各人都已本自圆满的如来藏——才有解脱果可得可证，所以三乘菩提的根本即是如来藏。

第五篇"藏传佛教应成派的中观思想"，则是对于近数十年来影响佛教界至深的"性空唯名论、虚妄唯识论、真常唯心论"的思想源头——应成中观派——作相当程度的评介。由于应成派中观思想主张不立一法，甚至三乘菩提之根本——如来藏——亦不许之，并以此为基础建立一连串不符"依如来藏方有解脱道"、"依如来藏方有佛菩提道"之世尊圣教的法义推论与教法建立。此篇的呈现，可使佛子有一仔细比对之机会，将越发显示正法之殊胜和尊贵，众生亦能因此对正法有更完整的了解。在深入思维比对后，就能渐渐具备拣择正法之能力，则不仅能建立起正确的解脱道与佛菩提道之观念，使今生乃至尽未来际生，免受应成中观派之影响。

第六篇"综论"，则是对本书所述三乘菩提之内涵做整体性之总结，阐释三乘佛法总摄于佛菩提，而佛菩提道的圆满则是佛地无垢识"常乐我净"的境界：诸佛的第八识已经永尽一切有漏习气种子随眠与无始无明的随眠，断尽分段生死与变易生死，究竟清净，是故名之为佛。如是三乘菩提正理却为当代一般大师与学人多所误解，不知三乘菩提包括二乘菩提与大乘菩提，而大乘菩提则涵盖了二乘菩提，亦即"佛菩提道涵盖解脱道"；不明正理者每多误会阿罗汉法即是究竟佛法，以为修学解脱道即是修学成佛之道。由于知见之错谬，导致久修佛法而无法实证之窘境。是故，读者于本书所述"阿罗汉法"与"佛法"之分际，宜再三思维熏习，厘清三乘菩提间的种种差异，若能于此三乘菩提的同异之处，有多层面的理解与体会，深心中就能建立起正确之佛道次第概念，并能依之修行，就能渐次迈向成佛之道。另外，笔者也对当代广大佛弟子无法修证佛菩提的原因，与修证佛菩提之首要——先断我见之方法——作详细之阐述，提出衷心的呼吁，吁请一切有缘的佛子皆能摒弃成见、邪见和谬见，努力求证大乘见道——明心与见性。

本书除可作为佛子自修，增益见地之外，亦可当作佛学院中"佛法概论"之辅助教材，以正确之三乘菩提正见，匡正应成派中观思想，引导长时以来被误导之广大佛子，能脱离应成派中观兼具六识论、无因论、断灭论等影响，建立三乘菩提之正知正见。正知正见建立已，而后方有三乘菩提之可修、可证，方能实证三乘菩提真义。

本书之另两个特色，一者是在每章、每节、每目之后，皆附有"问题讨论"，举示此章节中修学之重点及重要之观念，可供读者自我思维检讨之用，藉此思维检讨可以确实掌握其中的精要，也能厘清佛法修学上可能会忽略的许多盲点；此外，这些问题，也可作为教授者之教学参考大纲，供学生互相讨论，以增益佛法之见地。二者本书是依佛法而说者，属于大乘道的佛菩提妙法；不是依阿罗汉法而说者，故非纯属修学阿罗汉之法；然亦兼摄阿含之道，故亦能使人证得解脱果，成就阿罗汉道。

因出版在即，略述本书之缘起、概要及特点，作为补充说明。愿以此书出版之功德，回向有缘佛子皆蒙法益，建立三乘菩提之正知见，早入大乘见道，永不退转，是所至祷。

菩萨戒子　方竹平　敬序
二〇〇七年仲夏

第一篇 总 论

究竟什么是佛法？有人说："佛法就是讲四圣谛、八正道、十二因缘、缘起性空、三十七道品等诸法，这就是佛法。"但是实际上，佛法不只是这些而已；佛法可以依其觉悟内涵之不同，分为三乘菩提——声闻菩提、缘觉菩提、佛菩提。

所谓"菩提"即是觉悟的意思，也就是因为觉悟的内涵各不相同，所以分成三乘。《金刚经》云："一切贤圣皆以无为法而有差别。"意即：觉悟声闻菩提者，即成声闻乘的圣人；觉悟缘觉菩提者，即成缘觉乘的圣人；觉悟佛菩提者，即成贤位或圣位菩萨乃至成究竟佛。然而此中异同，错综复杂，绝非三言两语便可厘清。

末法时期，由于一般修学佛法之人，对于三乘菩提普遍缺乏正知见，无法了知三乘菩提之异同；对于三乘菩提之共道与不共道懵无所知，因此导致久修佛法而不能突破，甚至停滞不前的情况比比皆是；更有穷尽毕生精力用功修行而毫无进展，于己遂生小根劣器想，不敢进求声闻乘的见道，对于大乘贤圣自觉圣智境界更是不敢奢望；只能私下怨叹自己慧根浅狭、福德未具、业障深重；对于如何进求佛道，真是一点把握都没有。由是种种缘故，乃使今日《佛法真实义——三乘菩提概说》出版因缘得以成熟；为帮助广大佛法修行者，使能突破佛法修行上之瓶颈，发心进求佛菩提道，乃略说三乘菩提异同之梗概，以建立学佛者之正知见。

佛法概分为三乘菩提，约略地说，可以分成两大部分：一部分是"解脱道"，另一部分是"佛菩提道"。什么是解脱道呢？所谓解脱道，就是如何出离三界生死轮回的义理与行门。什么叫做佛菩提道呢？佛菩提就是每个众生在证知生命的实相——法界根源——当时及后续所出生的智慧，而法界实相就是各个有情都有的真如与佛性；证知法界实相而生起法界实相智慧的方法，就是佛菩提道。

有许多人认为，修证解脱道就是修证佛法，而事实上，佛法是"成佛"之法，不是唯能令人"成阿罗汉"之法；单修阿含解脱道之实证，只能使人成阿罗汉，并不能使人成佛；所以佛陀入灭后，没有一位证得解脱道极果的大阿罗汉敢绍继佛位而自称成佛。解脱道是佛世尊为了接引畏惧生死轮回而急切想要解脱分段生死轮回的二乘人，而从佛法中把较易成就之出离三界生死的方法抽出来，先行宣讲，先让有缘的众生可以亲自证实而出离三界生死，也让其他佛弟子相信出离三界生死是可实证的，所以就专教他们出三界的方法，这就是二乘菩提；亦即是阿含解脱道的义理与行门，也就是断我执烦恼而取证解脱果的法门，亦是佛世尊在初转法轮时所教授的成阿罗汉之法。在这初转法轮时所宣说之法能使人解脱生死苦恼，但却不足以使人成佛。

当许多众生证得解脱果，实证二乘菩提解脱果真实非虚假之后，自会相信佛世尊所说的法是真实可证的法，确实可以使人出离三界生死。由于信受佛语故，当后来佛世尊宣讲如何成佛之正理时，众生才会真的信受。而这成佛的正理就是佛菩提道，也就是大乘佛法的义理，也是修学唯一佛乘的正法，这当中包含了实相般若智慧及如来藏含藏一切种子的智慧，这就是佛世尊在第二转法轮及第三转法轮所教授的成佛之法。所以，成佛之道，必须具足解脱道与佛菩提道，才是真正的成佛之道，并不是单修出离三界生死轮回的解脱道，就可以说为成佛之道。

自古以来，有许多人误会佛法，以为不停地打坐、修学禅定，使妄想杂念不再出生了就是涅槃境界。误以为如此保持无念就可以出离三界，就可以解脱生死。但是实际上，声闻菩提和缘觉菩提的解脱道，并不是由于禅定功夫而出三界，而是由于断尽我见与我执的智慧，才出离三界的生死轮回。譬如外道之中，也有修学四禅八定乃至修得非想非非想定者，而结果却仍然还在三界轮回之中。最主要的原因是由于他们没有无我无生的智慧，所以不能得解脱。解脱是发起无我无生的智慧之后，断除见惑、思惑烦恼及我所烦恼而得到的果报，不是因为世间禅定而能使人证得解脱。如果想要从修定而证得解脱，只有佛门之中的圣弟子，已有无漏慧，有四念处观，当修到非想非非想定时，发起舍心，慧光圆通，证灭受想定，这样才因定而得到现世的解脱；但即使是已证无漏慧的阿罗汉不修不证第四禅、非想非非想定乃至灭受想定，其舍身之后的解脱境界也仍与已证四禅八定的俱解脱阿罗汉是无二无别的。由此可见，解脱道修证之本质仍是依智慧而得解脱，禅定只是助缘而已。

三乘菩提中的解脱果有四种：本来自性清净涅槃、有余涅槃、无余涅槃、无住处涅槃。二乘无学唯证有余涅槃与无余涅槃（方便说为证），菩萨初地满心位容得前三种涅槃而不思求证有余、无余，三地满心则必能证得前三种涅槃，而仍不取证有余、无余。明心七住位者必可证得本来自性清净涅槃，而只有佛才能具足四种涅槃。一切凡夫异生有情及二乘无学圣人，同样都住在本来自性清净涅槃之中，却不觉不证，但这却不是未证藏识之人所能臆想揣测，唯有证悟藏识者方能知之。地后菩萨能证无余涅槃而起受生愿，永不取证有余、无余涅槃，所以也可以说菩萨皆不证有余、无余涅槃。

二乘决定不回心的无学圣人，舍寿则必永住无余涅槃，永不受生于三界中。诸佛则是灭尽三界分段生死无明已，进断藏识中一切烦恼障之习气种子随眠，并断尽所知障之一切无明随眠，故其第八识中种子流注变易已灭，永不变易，名为已断变易生死；如是已证有余涅槃、无余涅槃而不住无余涅槃境界中，复已断分段生死及变易生死，依入初地时所发十无尽愿度化有情而永无休止，不入涅槃亦不住生死，名为无住处涅槃；此唯诸佛证得，如是究竟解脱之果并非二乘圣人所知、所证，是菩萨三大阿僧劫中所修而证知者。以上所说，解脱果的四种圆寂中，本来自性清净涅槃及无住处涅槃，唯在大乘佛菩提智中方能证得，无余涅槃和有余涅槃则通三乘；如是异同，学人应知。

声闻和缘觉在证得声闻菩提和缘觉菩提的解脱之后，可以出离三界的生死轮回，可是仍然不证不知佛菩提的内涵，仍然不能晓了大乘菩萨所证的法界实相——真如与佛性的内涵。但是，大乘菩萨却一样可以证得声闻、缘觉菩提而出三界，但因大悲心故而留惑润生。由此可见，解脱道是三乘与共的法道。但是在大乘法中，菩萨修学佛菩提，要圆满成就佛地的大菩提果，这却是不共二乘的。

佛菩提果的究竟圆满是佛地，而佛菩提果所修证的，全部都属于有情自身的八识心王、五十一个心所有法、十一个色法、二十四个心不相应行法、第八识的七种性自性、人无我与法无我，以及六个无为法。在这些法里面，最重要、最根本的就是第八识阿赖耶识。这个阿赖耶识又称为如来藏，因为含藏着将来成就究竟佛道而成为如来的功能，也就是含藏着能使众生未来成为如来的种子，所以也叫做"如来藏"。大乘菩萨证得如来藏阿赖耶识以后，经过很长时间的修行，把如来藏中七识心相应的贪痴慢疑等现行修除掉，证得解脱道，能出三界；但却发起受生愿，继续轮回生死，自度度他，一面修除七识相应烦恼障的习气种子随眠，一面修证如来藏中含藏的一切种子，直到无生法忍究竟圆满，成就一切种智，然后成佛。那时的第八识就改名为"无垢识"，又名"佛地真如"。

而大乘菩提的内涵，可以分成两部分：一部分是在总相与别相上说二转法轮的般若空，这个般若空是以真心空性来涵盖蕴处界空相，而不是专指蕴处界空相；另一个部分则是到了三转法轮时，再从别相上来说明一切种智，也就是唯识的百法、千法、万法明门，也就是如来藏系经典的内涵，这是第三转法轮时期所说的证悟菩萨悟后进修成佛之法。修学第二转法轮的般若诸经，能使已明心破参入七住位的修行人进入初地，其间若有善知识的指导，在一生中就可以完成。入初地后修学第三转法轮的唯识诸经法义，则可以使菩萨次第迈向佛地；第二、第三转法轮诸经的法义，涵盖二乘法的解脱道，而大乘菩提则不是不肯回小向大的二乘人所能知之，它唯大乘所有，不共二乘，故名为别教——有别于二乘菩提。这亦有别于大乘通教专修解脱道的菩萨们，他们求证佛菩提而仍无因缘接触佛菩提妙法：尚无因缘得遇大乘胜义菩萨僧，故无因缘修学大乘法，仅依悲愿而在实证解脱以后，继续发起受生愿而世世住于人间广度众生修学大乘通教解脱道——通于二乘解脱道。

　　大乘佛菩提增上慧学之修证，须由大乘真见道入手——破参明心，证得如来藏而发起般若中道智，方能渐修而入初地，正式修学增上慧学，是故一切未证得如来藏之大乘行者当务之急乃是亲证自心藏识；当知无有不证藏识而能契会般若中观者，实相般若及中道观行，都依万法根源而且恒时显现中道性之如来藏而说者故。如果不能契会般若、中观，就无法熏修初地无生法忍道种智，修学初地的无生法忍而实证初分道种智，正是以般若智及中道观行之智慧为基础。

　　然而，菩萨明心证悟之后，虽得般若智及中道智而能现观，亦唯入别教七住位而已；纵使已能眼见佛性而证得世界身心如幻之现观，亦唯是十住位菩萨，尚未得阶初地，原因有四：第一，未发起圣性，不得修十地之道，因此需入十行位中，行种种行，修除凡夫异生性，藉以发起圣性，令思惑永伏不现，以成就圣性，故名为"性种性"成就。第二，未发起修道性，仍不得修十地之道，因此须入十回向位中，藉种种回向之行而发起能修十地法道之修道性，成就"道种性"。第三，未具足入地所需之增上慧学——八识心王之五法、三自性、七种第一义、七种性自性、二种无我法，因此须依止大善知识熏修《般若经》、《楞伽经》、《解深密经》，令见地通达，而由大乘真见道位转入相见道位，证得初地无生法忍道种智。第四，未发广大心，是故当依《华严经·十地品》于佛前以至诚恳切之心，勇发十无尽愿，并修集入地所需广大福德。已经证悟之佛子，悟后进修如是四法，因此四缘具足，方能成为初地圣人；不论是出家或在家，只要是具足这四法，即能无畏于二乘圣人之质难或请法，无畏于一切外道之法义质难，就能够真实地绍继如来家业使其永不断绝,故名之为生如来家、成真佛子,如此之人即是大乘胜义菩萨僧中之圣者,非如大乘三贤位中之胜义菩萨僧而只成贤者。

　　大乘别教菩萨证得如来藏时,虽已胜妙于声闻教中的初果圣者,但只是大乘无生忍之人无我智而已,未得法无我智,所以只是别教七住贤位,未入初地圣位,这只是真见道位之习种性菩萨;此意即是说,他与声闻初果人一样,习气仍然很重;也就是说他尚须修除大乘无生法中的异生性,尚须熏习大乘法的修道性,尚须熏习增上慧学,所以名为习种性菩萨。证悟明心只是真见道,尚有相见道位的般若别相智慧待修;别相智圆满了,才有能力进入初地心中,因此,能证悟明心,才能够依序而修进初地。如果有人尚未明心,未亲证如来藏,而说他已入初地或者能入初地,这是不如实说;因为大乘别教之法,是以般若实相智慧的生起为根本;而般若实相智慧的生起,则是以如来藏的亲证为根本。未能证得如来藏,就不可能发起实相般若智慧,即不可能修入初地乃至诸地。如是正理,一切佛子应知,才不会为人所诳惑而不自知,也才能真知自己修行之浅深程度,才不致生起增上慢而造下未证言证之大妄语业。假使有人能真悟如来藏,复能依前所述四法如实而修,在大善知识指导下,一生即能进入初地,超第一无量数劫。

　　如是略说三乘菩提之异同,令诸有缘佛子闻后能作思维,并能略知大乘佛菩提道之次第梗概,知后当思如何下手,如何突破,如何转进,如何迈向成佛之道,则知大乘佛菩提道修证之枢纽——亲证法界实相——真如与佛性,能觅得如来藏,并能眼见佛性,方能步步迈向佛地。期盼一切有缘之佛子,皆能由此书之因缘,得入大乘真见道,从此步入修道之坦途,永不为邪见谬见所误导,永不入佛法之歧途。

【问题讨论】

　　一、什么是佛法?

　　二、为什么佛法要分为三乘?原因何在?

　　三、略述何谓解脱道?何谓佛菩提道?

　　四、为什么单修解脱道,不能使人成佛?原因何在?

　　五、佛菩提果所修证的内涵包括哪些?

　　六、大乘明心见道,唯入别教七住位,应继续具足哪四个条件,才能修入初地呢?请略述之。

第二篇　略说二乘菩提

第一章　声闻菩提

第一节　声闻菩提概说

　　佛出人间时，常见外道极为盛行，佛为摧破诸种常见外道，宣说十八界、十二处、五蕴、六入之法，一一分析，令诸学人闻已，依佛言声而得证解，断我见乃至我执成阿罗汉，名之为声闻菩提。菩提者意谓觉悟，所觉悟内容为一切有情蕴处界无真实我。

　　所谓"声闻"，即是闻佛或已证解脱圣弟子之音声说法，经由听闻佛（或圣弟子）详述或略述五蕴、十二处、六入、十八界之意涵，而断我见我执，成须陀洹乃至阿罗汉者称之。若有钝根者闻佛或圣弟子说法已，不能如实解义，须于闻后静处思维，分析辨正，如是理解及确认佛说蕴处界空而断我见我执，证声闻菩提。至若五盖（贪欲盖、瞋恚盖、睡眠盖、掉悔盖、疑盖）深重者，不唯闻法，不唯闻法思维已，尚须于历缘对境中，藉闻思所得慧作诸观行，以断我所执及我执而证声闻菩提。慧强而无盖者，但须闻佛或圣弟子略说蕴处界空，立时可成慧解脱阿罗汉，不由思维；闻说法音声而证解脱果，非由自觉自悟，故名声闻菩提。已修成四禅八定者，其三界有爱已经完全降伏，五盖已灭，唯因不断我见故不证解脱，此人但须闻佛或圣弟子略说蕴处界空，不由思维，立时即成定解脱阿罗汉，兼具慧解脱及灭尽定故，名为俱解脱阿罗汉。慧劣盖轻者，不但须闻佛之略说蕴处界空，尚须圣弟子为其详细分析四圣谛、十二因缘、八正道，而后独一静处思维，经历时、日、月、年，一一通达之后，方能成为慧解脱阿罗汉。

　　慧强而盖重者，于闻法后即证声闻菩提，我见随断；但因性障习重故，我执不断，唯成声闻初果；须于觉证后历缘对境修除我所执及我执，熏习增长清净无漏法种，贪瞋渐薄乃至断除，而后发起初禅，渐次断除五下分结、五上分结，成慧解脱阿罗汉。证四果已，若能加修四禅八定及八背舍，即成俱解脱阿罗汉。如前略说声闻菩提之觉证,要须先闻善知识之音声说法,而后悟入蕴处界空相,方能证得解脱果,故名声闻菩提。

【问题讨论】
一、何谓声闻?
二、何谓声闻菩提?
三、何谓慧解脱阿罗汉?
四、何谓俱解脱阿罗汉?
五、"慧强盖无"、"慧劣盖轻"者与"慧强而盖重"者,修证声闻菩提有何不同?

第二节　略说四圣谛

释迦世尊证道后,在鹿野苑初转法轮,度化陈如等五比丘。当时世尊为五比丘所说的法,就是四圣谛——苦、集、灭、道。乃至于化道既圆将入涅槃时,又于遗教经中,三唱若于苦等四谛有所疑问者,可以赶快发问,由此可以看出四圣谛在佛所说法中的重要性。

所谓四谛,为苦谛、集谛、灭谛、道谛。谛者,真义、实义、如义、不颠倒义、绝虚妄义也。《瑜伽师地论》卷二十七云:"苦谛苦义,乃至道谛道义;是如是实非不如实;是无颠倒非是颠倒;故名为谛。又彼自相,无有虚诳;及见彼故,无倒觉转,是故名谛。"所谓四圣谛,即是圣者所见真理义。《瑜伽师地论》又云:"唯诸圣者于是诸谛,同谓为谛,如实了知,如实观见。一切愚夫,不如实知,不如实见。是故诸谛唯名圣谛。"佛世尊在《杂阿含经》中,说及四圣谛的部分,共有一百五十经之多。佛陀一再开示诸比丘,要他们不断修习四圣谛,如果能真正理解四圣谛,实践八正道,经由四圣谛和八正道,就可建立阿罗汉的解脱知见和一切胜行,因此而证得圣果。

关于四圣谛的义理,且引《中阿含经》卷七《象迹喻经》而说:"尔时尊者舍梨子告诸比丘:诸贤!若有无量善法,彼一切法皆四圣谛所摄,来入四圣谛中,谓四圣谛于一切法最为第一;所以者何?摄受一切众善法故。诸贤!犹如诸畜之迹,象迹为第一,所以者何?彼象迹者最广大故。如是,诸贤!无量善法,彼一切法皆四圣谛所摄,来入四圣谛中,谓四圣谛于一切法最为第一。云何为四?谓苦圣谛,苦习、苦灭、苦灭道圣谛。"

所谓的四圣谛,并非只有二乘菩提中才有,其实四圣谛是贯通三乘菩提的;只是大乘依实相法的如来藏心体为中心,依实相般若而说蕴处界缘起性空的四圣谛,并且进一步修学如来藏所含藏一切种子的智慧,成就一切种智而成佛道;二乘则是只依蕴处界的缘起性空来说四圣谛,纯依世俗法的蕴处界来观察蕴处界的无常故苦、苦故无我、无我故空。从二乘菩提来说,一切法都摄入四圣谛中,因为一切法都不离五蕴、十二处、十八界法,若离蕴处界,就无一切法可说,由蕴处界的具足而辗转出生一切法故;然而二乘四圣谛中的苦圣谛,说的正是蕴处界的内容,不曾外于蕴处界等世俗法;也都是在说蕴处界是缘起法,其五阴的自性都是生灭无常的,十二处与十八界终归坏灭,其性本空,并无常住不坏的真实性;身心以外的一切法则是缘于蕴处界而辗转生起的,而蕴处界正是使众苦具体实现的藉缘而纳入苦圣谛中,所以缘蕴处界而生的一切法当然也得要摄入苦圣谛中。然而苦圣谛之上更有苦集谛,苦集谛之上更有苦灭谛与苦灭道谛,所以二乘法中说一切法都摄入苦圣谛中,都是依苦圣谛而发展出苦集谛、苦灭谛、苦灭道谛。苦圣谛后的三谛,当然也都是善法,但是世间最善之法,不论任何的善法,依此以观,其实都不出苦圣谛、苦集谛、苦灭谛、苦灭道谛,所以说:"无量善法,彼一切法皆四圣谛所摄,来入四圣谛中,谓四圣谛于一切法最为第一。"

第一目　苦　圣　谛

四圣谛中的第一圣谛,是苦谛。苦谛,是三界六道的苦报。亦即有情世间和器世间,都是由业烦恼的势力所生,由业烦恼的势力所起;因此,世间即是受苦之处,俱是苦性,故名苦谛。所谓的苦圣谛,是说生苦、老苦、病苦、死苦、怨憎会苦、爱别离苦、所求不得苦,这七种苦合起来而说,就是五阴炽盛苦,即是所谓的"八苦",这是众生轮回于六道中所受的八种苦果。兹分述如下:

一为生苦　略有两义:一者生为众苦所逼——即在母胎之中,经过十个月的时间,内热煎煮,身形渐成,住在生脏的下面、熟脏的上面,夹压如狱,俱受种种不净物的逼迫。母啖一杯热食,灌其身体,如入汤锅;母饮一杯冷水,亦如寒冰切体。母饱之时,迫逼身体,痛不可言;母饥之时,腹中了了,亦如倒悬,受苦无量。至其满月,欲生之时,业风催促,头下向产门,如两石夹山。出胎之后,冷风触身,苦痛甚于刀刺针灸,难以言喻。二者生是余苦所依——因为有了生身以后,其余的老苦、病苦、死苦等都踵随而至。因此,生苦不仅是说生的自体是苦,由生为因而引生种种身心上的苦受,皆名为苦。

二为老苦 一者增长——谓由少至壮,由壮至衰,气力渐渐羸弱,动止不宁。二者坏灭——谓盛去衰来,精神耗减,其命日促,渐至毁坏。人出生之后,历经婴孩位、幼童位、少年位、中年位、老年位、耄熟位,色身由盛至衰,头发白了,牙齿掉落了,原来盛壮的色身日渐衰弱下来,身形变得弯曲,双腿也变得不听使唤了,身体觉得粗重而气息却上扬,使身体不稳,只能拄着拐杖来走路;肌肉萎缩、皮肤松弛,不但皱了,而且全身老人斑多得像麻子一样;这时五根渐渐在毁坏而日趋熟烂,颜面色泽也变得丑恶,这就称为老。此时,全部的色身都承受了老的痛苦,觉知心也跟着领受老的痛苦。老的痛苦是色身与心理同时在感受,而且是全面性的领受,乃至色身与心理都共同生起强烈的热恼、烦恼,忧戚地全面领受老的痛苦。

三为病苦 病苦有两种:一者身病——有情之色身,是由地、水、火、风四大种组织而成,若四大不调,则众病发生。地大不调,身体僵硬沉重;水大不调,身体虚浮肿胖;火大不调,遍身蒸热高烧,或遍身受冷少温;风大不调,举身颤掉倔强。二者心病——由于四大变异而产生各种身体上的疾病,引起心理上种种苦恼,忧切悲哀。所谓病,是说头痛、眼痛、耳痛、鼻痛、面痛、唇痛、齿痛、舌痛、腭痛、咽痛、气喘、咳嗽、喝了就吐、喉咙生茧、羊痫癫、瘿疮、月经流溢、胆有火气、身体烦热、枯槁瘦弱、痔疮、下痢等种种病,从触觉而产生苦触,这种苦触同时也不离心的感觉,留在人身之中感觉痛苦,这就称为病。而病苦的意思,是说有情生病时,身体触到了苦受,由于身苦痛的缘故,导致心也感受到苦受,而且是身心全面感觉到苦痛,身体与心都全面领受苦受;因为苦受,所以身心都共同烦躁起来,乃至于产生壮大的烦躁,烦恼忧戚地全面领受身与心的壮大烦躁,这即是所谓病的痛苦。

四为死苦 死约可分为两种:一者病死——谓因疾病而寿尽命终;二者外缘——谓因外在的恶缘逼迫,如遭受水、火、风、雨、地震等天然灾害,或汽机车灾祸、飞机失事、船舶沉没,乃至被人杀害、自杀、药物中毒等而死亡。《瑜伽师地论》卷一,弥勒菩萨云:"云何死?谓由寿量极故而便致死。此复三种:谓寿尽故、福尽故、不避不平等故,当知亦是时非时死。"意思是说,死有三种:一种是寿命满尽而死,称为时死;另一种是福尽故,是由于资具缺乏故死;第三种是不能避开死亡的原因而死,"如世尊说九因九缘,未尽寿量而死。何等为九?谓食无度量、食所不宜、不消复食、生而不吐、熟而持之、不近医药、不知于己若损若益、非时非量行非梵行,此名非时死。"以上说明死的种类。而死的意思是说,许多种类的有情众生,命根结束时显示了无常,死亡而丧失身体,接着身体就散灭了;寿命用尽了、破坏了,命根因死亡而不能再有觉知领受了,就称为死亡。死的痛苦,是说众生死的时候,身体领受了苦受,遍身领受苦受,感觉死的苦,整个感觉死的苦;心理领受死的苦受,全面领纳死的苦受,感觉到死的苦出现了,也全面性感觉死苦的内容;接着身与心同时全面领纳死的苦受;面临死亡的时候,身体有烦躁的觉受,心理也跟着烦躁,并且全面领受死苦的烦躁,身与心都同时全面性地感觉死苦的烦躁;进而身与心共同地生起了壮大的烦躁,烦恼忧戚地领纳身与心共同都有的壮大烦躁的觉受,专注而全面地感觉到身与心都有的壮大的烦躁觉受。以上略说死的苦。

五为怨憎会苦 可从两方面来说明:一者从事相上来说——谓常有怨恨之仇敌、憎恶之坏人、丑陋之人、无缘之人、无赖借贷之人、债主等,心中希望他们长时远离,但因缘所至,偏巧集聚会合,引起心理上的种种苦受,乃至转生身体上之苦受,称之为怨憎会苦。二者从理上来说——怨憎会的意思,是说众生确实有内六处:不可爱的眼根,不可爱的耳、鼻、舌、身、意根,这些不可爱的六根聚会在同一个三界有之中(同聚在一个人身之内,或同聚在一个有情色身之内),收摄为一体、和合为一体、共同熏习一切法,这些不可爱的六根共同相聚在一起,便会使众生流转生死而不得出离,所以六处和合在一起时,便成就了怨憎会的痛苦。乃至有情对身外六尘的触、觉受、了知、思量、贪爱也是一样的道理,因为这外六尘的聚会和合,而使众生流转生死、不能断绝,所以外六处也是不可爱的;不可爱的外六处和合在一起而使人流转生死,不得出离,所以外六处的和合亦是怨憎会。而所谓怨憎会的苦,是说众生不可爱的六处怨憎会时,身体就会领受痛苦的觉受,接着心中也会领受痛苦的觉受,进而身体与心中都专注而全面地感觉到身心中都有痛苦的觉受,这就是世尊所说怨憎会苦的意思。

六为爱别离苦 也可从两方面来说:一者从事相上——又可分为生离与死别两种。生离的意思是说自己亲爱的人,希望能常相聚会,但因谋生、刀兵、水火灾、调差、冤狱等诸多因素,使其乖离分散,而引起心理上的种种苦受。死别则是临死之时,必须离开眷属、离开色身、离开种种贪爱的世间财物,所以心中生起强烈的爱别离的痛苦。二者从理上来说——所谓爱别离的痛苦,是说众生确实有内六处:可爱的眼根,可爱的耳、鼻、舌、身、意根,当这六根互不相属分散了,六根不能相应时；六根互相分离，六根不能聚会在一起，六根不能互摄，六根不能共同熏习一切法，六根不能像以前一样和合在一起，这就是苦。乃至对于外处六尘的触、觉受、了知、思量、爱贪，也是一样的道理，如果与外六尘别离，也像这样子的痛苦。众生是由地、水、火、风、空、识六界和合而成，而这六界假使成为不相干的六界不再聚合为一体，身中的六界就不能再相应；六界分散别离了，六界不聚会为一体，六界不再互相摄持，六界也不能共同熏习一切法，六界不和合在一起，色身就坏了，这就是苦，即是爱别离的痛苦。众生身中的内六处、外六处、内六界互相别离时，身体领纳到苦受，心中也领纳了别离的痛苦觉受；甚而身体与心中都专注而全面性地感觉到爱别离的痛苦觉受，这就是世尊所开示的爱别离的痛苦。

七为所求不得苦　同样可以从事上与理上两方面来说：一者事相上的所求不得——包括人、事、物三方面。人方面，如求配偶、求子女、求父母长寿、求好媳好婿、求弟妹等；物方面，如求田产、求钱财、求古董珍玩、求舍宅、求古今名画，及得而不能存等；事方面，如求升迁、求调职、求官司胜诉、求冤狱平反、求名声、求浪子回头等；如此诸多世间事物，心中所爱乐者，求之而不能得，因此而生起心中种种的苦受，称之为所求不得苦。二者从理上来说——所求不得苦的意思，是说众生都有出生的法相，众生都不能离开出生这个法。"想要让这个我不出生"，确实不可能因为想要这样就能成功。生这个法如是，同样，老这个法、死这个法、愁惨忧戚等法也一样；不但是求离老、死而不能离，乃至不能离开忧戚之法，即使想要使自我不忧戚，也是不可能心里想要离开就能如愿的。有的众生确实有出生的痛苦，使得心中觉得出生是不可乐的、是不可爱念的，众生心里这样想："如果我有出生的痛苦而不可乐、不可爱念的话，我倒想要转变这个不可爱、不可乐的生苦，使出生成为可爱、可想念的法。"但是仍然不可能因为心中想要这样就能成功。同样，如果有众生觉得出生是快乐而可爱念的，而想要使自己出生以后可以恒常久住而不变易，也是不可能因为心中想要这样就能成功。甚至于想要使心中出生的思想成为常住而不变易，也是无法因为心中想要这样就能成功。如此种种众生心中想要成就的事，却都无法如愿成就，这就是世尊所说"所求不得"的道理。

八为五阴炽盛苦　五阴又称五蕴，阴是遮盖的意思，真如实性被遮盖住了，就称为阴；被色、受、想、行、识五个法所遮盖，所以称为五阴。蕴是聚集，积聚后有的种子，称为蕴。五蕴即是众生的身心。色阴炽盛，四大不调，而有疾病之苦。

受阴炽盛，领纳分别，使诸苦变本加厉。想阴炽盛，想像追求，而有怨憎会、爱别离、所求不得诸苦。行阴炽盛，起惑造业，又种下未来苦果之因。识阴炽盛，流转生死，永无尽期。如此五取蕴刹那迁流变坏，为生老病死等众苦之所集聚，总摄一切苦法，故称之为五阴炽盛苦。

综合而说，前面所述八苦，生老病死属身苦，怨憎会、爱别离、所求不得属心苦，五阴炽盛则总括身心二苦。前七苦，乃过去所感之果；后一苦，总括身心诸苦而说，乃现在起心动作，为未来得苦之因。因与果互相牵连，相续不断，痛苦无有了期。若有智者，能依声闻解脱道而修，乃有度脱之日；或依大乘而修，求证般若实相，亲证本来自性清净涅槃的如来藏，就能解脱八苦之系缚，更能勇发受生愿、大菩提愿，常住世间自度度他。

《中阿含经》卷七《分别圣谛经》中，舍梨子尊者云："诸贤！过去时是苦圣谛，未来、现在时是苦圣谛，真谛不虚；不离于如，亦非颠倒，真谛审实。合如是谛，圣所有、圣所知、圣所见、圣所了、圣所得、圣所等正觉，是故说苦圣谛。"意思是说，过去时的五盛阴是苦圣谛，未来、现在的五盛阴是苦圣谛，这是真实的道理，绝不虚妄；这个苦圣谛不离于如（如字表示苦谛不离于真实而如如不动的自在真如本心，而灭尽五阴入涅槃以后亦非断灭空），也不是颠倒想，而是对于真实正理详细的审查确实。综合如是八苦的真谛，是圣人所有、圣人所知、圣人所见、圣人所了知、圣人所证得、圣人所共同真正觉悟的内容，由这个缘故，世尊说苦圣谛。

【问题讨论】

一、何谓四圣谛？何谓谛？

二、二乘菩提中的四圣谛和大乘菩提中的四圣谛有何差异？请略述之。

三、为何说"世间一切善法，皆为四圣谛所摄"？请说明其理由。

四、苦圣谛包含哪些内容？

五、请略述生、老、病、死苦之意涵。

六、请依理上说明怨憎会苦、爱别离苦、所求不得苦、五阴炽盛苦之意涵。

第二目　苦集圣谛

前一目叙述众生存活在世间有生苦、老苦、病苦、死苦、怨憎会苦、爱别离苦、所求不得苦，总括而言为五阴炽盛苦，包含身心二苦。苦是后果，不是原因。苦的原因,是四圣谛中的第二圣谛——苦集圣谛。简单地说,苦是我人招集而来的。《增一阿含经》卷十七,世尊告诸比丘:"彼云何为苦集谛?所谓集谛者,爱与欲相应,心恒染著,是谓名为苦集谛。"意思是说,由于爱与欲,导致众生心恒染著,所以不断造作诸业,招集未来的苦果。所谓"爱",是十二有支中的第八支,即是"受缘爱,爱缘取"。贪爱是世间众生最大的敌人,由于不明五蕴的虚妄,于六根对六尘境界中,产生种种的贪著,执著色、声、香、味、触、法六尘诸境为实有,因而造作身口意三业,搜集未来世受苦的种子。"欲"是属于五别境心所名,意谓希求、欲望。欲望通于善、恶、无记三性,善法欲使众生生起精进向善之心,而恶欲则导致众生产生贪著,是故贪、爱、欲这三个字,虽然名称不同,意义却可相通。各种欲望都包括在爱欲中。归纳起来说,包含世间的五欲——财、色、名、食、睡,以及修行人的五欲——色、声、香、味、触。爱与欲相应,就产生了三种爱——欲爱、有爱、无有爱。所谓欲爱,是说对于感官享受的渴求;有爱,是对生与存的渴求;无有爱,则是为脱离人生的苦,而追求虚无飘渺的境界。如是以各种形式出现的渴求、欲望、贪婪、爱著,既是生起一切痛苦的根源,也是使得生死相续的根本。

《中阿含经》卷七《分别圣谛经》中尊者舍梨子告诸比丘:"诸贤!云何爱习、苦习圣谛?谓众生实有爱内六处:眼处,耳、鼻、舌、身、意处,于中若有爱、有腻、有染、有著者,是名习。诸贤!多闻圣弟子知:'我如是知此法,如是见、如是了、如是视、如是觉,是谓爱习、苦习圣谛。'如是知之。云何知耶?若有爱妻、子、奴婢、给使、眷属、田地、屋宅、店肆、出息财物,为所作业,有爱、有腻、有染、有著者,是名为习;彼知此爱习、苦习圣谛。如是,外处更乐、觉、想、思、爱,亦复如是。诸贤!众生实有爱六界:地界、水、火、风、空、识界;于中若有爱、有腻、有染、有著者,是名为习。诸贤!多闻圣弟子知:'我如是知此法,如是见、如是了、如是视、如是觉,是谓爱习、苦习圣谛。'如是知之。云何知耶?若有爱妻、子、奴婢、给使、眷属、田地、屋宅、店肆、出息财物,为所作业,有爱、有腻、有染、有著者,是名为习;彼知是爱习、苦习圣谛。诸贤!过去时是爱习、苦习圣谛,未来、现在时是爱习、苦习圣谛;真谛不虚,不离于如,亦非颠倒,真谛审实。合如是谛,圣所有、圣所知、圣所见、圣所了、圣所得、圣所等正觉,是故说爱习、苦习圣谛。"

此段经文,语译如下:尊者舍梨子告诉诸比丘们说:"诸贤!如何是爱习苦习圣谛(苦集谛)?是说众生确实有贪爱的内六处:眼根,耳、鼻、舌、身、意根。于六根之中,如果对任何一根或全部六根都有贪爱、有黏腻、有爱染、有执著的话,就称为苦的熏习。诸贤！多闻的圣弟子们知道：'我像这样子了知这个苦习的法义，这样子看见苦习、这样子了知苦习、这样子看待苦习、这样子觉悟苦习，这就是爱习、苦习圣谛。'这样子了知爱习、苦习圣谛。如何才是真的了知爱习、苦习圣谛呢？如果心中有贪爱妻、子、奴婢、仆人、眷属、田地、屋宅、店肆、孳息的财物，这就是心中所作的贪爱熏习的业；有贪爱、有黏腻、有爱染、有执著的话，这就称为爱染的熏习，未来世的苦果就存在了。他们这样子观察以后，现在知道这就是爱习、苦习圣谛。同样的，外六尘的触、觉受、了知、思量、爱染，也和这道理一样。诸贤！众生确实有贪爱六界的现象：地界，水、火、风、空、识界。于这六界中，如果有贪爱、有黏腻、有爱染、有执著的话，这就是贪爱的熏习。诸贤！多闻的圣弟子们知道：'我像这样子了知这个道理，像这样子看见、像这样子了知、像这样子看待、像这样子觉悟，这就是世尊所说的爱习、苦习圣谛。'像这样子知道了。如何知道的呢？如果心中有贪爱自己的妻、子、奴婢、仆人、眷属、田地、屋宅、店肆、孳息财物，这就是心中所作的贪染业，有贪爱、有黏腻、有爱染、有执著的话，这就称为苦熏习圣谛；他们这样就是知道爱习、苦习圣谛。诸贤！过去时对五阴、对我所的贪爱执著就是爱习、苦习圣谛，未来、现在时对五阴、对我所的贪爱执著就是爱习、苦习圣谛；这个道理真实不虚，也不离于如，而且不是断灭，也不是颠倒想，真正的道理详细地审察确实了。综合像这样的真理，正是圣人所有、圣人所知道、圣人所看见、圣人所了知、圣人所证得、圣人所共同正确觉悟的真理。以这个缘故，世尊说爱习、苦习圣谛。"

由以上舍梨子尊者的开示，可以归纳出：众生确实对内六处、外我所、外六尘，乃至六界产生贪爱、产生黏腻、产生爱染、产生执著，这就是贪爱的熏习，也就是苦的熏习。甚至对于过去时的五阴、我所的贪爱，以及对未来、现在时的五阴、我所的贪爱执著，也都称之为爱习、苦习圣谛。综合这样的真理，是圣人所有、所知、所见、所亲证，是圣人们所共同觉悟的正确真理，因此称之为苦集圣谛。

【问题讨论】

一、苦的原因，简单地说是为什么？

二、为什么说"贪爱是世间众生最大的敌人"？道理何在？

三、众生的欲爱包含哪些内容？

四、《中阿含经》卷七《分别圣谛经》中，尊者舍梨子开示的苦习圣谛，包含哪些内容？

五、贪爱妻、子、奴婢、给使、眷属、田地、屋宅、店肆、出息财物等,是属于什么样的贪爱?贪爱这些的结果会如何?

第三目　苦灭圣谛

四圣谛是缘起的另一种表达方式,分成流转和还灭两种缘起。前两者(苦圣谛、苦集圣谛)是生命的流转,就是六道轮回;后两者(苦灭圣谛、苦灭道圣谛)则是生命的还灭,也就是趋向涅槃。灭是什么呢?《大乘义章》十八曰:"外国涅槃,此翻名灭,灭烦恼故,灭生死故,名之为灭;离众相故,大寂静故,亦名为灭。"意即:众生经由修行,灭尽了烦恼,断除了意识、意根的执著性,舍寿之后,不必再因业的势力而在三界六道受生酬偿业果,仅剩如来藏独存的境界,就称为涅槃。

《瑜伽师地论》卷六十八,弥勒菩萨云:"问:何等法灭故名灭谛耶?答:略有二种:一烦恼灭故,二依灭故。烦恼灭故,得有余依灭谛;依灭故,得无余依灭谛。"意思是说:"什么样的法灭了而可称为灭谛呢?"回答说:"约略可分为两种:一者是烦恼灭尽,二者是所依身灭。烦恼灭尽,但尚有过去业力所感生之依身未灭,名为有余依涅槃;烦恼灭尽之后,由过去所感生之依身亦灭,无有遗余,称之为无余依涅槃。"上述两种涅槃,乃三乘共通的教理。若依大乘而言,涅槃则有四种——本来自性清净涅槃、有余依涅槃、无余依涅槃、无住处涅槃。兹略述如下:

一为本来自性清净涅槃:依第八识如来藏于生死流转中,恒常显现其体恒常住、随缘任运、不贪不厌、不生不灭、不来不去、不垢不净之境界,非可外于自心如来藏,而言有此一涅槃境界;亦非可外于自心如来藏之修证,而言有此涅槃之实证。

二为有余依涅槃:依如来藏中分段生死烦恼现行之断除,未舍寿而入无余涅槃之前,施设有余涅槃之名,非可外于自心如来藏而说有余涅槃;谓依如来藏之本来自性清净涅槃境界,而说尚未灭除诸苦所依之五阴,名为有余依涅槃。

三为无余依涅槃:谓众生之七转识已修除分段生死之烦恼种子,令烦恼种子不再现行,故于舍寿时,能令意根灭除,故令如来藏不再出生中阴身;或者于中阴身灭后,不再受生,而将中阴身与中阴阶段之十八界法灭除,唯余如来藏无形无色,离一切觉观,亦无思量,不复出现于三界中,永无一切三界行苦,成就中般涅槃。因此,唯依如来藏所处之如是境界,说名为无余涅槃;亦谓依如来藏之本来自性清净涅槃境界,而说灭除诸苦所依之五阴,名为无余依涅槃。

四为无住处涅槃：亦依自心藏识而言，谓佛地之第八识已断尽分段生死之现行，成就阿罗汉所证之有余依与无余依两种涅槃；并进而断尽烦恼障之习气种子随眠，永离变易生死；亦断尽无始无明一切随眠，智慧究竟圆明，故如来藏灭除阿赖耶识名及异熟识名，改名为无垢识，亦名佛地真如；于一切境界，于一切法，于一切有情，悉皆真实如如。如是佛地真如，由断尽分段生死及变易生死之证量故，永不住于生死中；亦由断尽无始无明随眠故，现观一切法唯是自心真如所生显，现观一切无为法亦是自心真如所显，涅槃即是无垢识之真如性故，由如是亲证故，断尽涅槃贪，能令诸佛永不住无余涅槃境界中；如是不住变易生死亦不住无余涅槃，名为无住处涅槃。

　　再举述《中阿含经》卷七《分别圣谛经》中，尊者舍梨子告诸比丘之开示，以说明苦灭圣谛之详细意涵："诸贤！云何爱灭、苦灭圣谛？谓众生实有爱内六处：眼处、耳、鼻、舌、身、意处。彼若解脱，不染不著，断舍吐尽，无欲、灭、止没者，是名苦灭。诸贤！多闻圣弟子知：'我如是知此法，如是见、如是了、如是视、如是觉，是谓爱灭、苦灭圣谛。'如是知之。云何知耶？若有不爱妻、子、奴婢、给使、眷属、田地、屋宅、店肆、出息财物，不为所作业，彼若解脱；不染不著，断舍吐尽，无欲、灭、止没者，是名苦灭，彼知是爱灭、苦灭圣谛。如是外处更乐、觉、想、思、爱亦复如是。诸贤！众生实有爱六界：地界，水、火、风、空、识界。彼若解脱，不染不著，断舍吐尽，无欲、灭、止没者，是名苦灭。诸贤！多闻圣弟子知：'我如是知此法，如是见、如是了、如是视、如是觉，是谓爱灭、苦灭圣谛。'如是知之。云何知耶？若有不爱妻、子、奴婢、给使、眷属、田地、屋宅、店肆、出息财物，不为所作业；彼若解脱，不染不著，断舍吐尽，无欲、灭、止没者，是名苦灭，彼知是爱灭、苦灭圣谛。诸贤！过去时是爱灭、苦灭圣谛，未来、现在时是爱灭、苦灭圣谛，真实不虚，不离于如；亦非颠倒，真谛审实。合如是谛，圣所有、圣所知、圣所见、圣所了、圣所得、圣所等正觉，是故说爱灭、苦灭圣谛。"

　　此段经文，语译如下："诸贤！如何是爱灭、苦灭圣谛？是说众生确实有贪爱内六处：眼根、耳、鼻、舌、身、意根。他们如果解脱了，不爱染、不执著六根，断除及舍弃六根，把对六根的爱著吐尽了，对六根没有贪爱、灭了贪爱、止息消除贪爱的话，这就名为苦灭。诸贤！多闻的圣弟子们知道：'我像这样子知道了这个苦灭，像这样子看见苦灭了、像这样子了知苦灭、像这样子看待苦灭、像这样子觉悟苦灭的内容，就是说爱灭、苦灭圣谛。'像这样子知道苦灭。如何才是真的知道苦灭了呢？如果有人心中不再贪爱妻、子、奴婢、仆人、眷属、田地、屋宅、店肆、孳息财物,不为这些而在心中造作贪爱的意业;他们如果解脱了,不贪染也不执著,断、舍、吐尽了贪爱执著,心中没有欲望、消灭了这些欲望、止息消除这些欲望的话,这就名为苦灭,他们知道这就是爱灭、苦灭的真实道理。对于外六尘的触、觉受、了知、思量、贪爱,也是像这样子断除。诸贤!众生确实有贪爱六界:地界,水、火、风、空、识界。他们如果解脱了,对六界不爱染、不执著,断、舍、吐尽了对六界的贪爱与执著,心中不再对六界有欲求、息灭对六界的欲求、止息而消失的话,这就名为苦灭。诸贤!多闻的圣弟子们知道:'我像这样子知道这个苦灭的法、像这样子看见苦灭的道理、像这样子了知苦灭的道理、像这样子看待苦灭、像这样子觉悟苦灭的道理,这就是说爱灭、苦灭圣谛。'像这样子知道爱灭、苦灭圣谛。如何知道爱灭、苦灭圣谛呢?如果有人已经不爱贪妻、子、奴婢、仆人、眷属、田地、屋宅、店铺、孳息财物,不再为这些而在心中造作意业;他们如果解脱了,不爱染、不执著,断、舍、吐尽了爱染执著,心中对这些都没有欲望、消灭欲望、止息消失欲望的话,这就名为苦灭,他们知道这个爱灭、苦灭圣谛了。诸贤!过去时的贪爱与执著灭了,就是爱灭、苦灭圣谛,未来、现在时的贪爱与执著灭了,就是爱灭、苦灭圣谛,真实的道理绝不虚妄,也不离于如,而且不是断灭;也不是颠倒的想法,真实道理详细地审查确实。综合如是真理,是圣人所有的、圣人所知道的、圣人所看见的、圣人所了知的、圣人所得到的、圣人所共同正确的觉悟。以这个缘故,世尊说爱灭、苦灭圣谛。"

由以上尊者舍梨子所开示的道理,可以归纳出苦灭的方法:首先须断除、弃舍及吐尽对六根的贪爱和执著;继而对我所持的贪著,譬如妻、子、奴婢、仆人、眷属、田地、屋宅、店铺、孳息财物等,也应在心中断除造作贪爱的意业,使心中没有欲望、止息这些欲望;乃至对于外六尘的触、觉受、了知、思量、贪爱,也应该彻底断除。更进一步,须断除、弃舍、吐尽对地、水、火、风、空、识等六界的爱染和执著;对于过去、现在、未来的贪爱与执著都灭尽了,就是爱灭、苦灭圣谛。这样的真理,是佛世尊所开示,也是圣人们所有、所知、所见、所了、所得到的共同而正确觉悟的至理,也是究竟灭尽苦的真实道理。

【问题讨论】

一、苦灭圣谛的"灭"指的是什么?

二、依《瑜伽师地论》而言,何谓灭谛?

三、二乘圣人所修证的涅槃有哪些种类?请略述之。

四、众生经由修行而灭尽烦恼，请问一切烦恼灭尽是什么境界？是一切皆空吗？

五、众生烦恼灭尽无余，可以证得"苦灭圣谛"而成为圣人。请问包含哪些烦恼？该如何灭除这些烦恼？

六、大乘菩萨也可以证得涅槃吗？和二乘人所证有何不同？

第四目　苦灭道圣谛

四圣谛的第四圣谛，是苦灭之道圣谛，简称为道谛。前一目所述苦灭，就是一切烦恼断尽、一切苦断尽，舍寿时可以灭尽五阴十八界，不再受生酬偿业果，仅剩下如来藏独存的涅槃境界。涅槃是果，"道"则是能通往涅槃之路，行者欲证涅槃，当须行于此"道"。《俱舍论》卷二十五，云："道义云何？谓涅槃路，乘此能往涅槃城故。或复道者，谓求所依，依此寻求涅槃果故。解脱胜进如何名道？与道类同，转上品故，或前前力至后后故，或能趣入无余依故。道于余处立通行名，以能通达趣涅槃故。"意思是说：由此道故，知苦断集，证灭修道；如是正理，能令人达于涅槃，是为道谛。

关于证涅槃之正道，佛世尊于阿含诸经中所说甚多，主要是八正道之正理——正见、正志、正语、正业、正命、正方便、正念、正定。除了八正道之外，佛世尊又开示了"三十七助道品"之法要，以帮助弟子们修行，遵循着这些法要，努力去实践，就可以渐渐趋向涅槃解脱。三十七助道品分为七种，即一者四念处，二者四正勤，三者四神足，四者五根，五者五力，六者七觉支，七者八正道分。以上三十七道品，亦名三十七菩提分。八正道之正理，将于下一目中详细说明，本目则略述其余诸法。

四念处——又名四念住，即身念处、受念处、心念处、法念处。所谓身念处，又称身念住，即观身之自相为不净，同时观身之非常、苦、空、非我等共相，以对治净颠倒。受念处，又称受念住，即观于欣求乐受中反生苦之原因，并观苦、空等共相，以对治乐颠倒。心念处，又称心念住，即观能求之心生灭无常，并观其共相，以对治常颠倒。法念处，又称法念住，即观一切法皆依因缘而生，无有自性，并观其共相，以对治我颠倒。凡夫众生因不明法界真实相，而以世间之无常为常，于诸苦执为乐，于无我中执有我，于不净执为净。而修四念处观，即在于对治以上之四种颠倒。此四念处以慧为体，身等四法是所观境，慧是能观；由慧令念住境，亦即由慧力，令念心所于慧所观境能明记不忘，因于慧立念处，亦名念住。

四正勤——又名四正断，亦名四意端。于已生恶不善法，为令断故，精勤修习。于未生恶不善法，为令不生故，精勤修习。于未生善法，为令生故，精勤修习。于已生善法，为令增长故，精勤修习。一心正意勤修，故名正勤；能除懈怠，故名正断；发于意处，又名意端。

四如意足——又名四神足，为欲如意足、勤如意足（又名精进如意足）、念如意足（又名心如意足）、观如意足（又名思维如意足）。此四者皆言如意者，即是于前四念处中，如实修习观行之智慧；又于四正勤中，精进修持；由于精进的缘故，定力慧力皆得增长，并且心得决定，而使得定慧均等，所愿皆能成办，故名如意足。亦即，由于欲（希求）力故，引发定起，称之为欲如意足。由于勤（精进）力故，引发定起，称为勤如意足。由于念（心）力故，引发定起，称为念如意足。由于观（思维）力故，引发定起，名之为观如意足。神即是神通，妙用难测，故名神足。如身依足而能立，由依殊胜之定力，能引发神通，所以称为神足。因有四种原因，引发定起，所以称为四神足。

五根、五力——五根即是信根、精进根、念根、定根、慧根；五力是信力、精进力、念力、定力、慧力。大乘佛子以闻熏佛法故修学十信，十信满足则生信力，而其信根非因修得，本自有之。以信力生故，仰信诸佛菩萨之解脱及智慧境界，信任自己亦应能修能证，心向往之，精进修学，即与精进根相应；精进根相应故，起四正勤，能时时修，恒时修；以时修恒修而不舍故，依精进根起精进力，真实能知诸法空相，现观蕴处界空；以现观蕴处界空故，知二乘法乃依现象界有为法而说空，非为究竟，辗转而入大乘，闻熏诸法实相——般若空性，因而久修不舍，遂证空性如来藏。菩萨由于亲证空性如来藏故，其精进力遂与念根相应。念者，谓于所曾经历之境，能忆念不忘。菩萨以证空性而生般若慧，从此依于诸经诸论及善知识所受学真正佛法，能一一证验；证验后即于念根起于念力，于此诸种法相之证验境界，能于自心念持不忘，是谓菩萨已得念力。此菩萨以念力所持故，能于舍寿时断尽有爱住地惑而不断之，不入涅槃，转入二地修戒波罗蜜。佛子以得念力故，依大乘般若能知三界九地境界——欲界地乃至非想非非想地——思欲修证九地境界，遂以念力而与定根相应，依信进念力而修禅定。以修禅定故，渐次修证四禅八定而起定力，能证四无量心境界而得广大福德，能得大神通力而得广大威德，满足三地境界。佛子以具足定力故，而与慧根相应，起于慧力，能知他心——知三界九地一切有情众生、其心所住境界，是名知他心智，一切外道、凡夫、二乘无学，皆所不知，是名慧力。如是依大乘菩萨而略说五根、五力。

七觉支——又名七等觉支、七觉分、七菩提分，谓念、择法、精进、喜、猗、定、舍觉支。此七觉支乃佛子修学佛法过程中之用功方法，佛子当以此自验。念觉支谓佛子闻熏正法，念持不忘。择法觉支，谓闻法已，能作思维；思维已能作拣择，弃舍邪见而入正见。精进觉支者谓佛子拣择法已，心住正见而自精进修持，心不退没。喜觉支，谓于佛法精进修持，观知诸法虚幻，于三乘菩提生起喜心。猗觉支者谓因佛法之善于抉择修持，得于喜心而后遍身受乐，是名为猗。定觉支，谓于修证有验，心得决定，住于一境而不摇动，乃至发起禅定功德等，皆名定觉支。舍觉支谓得猗已，观诸身心受乐亦皆无常，是故除一切受，是名舍觉支。以上所述七法，是二乘所修之七觉支，然菩萨因所证菩提，不同于二乘，因此所修之七觉支就不同于二乘。菩萨因证法界实相故，依法界空性观七觉支亦是施设幻有，故于诸法不生忆念，名为念觉支。菩萨复于诸法中观察，无非空性真心之自现自取，七识妄心于中自生分别，然于空性而言，实无善恶染净可得；以住无所得正见故，得择法觉分。菩萨非以坏灭三界有为法而证菩提，乃于三界诸有为烦恼中，不离烦恼而证菩提，是真精进觉支。菩萨于三界诸有为法中不生乐著，亦不愁忧烦恼；以证诸法唯心所现，实无所得，是故喜忧相灭，名为喜觉支。菩萨于诸法中了知一切诸法皆是自心缘于自心，除此之外，无法可得，心乐安住无所得境，名猗觉支。菩萨深入证验自心所取能取皆唯如来藏所现，能知能作主之心实无一法可得，心得定信，不移不转，名为定觉支。菩萨得心定已，观此定心住心亦妨涅槃，故于能观而具慧之心亦知应自舍弃，不著不贪自心，住于不知不见之无住境，是名舍觉支。此名菩萨观二乘七觉支空。佛子欲入佛法，当以此七觉支而自检验。

前述三十七道品，是佛子初学佛法可依之次第修学之法道。然大乘三十七道品诸菩提分所证，有别于声闻所证；谓菩萨依于法界实相而修三十七菩提分法，异于声闻菩提分之于五蕴十八界无常断坏之法，其慧有同有异；同者为声闻所知，异者则非声闻所知，谓法界实相也。

综上所述，可知苦集灭道四谛者，乃世间、出世间之正理，亦即涅槃之因与果。苦者，迷之结果；集者，迷之原因，此二是流转之因果，亦即世间因果。后二，灭者，乃悟之结果；道者，悟之原因，亦是还灭之因果，是为出世间因果。佛世尊开示四圣谛正理，让众生先观察世间之真相，知人生之苦、空、无常、无我；次欲众生探究生死苦果生起之原因，继示生死因果灭尽之涅槃，于此无烦恼之扰乱，亦无生死之过患；终则开显通往涅槃之无漏正道。佛子若能于此佛世尊所慈悲开示之"苦集灭道"圣谛，如实思维、如实观察、如法受持，定当转迷为悟，亲证涅槃解脱之境界。

【问题讨论】

一、苦灭道圣谛中的"道"是指什么？依此道修，会到达什么样的境界？
二、佛世尊在阿含诸经中，开示哪些可证涅槃之道？
三、何谓四念处？为何又称为四念住？
四、请说明四正勤的意涵。
五、何谓四如意足？请略述之。
六、请依大乘法道，略述五根、五力之意涵。
七、大乘法中的七觉支和二乘法的七觉支，有何不同？请说明之。

第三节　略说八正道

前面一目阐述苦灭道圣谛，可知在三十七助道品中，除了四念处、四正勤、四神足、五根、五力、七觉支外，最重要的是八正道。佛世尊在阿含经中开示八正道之正理，着墨甚多，在在处处告诸弟子，于八正道之理须多熏习、多思维、多奉行，就可以从生死的此岸，度到解脱的彼岸。且举《杂阿含经》卷二十八第七八三经为例："一时，佛住拘睒弥国瞿师罗园。尔时，尊者阿难亦在彼住。有异婆罗门来诣尊者阿难所，与尊者阿难共相问讯慰劳。问讯慰劳已，退坐一面，白尊者阿难：'欲有所问，宁有闲暇为记说不？'阿难答言：'随汝所问，知者当答。'婆罗门问：'尊者阿难！何故于沙门瞿昙所出家修梵行？'阿难答言：'婆罗门！为断故。'复问：'断何等？'答言：'贪欲断，瞋恚、愚痴断。'又问：'阿难！有道有迹，能断贪欲、瞋恚、愚痴耶？'阿难答言：'有，谓八圣道——正见、正志、正语、正业、正命、正方便、正念、正定。'婆罗门言：'阿难！贤哉之道！贤哉之迹！修习多修习，能断斯等贪欲、恚、痴。'尊者阿难说是法时，彼婆罗门闻其所说，欢喜随喜，从座起去。"

语译如下："一时，佛世尊住在拘睒弥国的瞿师罗园。那个时候，尊者阿难也住在那里。有一个外道婆罗门来面见阿难尊者，与阿难尊者互相问讯慰劳。问讯慰劳之后，就退坐一面，向阿难尊者请问：'我想要向尊者请法，不知道尊者有没有时间为我说明？'阿难回答说：'随您所问，如果知道的话，一定如实回答。'婆罗门问：'尊者阿难！您是什么缘故而在沙门瞿昙所出家修梵行呢？'阿难回答说：'婆罗门啊！我是为了断的缘故，而出家修梵行的。'又问：'是要断什么呢？'阿难回答说：'是要断贪欲，也要断瞋恚和愚痴。'婆罗门又问：'阿难！有什么方法能断贪欲、瞋恚、愚痴呢？'阿难回答说：'有，这个方法就称为八圣道，即是正见、正志、正语、正业、正命、正方便、正念、正定。'婆罗门说：'阿难啊！这是贤圣之道、贤圣之迹呀！如果能够修习再修习，就能够断除贪欲、瞋恚和愚痴。'尊者阿难说这个法时，那个婆罗门听闻之后，非常欢喜，并随喜尊者所说，从座位起身而去。"

此段经文的意思，是佛世尊最亲近的多闻弟子阿难尊者，对婆罗门的质疑所作的解答。主要是在说明，断除贪痴三种根本烦恼，最好的方法就是实践八正道。总合而言，八正道大部分都是有关道德行为的规条，可见声闻法所要对治的是众生自私的自我观念，而贪、、痴等恶心所，都是由于错误的我见我执而引发。佛法说"无我"，虽有各种不同之层次差别，但最简单的无我概念——五蕴十八界皆因缘所生，无有真实之我存在——也不是单纯的知识所能对治得了，必须有长期的闻熏正知见，确实观行、思维，加上具体的行为实践，在历境对缘中汰换染污识种，进而净化身心，如此才能转化成真实的受用。所以佛所说的八正道，就充分显示出佛法真正的实践特质。佛世尊所开示的八正道，包含世间八正道和出世间八正道，以下两目分别说明之。

第一目 世间八正道

世间八正道中，正见者，谓信布施、不犯戒、行十善、供养佛菩萨、礼沙门道人、孝顺父母等之一切善法者，后世自得具福。正思维（正志）者，谓念道、不贪、不恚怒、忍辱、不相侵害。正语者，谓不犯妄语、绮语、恶口、两舌之过。正业者，谓不杀、不盗、不淫而行诚信。正命者，于饮食、床卧等生计，以正确方法而求。正精进者，谓正行精进而不厌。正念者，谓念念不作虚妄之想。正定者，谓守意护意而不令犯也。此世间八正道可以作为一切佛子在世间行为之轨范。兹分述如下：

一正见：正见的意思是正确的见解，亦即是正确的人生观。作为一个崇信三宝的佛弟子，要正确地认识善恶业报，深信三世因果，并且要孝顺父母、和睦亲族、守五戒、行十善，这是世间的正见。

二正思维：思维是思量分别，正思维是由正见所引起的正确的思量分别；这是指无欲心、无恚心、无害心三种想法，主要是针对身口意三业中的意业而说。亦即是在思维上远离一切贪、恚、痴、慢、疑等烦恼，而保持心理上的纯正；这种无贪、无恚、无害之心的纯正意志，表现出的行为就是正语、正业和正命。

三正语：是指正确的、如法的语言。主要是针对三业中的语业而说。经典上语业有四种——妄语、绮语、两舌、恶口。妄语就是虚伪不实的谎话，绮语就是轻佻的话、有挑逗性的话，两舌是挑拨离间、破坏他人感情或从中谋取利益的假话，恶口是粗暴鄙俗或尖酸、刻薄、恶毒的骂人话。修道的人，应该远离以上的四种口业，以诚实语、质直语、柔软语、温润语、和诤语，对待他人，以启发他人的向道之心。

四正业：是指正当的、如法的行为，这是针对三业中的身业而说的。十恶业中的身三业：杀生、偷盗、邪淫三种恶业，皆应远离及断除。所谓杀生，主要是指杀人，但也包括故意杀害一切有情众生，都属杀害生命。偷盗是窃取他人财物，虽一针一线之微，不告而取即谓之偷。邪淫，是指不正当的性行为，非人、非时、非处行淫皆称之。在家佛弟子若能远离以上三种恶业，进一步爱护生物，布施资财，宣扬正法，已婚在家人保持正常的夫妇关系，出家人则终身不淫，这就是正业。

五正命：是指正当的生计，也即是远离邪命。世尊住世的时代，社会上有"五邪命"——诈现异相、自说功德、占相吉凶、高声现威、说得供养。亦即是指以五种不正当的职业诈欺诳惑众生为手段来维持生计，此即是邪命而活。佛弟子应以正当的资命方式维持生计，而不可以开设赌场、开设妓院、贩卖枪支及毒品、走私、诈骗、虚设行号诈财等不正当手段获取生计资财；同时也不可以从事屠宰、捕鱼、打猎乃至贩卖伤害众生生命之器械、笼、网等行业。

六正精进：即是依于正见、正思维、正语、正业、正命来修行，相续无间，勇猛策进，是名正精进。《大智度论》卷三十中以四正勤为精进目标，即："已生恶法断之令灭，未生恶法能令不生，未生善法能令发生，已生善法能令增长。"此即是一切学佛人，不仅是在世间法上，乃至在出世间法上皆应奉为圭臬者。一切世出世间法的成就，皆因精进不懈，方能有所成就。

七正念：正念是正确清净的念力，修道人以"四念处"为正念，即观身不净、观受是苦、观心无常、观法无我。而若以世间法来说，则应时时保持正念，保持冷静清醒，处处小心谨慎，以免因心思散乱而造成重大的错误，导致遗憾发生，害人害己。

八正定：即是正确、正当的定力，使自己的心境随时都可以精神集中，心情平静，此即是世间正定。儒家说："知止而后有定，定而后能静，静而后能安，安而后能虑，虑而后能得。"由此可见，定力是一种精神修养，凡是一个有修养、有大担当的人，也一定有相当好的定力，否则无以致之。

以上所述为世间八正道之正理，相较于出世间八正道正理，世间八正道没有思维修习四圣谛及无漏思维的修习，大致上属于意识层面的修习，泰半着重在基本人伦的运作与实践。一切佛子，若能以人伦为基础，勤修十善业，修身齐家，进而发挥仁民爱物、慈悲众生之情怀，自身力求解脱，并愿度一切有缘众生同得解脱；自身愿求佛道，也普愿一切有情皆能同证菩提、共成佛道，则此世间八正道，即是一切佛弟子成佛之基础。

【问题讨论】

一、断除贪恚痴三种根本烦恼的方法是什么？
二、人类为何有贪、恚、痴的产生？
三、请略述世间八正道中"正见"和"正思维"的意涵。
四、请略述世间八正道中"正语"、"正业"、"正命"的意涵。
五、一切世出世间法的成就皆应以何为圭臬？原因何在？
六、行世间八正道，对佛子求佛菩提道有何影响？

第二目　出世间八正道

前面一目概说八正道中的世间八正道，是以基本人伦为基础，教导佛弟子们在世间生活，若能遵照八正道之正理实践，就能建立良好的品德，培养慈悲为怀、温良恭谦的心性，以作为修证解脱道与佛菩提道之基石。至于出世间八正道之实践，且举尊者舍梨子在《中阿含经》卷七《分别圣谛经》中的开示，可以显示出八正道之真实义。

诸贤！云何苦灭道圣谛？谓正见、正志、正语、正业、正命、正方便、正念、正定。云何正见？谓圣弟子念苦是苦时，习是习、灭是灭；念道是道时，或观本所作，或学念诸行，或见诸行灾患，或见涅槃止息，或无著念观、善心解脱时，于中，择、遍择、次择；择法，视、遍视，观察明达，是名正见。

诸贤！云何正志？谓圣弟子念苦是苦时，习是习、灭是灭；念道是道时，或观本所作，或学念诸行，或见诸行灾患，或见涅槃止息，或无著念观、善心解脱时，于中，心伺、遍伺、随顺伺；可念则念，可望则望，是名正志。

诸贤！云何正语？谓圣弟子念苦是苦时，习是习、灭是灭；念道是道时，或观本所作，或学念诸行，或见诸行灾患，或见涅槃止息，或无著念观、善心解脱时，于中，除口四妙行，诸余口恶行远离、除断，不行不作，不合不会，是名正语。

诸贤！云何正业？谓圣弟子念苦是苦时，习是习、灭是灭；念道是道时，或观本所作，或学念诸行，或见诸行灾患，或见涅槃止息，或无著念观、善心解脱时，于中，除身三妙行，诸余身恶行远离、除断，不行不作，不合不会，是名正业。

诸贤！云何正命？谓圣弟子念苦是苦时，习是习、灭是灭；念道是道时，或观本所作，或学念诸行，或见诸行灾患，或见涅槃止息，或无著念观、善心解脱时，于中，非无理求，不以多欲无厌足，不为种种伎术咒说邪命活；但以法求衣，不以非法；亦以法求食、床座，不以非法。是名正命。

诸贤！云何正方便？谓圣弟子念苦是苦时，习是习、灭是灭；念道是道时，或观本所作，或学念诸行，或见诸行灾患，或见涅槃止息，或无著念观、善心解脱时，于中，若有精进方便，一向精勤求，有力趣向，专著不舍，亦不衰退，正伏其心，是名正方便。

诸贤！云何正念？谓圣弟子念苦是苦时，习是习，灭是灭；念道是道时，或观本所作，或学念诸行，或见诸行灾患，或见涅槃止息，或无著念观、善心解脱时，于中，若'心顺念'背不？向念、念遍，念忆，复忆，心心不忘心之所应，是名正念。

诸贤！云何正定？谓圣弟子念苦是苦时，习是习，灭是灭；念道是道时，或观本所作，或学念诸行，或见诸行灾患，或见涅槃止息，或无著念观、善心解脱时，于中，若心住、禅住、顺住，不乱不散，摄止正定，是名正定。

诸贤！过去时是苦灭道圣谛，未来、现在时是苦灭道圣谛，真谛不虚，不离于如，亦非颠倒，真谛审实。合如是谛，圣所有、圣所知、圣所见、圣所了、圣所得、圣所等正觉，是故说苦灭道圣谛。

于是颂曰："佛明达诸法，见无量善德，苦习灭道谛，善显现分别。"尊者舍梨子所说如是，彼诸比丘闻尊者舍梨子所说，欢喜奉行。

以上尊者舍梨子所开示八正道之正理，翻译成白话，就很容易明白其内涵。语译如下：

"诸贤！如何是苦灭道圣谛呢？所谓苦灭除方法的真实道理，是说正见、正志、正语、正业、正命、正方便、正念、正定八个方法。诸贤！如何是正见？是说圣弟子们想到'苦就是苦'的时候，熏习就是熏习、息灭就是息灭；想到灭苦的道就是灭苦的方法时，或者观察本来所作的身口意业，或者学习回想以前所作的种种身口意行，或者看见种种身口意行的过失招来轮回的灾患，或者看见了涅槃的止息一切痛苦，或者不执著于所忆念的种种观察、善净心获得解脱的时候，于这中间，能抉择正确的道理、普遍在所有境界上作抉择，又再一次重复的观察而作抉择，抉择了正确的解脱之法而且观察这个解脱之法，并且广大地遍观一切境界中的解脱法，观察到明白通达了，这就是正见。

诸贤！如何是正志呢？是说圣弟子想到所观察的三界苦就是三界苦时，知道熏习是怎样熏习的、知道息灭是怎样息灭的；想到所观察的灭苦之道而知道怎样就是灭苦之道时，这时或者观察原本所作的身口意行，或者学习回想以前种种身口意行，或者看见了种种身口意行引生未来的灾患，或者看见了涅槃境界止息一切苦，或者没有执著的忆念与观察、善净心得到解脱时，在这中间，心观察、普遍地观察、随顺解脱而作观察；观察以后对于可以忆念的法就忆念起来，对于可以仰望的法就加以仰望，这就称为正志。

诸贤！如何是正语呢？是说圣弟子们想到苦正是苦的时候，也知道熏习就是熏习、息灭就是息灭；想到息灭的方法是息灭的方法时，此时或者观察原本所作的身口意行，或者学着回想以前的种种身口意行，或者看见了种种身口意行引生的未来世灾患，或者看见了涅槃中止息一切苦，或者没有执著的想念所观察的以前身口意行，所以获得善净心的解脱时，于这中间，除了觉悟解脱之后口中所作四种妙行（不妄语、不恶口、不绮语、不两舌）以外，种种其余的口业恶行都远离、都除断了，不再作种种口恶行，凡有所说不与口恶行相合、不再与口恶业际会了，这就称为正语。

诸贤！如何是正业呢？是说圣弟子们想到苦就是苦的时候，了知熏习就是熏习、息灭就是息灭；想到灭苦的方法就是灭苦的方法时，或者观察本来所作的业行，或者学着回想种种正行，或者看见种种业行引生未来世的灾患，或者看见涅槃境界中止息了一切苦，或者没有执著忆念自己所观行的、善净心得到解脱的时候，于这中间，除了色身所作的三种妙行（不杀生、不窃盗、不淫或不邪淫），种种其他的身体恶行都远离了、除断了，不再造作了，不与身恶业聚合、不与身恶业相会了，这就是正业。

诸贤！如何是正命呢？是说圣弟子们想到苦是苦的时候，苦习就是苦习、苦灭就是苦灭；想到灭苦的方法就是灭苦的方法时，或者观察本来所作的事，或者学着回想种种身行，或者看见了种种身行引生未来世的种种灾患，或者看见涅槃境界中止息了一切苦，或者没有再执著忆念所观察的一切法、善净心得到解脱时，于这中间，对于色身的生存没有了无理的欲求，不以很多的欲求而无厌足，也不造作种种技术咒语的邪命方法来存活色身；仅以合乎佛制的方法来求所需要穿的衣物，不用违背佛制的方法来求得衣服；也以正确的方法求得饮食、床座，不用违背佛制的非法来求得饮食等物。这就名为正命。

诸贤！如何是正方便呢？是说圣弟子们想到所观察的苦就是苦的时候，熏习就是熏习、息灭就是息灭；想到灭苦的方法就是灭苦的方法时，或者观察本来所作的事，或者学着回想以前所造的种种行为，或者看见诸行所引生未来世的轮回灾患，或者看见了涅槃境界中止息了一切苦，或者没有执著于以前想到的观行内容、善净心获得解脱时，于这中间，如果有精进地运用各种方便，一向专精地勤求解脱，有力量地趋向解脱，专心地执著解脱之道而不舍弃，也不衰退，正确地降伏其心，这就称为正方便。

诸贤！如何是正念呢？是说圣弟子们想到苦即是苦时，熏习就是熏习、息灭就是息灭；想到灭苦的方法就是灭苦的方法时，或者观察原本所作的种种三行，或者学着回想以前所作的种种身口意行，或者看见诸行引生未来世的轮回灾患，或者看见了涅槃境界中止息了一切苦，或者没有执著想念所观察到的一切、善净心得到解脱之时，于这中间观察，或者'心有随顺所忆念的正法'而背舍了没有？这样子向着正念、忆念正法到很普遍，念想着、又再忆念着，心心念念不忘于解脱所应想的，这样的忆念就称为正念。

诸贤！如何是正定呢？是说圣弟子们想到苦就是苦时，熏习就是熏习、息灭就是息灭；想到灭苦的道就是灭苦的道时，这时或者观察本来所作的身口意行，或者学习回想以前种种所作诸行，或者看见诸行引生未来世轮回的灾患，或者看见了涅槃境界中止息了一切苦，或者没有执著自己所观察的种种法、善净心得到解脱时，于这中间，或者心得安住、或者藉禅定境界而安住、随顺所观察的正法而安住，不掉乱也不散失，收摄自心止于正确的一处境界中，这就称为正定。

诸贤！过去时的八正道就是苦灭道圣谛，未来、现在时的八正道就是苦灭道圣谛，真实的道理绝不虚妄，也不离于如而且不是断灭，也不是颠倒想，真实的道理详细而确实究竟。综合这样的真实道理，正是圣人所有、圣人所知、圣人所见、圣人所了、圣人所得、圣人所共同正确的觉悟，以这个缘故而说苦灭道圣谛。"

于是舍梨子说了一首颂："佛明达诸法，见无量善德，苦习灭道谛，善显现分别。"尊者舍梨子所说如是,彼诸比丘闻尊者舍梨子所说,欢喜奉行。

舍梨子尊者所开示的八正道真实道理,其实就是四圣谛中的苦灭之道,也就是灭苦的方法。如果能够依照八正道的正理而确实作详细的观行,就能确认离念灵知心非常住不坏心——不但是欲界中的离念灵知心、未到地定中的外道神我离念灵知心、初禅中的梵我离念觉知心,乃至非想非非想定中的离念灵知心,都同样是虚妄法。若能依前所述八正道之理,如理作意,详细而反复地思维观察,一一确认无误,就能确实证知自己的我见已经断了,也可以自我检查身见结使也真的断除了,不会再误认色身为我、觉知心为我了,那就是证得初果解脱。

综上所述,出世间八正道者,着重在圣弟子们必须不断思维四圣谛及无漏思维之道理;依出世间正见,能生起出世间正志、正语、正业、正命、正方便、正念、正定。由于生起出世间正定之正受,所以圣弟子们心正解脱贪欲、恚、愚痴;如是心善解脱,圣弟子们得正知见,我生已尽,梵行已立,自知不受后有。这是以正见为首来综贯八正道,在实践修行上,八正道有互相资助的关系,必须是八正道齐头并进,缺一不可;在实践中,得闻、思、修慧,因此一分正见可以导引一分道谛,一分道谛的增上,亦可增益一分正见,是故一切佛子于四圣谛八正道之真实义,皆应仔细思维、观行,数数修习之。

【问题讨论】

一、请说明如何是出世间之正见?

二、何谓出世间之正业?

三、何谓出世间之正命?

四、何谓出世间之正定?

五、若能确实履践出世间八正道之正理,会产生怎样的结果?

六、请略述"世间八正道"与"出世间八正道"的差别所在。

第四节　声闻菩提之内涵

第一目　五蕴概说

五蕴又名五阴,又称为五受阴。蕴是集之义,聚集五蕴之业种。阴是遮盖之义，遮盖真如实相、本自解脱真相。五蕴包含色、受、想、行、识等蕴，亦即是十二因缘法中之"名色"。色是色阴（色法），名即是受、想、行、识四阴，是能知的心（心法）。所谓五受阴，即是凡夫众生（我）由于不明白五阴是刹那生灭，是虚妄法，是因缘所生法，而受取五阴身；由于不明根本因，因此被五阴所遮盖，永无休止地追逐，永远以五蕴为真实常住我，造作无量之身、口、意业；如此苦集之业，便感得无休止之五蕴报身，便受后有，受诸苦乐。

第一款　色蕴

色蕴乃吾人色身，即眼耳鼻舌身等五根，五根又可分为扶尘根（肉身及全身神经）及胜义根（头脑），头脑是五胜义根之集合体。

色阴是由如来藏所持四类妄想大种而成就的。于《大乘入楞伽经》卷三中，世尊曾开示："大慧！彼诸大种云何造色？大慧！谓虚妄分别：津润大种成内外水界、炎盛大种成内外火界、飘动大种成内外风界、色分段大种成内外地界。"因意根、意识不了解五阴自性虚妄，由此无明，入住母胎中，执受精卵为自我；执之为我故，中阴意识即告永灭，往世一切觉知联系悉灭，唯余意根与阿赖耶识住受精卵中。此受精卵藉母血为缘，摄取四大，变生色身五扶尘根及五胜义根。历经九月余之摄取四大而造色身，五根圆满已，业风催促，头向产门；由是业风引产故，令母体子宫收缩生产；如是由阿赖耶识四大造色所变生之色身，名为色阴。

此五蕴之色阴，系由地、水、火、风四大类元素所构成之肉身。地大属坚性，具保持作用，如人身中之骨骼、肌肉、肌腱、脏腑、血球、发毛、爪齿等。水大属湿性，具溶摄作用，如人身中之血液、尿液、唾液、津液、痰泪、脑脊髓液、组织液、消化液等。火大属暖性，具成熟作用，即能量及温度变化，亦如体温之恒定性。风大属动性，具生长作用，即流动性及气体，如呼吸系统、血流、血压、神经传导、心脏和肌肉之收缩等。此四大具有互相含摄、互相依存之作用。以心脏跳动为例，心脏、动静脉、血球属地大。心跳由延脑之心血管中枢所调控，且右心房有节律点，不自主地放电，使心肌不停规律地收缩舒张，属风大。心肌细胞及组织间富含水分，属水大。所有细胞活动和代谢须消耗能量，此能量为细胞利用葡萄糖氧化而得，属火大。所以心跳过程必须四大互相含摄配合，方得完成。所谓："一大不调，百一病生；四大不调，四百四病，同时俱作。"如心肌梗塞、细胞缺氧（风大不调），细胞无法代谢获得能量（火大不调），因而造成心肌坏死（地大不调），最后，心肌衰竭，无法推动血流（风大不调），全身细胞便无法再得血液滋养（水大不调）而坏死（地大不调)。是故,色身之所以能顺利运作,皆须地、水、火、风四大元素互相依存、互相含摄,方以成之;若四大失调,则百病生矣!

由上文可知,组成肉体之四大元素,既是互摄互依而使肉身得以长养活动,此四大之假合若因外来或内在因素之改变,必将使肉身之功能减退或毁灭,例如生病、衰老、死亡、坏烂、散失等。无人能使色身永远住世不坏,而凡夫所受生、老、病、死等诸苦即由此而来。若能理解色身是因缘聚合而生,非有长住不坏之色身;随着因缘之变化和坏灭,色身亦将不复存在,因此即能不因色身之利养得失而造作诸恶业;若能不造恶业,便可免去将来之种种恶报及生死流转因素。有智之人当于此深思之!

复次,今已知色身乃由四大假合而成,此色身即非我。众生由于无量劫以来宝爱色身及色身之我所而沉沦六道,死此生彼,死彼生此,造作无量无数善恶业,积习甚深,一时难改,故说色身不净等五法。以下分为五点详细说明之。

种子不净:可分两方面作说明。第一,我人色身,是由父精母血而成。观察思维其内涵及受生过程,即知众生色身之聚合,是由父母之淫行和合,而有受精卵附着于母体内,复由母体以血液供给受精卵成长所需之四大而长成胎儿,乃至生产而为人子。可知色身之最初物质并非清净,而其生产前之成长过程亦需藉脐带而由母体代为排弃不净,从种子到胎儿成长完全皆不清净,故说种子不净。第二,往世四阴(受想行识)种子不净。众生由于往世之无明及烦恼障种子而受生此世之五阴。

居处不净:人于前生死亡后,重新执取父精母血所成之胚胎为自我,九余月之中住于母胎。若观察母腹之中所居之处,前有膀胱尿液,后有直肠粪便,上有小肠食糜,下有排泄淫事通道,无一处清净,故云居处不净。

食物不净:未出生前,居于母腹,以母血为食。新陈代谢之废物,则由母血摄取排出母体。及至出生堕地,仍食母血所成之乳,以为长养。稍为长大,改食牛奶、米粥、五谷乃至众生之尸体;不论是母血、母乳、五谷乃至众生身肉,均非清净,系由不净物质生成,而杂有细菌及不净物质;我人以之为食,习以为常,不觉其不净之所在。

身根不净:人之色身既以五谷、乳类、瓜果等物为食,则身根必有不净,若再辅以葱蒜乃至动物肉体为食,则身根更加酸臭。凡有肉身饮食,必于九孔排泄秽物,无日无之,故说身根不净。

国土不净:此世界名娑婆,意为"不净、堪忍"之世界,勉强可住。稍加观察,即知到处皆有不净。自身、食物、环境、空气、水等皆不净,故说国土不净。

由以上五种不净及身根之幻有无常,当知有身根者,必有生、老、病、死等六道轮转之苦,故不应因执著色身及其我所,造诸恶业,以免堕入三恶道,更加痛苦。

【问题讨论】
一、何谓"蕴"?何谓"五蕴"?
二、色蕴是指什么?
三、为何有"色阴"的产生?原因何在?
四、所谓"四大"是指什么?请详细说明之。
五、所谓"色身不净",原因何在?
六、如何经由观行,确认色蕴之虚妄,请详细说明之。

第二款 受蕴

色身若无如来藏持身而住,必如死尸无异,不能了知五尘;是故当知,意根随如来藏住于身中,触五胜义根缘生诸法而生意识;当意识现起则五识互起或俱起(除梦中或定中);意识生起即必有知,知故必有受,受便能领纳苦、乐、忧、喜、不苦不乐等受,此名受蕴。

"受"有领纳之义,即领纳"违、顺、俱非"等触。因受蕴而摄取积集六根触六尘之觉受,起三种受:苦受、乐受、不苦不乐受。从过去、现在乃至未来,于意识分别所产生之韵味,生起贪痴,起心动念,执著为我,而导致未来再受生之因缘。兹就苦受、乐受、不苦不乐受,说明如下。

苦受:乃是不顺己意之受。如眼见丑色、污秽,耳听噪音,鼻嗅恶臭,舌尝酸败、剧苦,身根接触粗涩、坚硬、干燥、火热、湿闷、寒冷、酸痛、麻痒;意识意根分别五根苦受及他人辱骂诽谤、剥夺所有等,产生种种不愉快之觉受,乃至八苦中的求不得、怨憎会、爱别离等而起苦受。

乐受:即为顺己意之受。如眼见俊男美女、优美山光水色,耳闻乐音、男女歌咏,鼻嗅可意香尘,舌尝可意美味、清凉温热饮料,身根接触细滑、柔软、清凉、温泽、淫触;意识意根分别五根乐受及他人赞美、供养、恭敬、财富聚集、名声广大、睡眠安稳等而起乐受。

不苦不乐受:眼等五根接触外境之色等五尘,因其非美好亦非丑恶等而无乐受或苦受。或因意识无记(忘失正念)而使应有之苦乐受均未产生作用,例如,微风吹来不香不臭空气,鼻根有不苦不乐受;无噪音亦无乐音时,耳根有不苦不乐受;眼见非美非丑之色相,舌根于无饮食,亦不口渴时之觉受;身根于平常不苦不乐之状态,意根意识于无记时或无世法之所得所失,或闲谈无意义语时,皆为不苦不乐受。

由前所述,当知受蕴即是摄取积集:众生一向都在过去、现在、未来等三世中,由六根触六尘产生诸种受,意识对于此受所领纳之韵味而生起贪、恚、痴等烦恼心,而造作无量无数身、口、意诸业,导致业种不断地积集。众生因无明故,而任由意识意根执取如来藏功德法财以为自身功德;殊不知此苦、乐、不苦不乐受,乃至五蕴诸法,都只是众生在自心如来藏的表面上生生灭灭的幻象而已。是故,若能亲证如来藏,则能现前领纳诸受之虚幻,皆是自身识种之流注而已,当可断除诸受之生起,后有之业种亦能因此而不再摄取、聚集。

【问题讨论】

一、何谓"受"?何谓"受蕴"?

二、"受"分为哪几种?

三、何谓"苦受"?何谓"乐受"?

四、何谓"不苦不乐受"?

五、如何确认受蕴之虚妄不实?

六、如何断除诸受之生起?

第三款 想蕴

《成唯识论》卷三:"想谓于境取像为性,施设种种名言为业,谓要安立境,分齐相,方能随起种种名言。"意即:安立是取像的意思,分齐是分别整体的意思,即是对所摄取的整体法相加以整体性的了知。想蕴,简单地说,即是了知的意思。当六根对六尘由触而受,取所受的境相,安立一个名称或言说,以方便认识,这就是想的体性。境相可分为有相想与无相想;有相想如颜色、长短、音声、形态等,可以具体描述者称之。无相想如苦、乐、怨、贪等,不能具体地描述而必须经由体验方能实际理解者;但不论有相想或无相想,都是由六识在内相分上辨别之所得。

当取境相后,阿赖耶识会立刻在五根的胜义根处,变现出与外境一模一样的内相分，这是五尘的境界，并延生出法尘；意根触法尘而生意识，意识在内相分的法尘与五尘上作分析整理之后，得到了概念，为了分别与形容这些概念，就会安立种种名称和言说来方便称呼，这就是想。

总括而言，"想"就是觉知，就是了知；有语言文字的了知，称为想；没有语言文字之思维了知，亦称为想。凡有觉观或有知有觉者，皆名为想。想是识的功能，因识能了别、能知，故名为想；对想的本质有所不知，即被想之一法遮障智慧光明，对想有所执著，不愿想灭，由此流转生死，所以名为想阴。

想蕴是因为有取相为体的功能，因此对青黄、长短、男女、怨亲、苦乐等相，在触知的刹那便生执取，于眼根触色尘时生眼识想、耳根触声尘时生耳识想、鼻根触香尘时生鼻识想、舌根触味尘时生舌识想、身根触触尘时生身识想、意根触法尘时生意识想，乃至因六根对六尘所生三种受，而使意识意根生起应欲求或应远离之了知，亦称为想。众生欣求乐受，则有期望接触之想；厌恶乐受，则有期待远离之想。欣求苦受，则有期望接触之想；厌恶苦受，则有期待远离之想；于不苦不乐受，亦如是有欣求或厌离之想。

人通常藉由语言文字组合成文句表义，这种种自心中的思维是妄想或了知，所以人类等欲界众生的想，就称为"具足想"。层次愈高，想愈少；如欲界诸天为多想、色界为少想、识无边处为无量想、无所有处则为无所有想。反之，层次愈低，烦恼障重，想阴愈炽盛。

诸想乃因六根触六尘，由六识于三受中起诸作意分别思维，变换不停，故诸想皆是因缘和合所生；所谓想如阳焰，如艳阳高照时，水分蒸发成水气，于空中似水漂流，相续不断；想蕴亦如是，因于无明阳焰，对诸境界受，生起贪之心行，故起种种想，迁流不停，故受热恼。当知，此皆虚妄想，是缘起法，因此想蕴是无常。

【问题讨论】

一、何谓"想"？何谓"想蕴"？

二、何谓"有相想"？何谓"无相想"？

三、"想"和有没有语言文字有关系吗？为什么？

四、何谓"具足想"？六道众生的"想"有何差别？

五、为什么说"想如阳焰"，原因何在？

六、"想"是如何产生的？

第四款　行蕴

行有二义：念念相续谓之行，身口意造作谓之行。前者是诸识之行，后者是身口动作之行。《大乘阿毗达磨集论》卷一："云何建立行蕴？谓六思身，眼触所生思，耳触所生思，鼻触所生思，舌触所生思，身触所生思，意触所生思。由此思故，思作诸善，思作杂染，思作分位差别。又即此思，除受及想，与余心所法、心不相应行，总名行蕴。"行蕴就是"六思身"：眼识见色尘而生起意根的行为，耳识闻声尘而生起意根的行为，鼻识嗅香尘而生起意根的行为，舌识尝味尘而生起意根的行为，身识受触尘而生起意根的行为，意识了别法尘而生起意根的行为。

在五位百法中，思作善是指"信"等十一种善心所；思作杂染是指"贪"等六种根本烦恼及"忿"等二十种随烦恼；思作分位差别是指"得"等二十四种心不相应行。又此思，除了受和想另立为蕴外，其他心所有法及心不相应行，都称为行蕴。本来受和想也是思心所中所辖，应当属于行蕴，但是这两种心所是烦恼的根本，也是流转生死的根源，所以别立为蕴。

四蕴(色蕴、受蕴、想蕴、识蕴)，作为之过程亦称行蕴：众生因色身五根接触外境而产生三种受(苦、乐、不苦不乐受)，由这三种受而生起各种想望作意，由于想望作意而导致出生眼识、耳识、鼻识、舌识、身识乃至意识之作用及行为。此等色、受、想、识等四蕴产生之身口意三业的行为与过程即是行蕴。

除此之外，五蕴行为之过程，皆为行蕴所摄。所谓"行"即身口意之行为与过程，包括时间与空间的转变，皆属"行"的范畴。举凡色身乃至意识在一段时间过程中，由任一空间到无数的任一空间所产生的行为与过程，均属行蕴。众生因身口意造作众业，而由受蕴感得三种受，再由想蕴产生希望接触、厌离或不作为之作意、想像，乃至识蕴之识别而起思维、记忆、贪求或远离等一连串过程，均摄属在行蕴之中。

是故，众生无始以来，即在瀑流般的行蕴中，永无休止地以五蕴为自我而造作无量之身口意行为，便感得六道之中无量无数而永无休止的五蕴报身，称为苦集。因有苦集之业，便受后有，轮回于六道受诸苦乐。

【问题讨论】

一、何谓"行"？何谓"行蕴"？

二、何谓"六思身"？

三、本来"受"和"想"也是思心所中所辖，应当属于行蕴，为何又别立为蕴？

道理何在？

四、为什么说"色、受、想、识"蕴的过程，也称为行蕴？原因何在？

五、为什么五蕴的行为过程，也属于行蕴所摄？

六、应如何观行，方能了知"行蕴"之虚妄？

第五款 识蕴

识蕴包含眼识、耳识、鼻识、舌识、身识、意识及末那识（在大乘法中，末那识摄归识蕴，属方便说。在二乘法中则仅前六识称为识蕴）。识，即是了别的意思。了别色尘、了别声尘、了别香尘、了别味尘、了别触尘、了别法尘，所以六识合名识蕴。又，佛在阿含中说，凡是根触尘而生的心，都摄属识蕴；譬如眼根触色尘而生眼识，乃至意根触法尘而生意识，都是识蕴所摄；谓二法为缘触而生者，皆属识蕴所摄生灭心。世间因有六尘的缘故，所以因之感生六根；因六根作用不同而分界限，故有六识，各司其用，谓眼识乃至意识。依其功能差别立名不同，互不相滥。

兹就六识之形成与性质，分述于下，并于下一款中说明意根（末那识）之体性，令诸学人对七识有详尽而周全之了解，以作为迈向解脱道与佛菩提道之前置功夫。

眼识：因有色蕴之眼根相对于外境的色尘而生起眼识。因色尘之色彩、明暗等示现，并有眼根能接触色尘，方能感生眼识。眼根属色蕴，包括扶尘根（形如葡萄）与胜义根（大脑掌管视觉部分），眼识属识蕴。众生若无识蕴，虽有眼根，亦不能辨别外境之明暗、色彩，无眼识辨别故。若眼根完好，并有色尘存在，眼识才能伴随而生。因此，眼识虽是了别色尘的心识主体，却不能离于眼根而单独存在与运作。

耳识：因有色蕴之耳根相对于外境的声尘而生起耳识。因世间有声尘之乐音、噪音、有情声、无情声、有声、无声之分别存在，故众生因而感应生起耳根与耳识。耳识经由耳根（扶尘根似荷叶、胜义根乃大脑中掌管听觉部分）之运作，而善能分别声尘之音量大小与有无。

鼻识：因有色蕴之鼻根相对于外境之香尘而生起鼻识。因世间有香尘之香臭，众生因之感应生起鼻根与鼻识。鼻识藉鼻根（扶尘根形如悬胆、胜义根乃大脑掌管嗅觉部分）接触外境之香尘，而分别各种香臭之不同，或分别其有无香臭等。

舌识：因有色蕴之舌根相对于外境之味尘而生起舌识。众生为存活于世间，必须饮食。饮食之中则有味尘之酸甜苦辣甘咸浓淡等不同境界，因而感生身根之舌根，舌根接触味尘时舌识便伴随而生。舌识藉由舌根(扶尘根形如半月、胜义根乃大脑掌管味觉部分)接触外境之味尘，而分别诸味或无味。

身识：因有色蕴之身根相对于外境之触尘而生起身识，身体内外因碰触外境或生理变化而生起的觉受了别，就称为身识。如身根(扶尘根形如肉桶、胜义根是大脑掌管触觉部分)与触尘相触时的粗细、涩滑、冷热、痛痒、酸麻等觉受了别便是由身识加以分别。

意识：所谓意识，是因为有意根，相对于法尘而生起意识。意根不能直接了别五尘，对于与己相应之五尘上所显法尘亦只能了别法尘是否有大变动，而不能了别法尘上之意涵与细微种种相，因其了别法尘之慧极为昧劣之故。若意根作意欲了别法尘细相，则意识便相应而生，配合同时运作之五识对五尘的了别，意识便可了别法尘细相。以唯识法相而言，如来藏阿赖耶识藉五根触外境，于胜义根中产生五识相应之内相分，于内五尘上则显现出内法尘，由意根作意引出阿赖耶识中之意识种子，不断地流注现行而出生意识。因此意识不是本来自在之法，是由如来藏、末那、作意、意识种子、五色根、五尘、法尘等和合而生；缺少任何一个条件，即不可能有意识出生。意识经由意根摄受五识所了别的五尘境，而作判别及思维，便生起各种喜乐或厌恶等烦恼诸法，因而引生色身造作身口诸业，转而生起诸法，又复造作善恶业而轮转不息。因能思维苦、乐、究竟不究竟、解脱非解脱，而明了善法恶法、染法净法、世间法出世间法等法相，于诸法相善能分别，故名意识。亦因此识是依意根而生起者，故依根立名而名意识。意识于五无心位中(昏迷闷绝、眠熟无梦、无想定、灭尽定、正死位)消失而不现，故是生灭法而非常住不坏法。

识蕴共有六个识，都是以根、尘二法为缘而生的，《增一阿含经》卷二十八中世尊开示："彼云何名为识阴？所谓眼、耳、鼻、口、身、意，此名识阴。"又如《杂阿含经》卷十一中世尊开示："佛告比丘：今当为汝说于二法，谛听，善思。云何为二？眼、色为二，耳、声，鼻、香，舌、味，身、触，意、法为二，是名二法。比丘！若有说言：'沙门瞿昙所说二法，此非为二。我今舍此，更立二法。'彼但有言，数问已，不知，增其疑惑，以非境界故。所以者何？缘眼、色，生眼识。……比丘！譬如两手和合相对作声，如是，缘眼、色，生眼识；三事和合触，触俱，生受、想、思。此等诸法非我、非常，是无常之我；非恒，非安隐，变易之我。所以者何？比丘！谓生、老、死、没、受生之法。……如眼，耳鼻舌身意、法因缘生意识，三事和合触，触俱，生受想思；此诸法无我、无常。乃至空我、我所。"凡是由根、尘二法为缘才能出生者,都属于识蕴所摄;若非由根与尘二法为缘而出生者,即非识蕴所摄。

第六款　非五蕴所摄的意根

意根又称为末那识,末那识是心根,并非色根,故能触知五尘所显之内相分法尘。此意根执著性极强,遍缘诸法而了别慧极劣,虽能触法尘而不善了别,须依意识之了别而后方能思量决定;故触五尘上所显法尘时,以欲了别故令意识现起,而后依意识之了别生起思心所,处处作主。是故,若无此心触法尘,则意识不会现起;若此心触法尘而不欲了别(如视而不见、听而不闻、嗅而不觉其香等)时,则五识亦不现起;若意根于法尘都不欲了别时,则成眠熟而使意识不现起;因此,意识以此心为根,故此心名之为意根。意根依其不同功能又有五名:业识、转识、现识、智识、相续识。分别说明如下:

业识:意根从无始劫以来,一直恒审思量,时时作主,处处作主,不断地被觉知心不如理作意的思维所熏习,使得与无明、业力相应,其体性因而被转变为普遍计度执著。因与烦恼恒相应之缘故,就会让觉知心不断现行;意根不断地执取意识觉知心之有漏有为法和如来藏之无漏有为法功德,据为己有,因而不肯让自己及所附带之意识觉知性消失,所以就一定会爱著自己及意识的自性,也会贪著意识相应的种种法。由此缘故造作种种业行,而导致自己因业而受生或自己主动不断地投胎受生。众生因此轮回生死,永无休止;是故意根又名业识:造业的是,承受苦乐业果的也是,使业种的果报现行的还是,所以意根是众生轮回三界生死之根本因。

转识:因为无明业力及心动的缘故,使得意识现起,配合意识、前五识、五色根,就能在人间现起运作,就会有相应之六尘境界相存在;因为随时随地、刹那刹那,一直运转不停,即使在五无心位中依然如是,故名转识。

现识:因意根之攀缘性、执著性、作主性,阿赖耶识才会不断流注内相分种子,才有境界相显现。若是的执著性、作主性灭了,舍报时六识尽灭,意根亦灭,便可入无余涅槃,所以末那识意根是一切三界境界相现起的原动力,故名现识。

智识:意根了别境界相之慧心所极为低劣,不如意识能详细分别、思维而具足慧心所之功能,亦不像第八识完全离六尘之分别。意根由于意识的配合,加上出生以来的熏习及被教导分别后的过去记忆,使可以非常迅速地分别染净及无记诸法,如紧急刹车、接快速球、直接甩掉脚上的蜈蚣而不必经过思维等,意根有这种利用意识记忆的功能性,而快速地了别诸法,故亦名智识。

相续识：除非阿罗汉入无余涅槃，否则意根从无始以来都一直相续不断，即使在眠熟无梦、正死位等五位中亦如是。在正死位中意识虽然断了，但是意根仍然不断，才能在正死位中现起中阴身，又去投胎至下一世，所以意根是轮回生死的主要推动者；相反地，若没有，众生也成不了佛：菩萨证悟后，发起无尽受生愿，故意留一分我执不断，生生世世，留惑润生，自度度他，直至成佛，都要有意根存在而来往三世，才能与前世所修净业连结，方能成佛，故名相续识。又因意根能随缘任运执取过去所造一切善恶业及无记业之习气种子，存入阿赖耶识中，所以意根像个垃圾收集者，不论什么种子，都会收入如来藏中；即使意识故意想把恶业记忆丢弃，仍被意根藏入藏识中；一旦藏入藏识中，后来意根纵使被意识教导而愿意舍弃，仍然无法舍弃，因此因果律得以公平实现。又意根对曾经事，会突然间一念使意识想起；对未曾经事，会指挥意识去妄生种种分别。因上述种种原因，是故意根又名相续识。

综上所述识蕴正理，可知眼识、耳识、鼻识、舌识、身识、意识，都属根尘二法相触为缘而生。至于末那识则是无始以来恒相续存在而不曾刹那中断，相续运转不断，故与识蕴六识总称之为七转识。七转识即是众生能知能觉、处处做主之心，是众缘和合而有，非本来自在，是念念无住之妄心。此七转识的生起，必有所依，包括了因缘依、增上缘依、等无间缘依。

所谓因缘依，又称种子依，一切有为法之生起，必依靠阿赖耶识中所含藏的自法种子，也就是诸识的亲因缘种子不断地流注，方能生起。所谓增上缘依，又称为俱有依，就是同时存在而成为所缘法的意思，可分为四种：前五识必须缘前五根所对之境，五识才能生起，称为同境依；即前五根与前五识缘同一境界之意。意识必须帮助前五识的粗分别，来作细分别，两种分别同时俱起，所以意识又称为五俱意识，因此意识是前五识的分别依。而末那识恒起我执染污诸识种，假使末那能弃我执，就可使诸识转成清净，因此末那识意根又称为染净依。第四则是根本依，即是阿赖耶识，是一切法生起的根本，也是前七识所依之根本，因此称为根本依。

至于所谓等无间缘依，则是：前七识种子念念流注、念念更替，前念心灭，空其本位，引导后念继于其位现前；如是前后种子一致，中无间隔，故称等无间。由于等无间缘依，前七识才能产生辨别分析，了别诸境之作用。另一等无间缘依，是指八识心王互相之间的种子流注相等无间互为接触而无间隔，故能互了心行，亦名等无间缘依。

此外，俱有依之中，亦说所缘缘；谓诸识皆有亲所缘缘，谓自体法的心所法。由八识心王各有如是自体所有之心法，名为心所有法，故使诸识都能有其作用；如是各识各有之心所法，名为亲所缘缘。由亲所缘缘故，诸识功能互不混淆。

藉由对七转识之了解，可知修行之旨趣——转凡成圣，即在于如何净化七转识的染污种子；行人若能于此七转识数数思维与观行，定能断除我见与我执，也就是断除声闻四果所断之烦恼；若再辅以参禅正知见之熏习，有朝一日亲证阿赖耶识如来藏，转依阿赖耶识本来清净之体性，即可渐渐汰换第八识含藏之七转识染污识种，乃至究竟清净，成究竟佛道。是故，七转识正理，学人当深入理解、思维、观行之。

【问题讨论】

一、何谓"识"？何谓"识蕴"？
二、在大乘法和二乘法中，"识蕴"的意涵有何差别？
三、眼识是如何产生的？耳识又是如何产生的？
四、身识是如何产生的？身识所分别的是哪些法？
五、意识是怎样出生的？意识在哪些时候不现行？原因何在？
六、意根又称末那识，它另有五个别名，是哪五个？请分别说明之。

第二目　略说十二处

所谓十二处，即是六根处与六境处；合此眼、耳、鼻、舌、身、意六根及色、声、香、味、触、法六尘，统称为十二处；为何名为处？由此十二法都有所住之处所分位故，亦是识蕴出生之处所故。此十二处悉依五蕴而有，五蕴则依心——如来藏——而有。六根处即是眼处、耳处、鼻处、舌处、身处、意处，是指内六处。六境处则为色处、声处、香处、味处、触处、法处，是内六处；但亦常以外六处说之，谓内六处常依外六处而显现故。《大乘阿毗达磨集论》卷一："何因处唯十二？唯由身具，能与未来六行受用为生长门故。"意即：为何只有十二处？答：是因为六根及六境，能生长出未来的六识故。《大乘阿毗达磨集论》卷一："处义云何？识生长门义，是处义。"意谓：处是能出生识蕴之处所的意思。以下就六根之形成与特性逐一介绍，使学人对吾人与生俱来之色身有比较明确之认识与了解。

眼根：谓四大种，地、水、火、风所造有色根。此眼球如葡萄，称为浮尘根，又曰扶尘根。眼球之构成,包括结膜、角膜、虹膜、晶状体、睫状体、晶状体悬器、眼前房、眼后房、眼肌、巩膜、脉络膜、视网膜、黄斑、视神经、玻璃体等。《楞严经》卷四云:"由明暗等二种相形,于妙圆中黏湛发见,见精映色,结色成根;根元目为清净四大,因名眼体;如葡萄朵,浮根四尘,流逸奔色。"可知眼识所依,乃胜义根,即净色根,非依扶尘根而生起及存在。依据医学解剖以显微镜放大研究,得知双眼同一识依。由视神经传至大脑枕叶皮层,即时显现眼识,得知外境之色尘,故知大脑枕叶皮层为眼识所依处,即胜义根之净色根。眼根缘色,了别为性。若人眼球病坏,如盲目人,虽不能见外物,犹言见暗;又如将器官捐赠者之健康眼球移植于盲者之眼眶中,并将视神经接驳好,则眼识即能显现观见外物。由此可知,眼识是依于大脑枕叶皮层净色根而存在,若大脑枕叶皮层或视神经病坏,则虽有健康之眼球,亦不能显现眼识之作用。

耳根:谓四大种,地、水、火、风所造。此耳朵如新卷叶(或说如荷叶),称为浮尘根,又名扶尘根。耳朵由内耳和外耳所成,包括耳壳、外耳道、锤骨、砧骨、鼓膜、中耳、蜗窗、半规管、听神经、内淋巴囊、耳蜗、蜗小管、咽鼓管等。《楞严经》卷四云:"由动静等二种相击,于妙圆中黏湛发听,听精映声,卷声成根;根元目为清净四大,因名耳体;如新卷叶,浮根四尘,流逸奔声。"由此可知,耳识所依者,非扶尘根,乃胜义净色根。依据医学解剖以显微镜放大研究,得知两耳同一识依。由耳蜗神经传达至第八对脑神经,终至大脑第一颞回皮层,是为听觉中枢,显现耳识之作用。是故,大脑第一颞回皮层乃耳识所依处,此是胜义根,即净色根。耳根缘声,了别为性。《瑜伽师地论》卷一云:"四大种所造,耳识所依,净色。无见有对。"若人耳根病坏,如传导性耳聋,则耳识不能显现,然可借助人造之助听器使之闻声。但若是大脑之第一颞回皮层病坏,或神经性耳聋,则虽有健康之扶尘根,亦不能显现耳识之作用。

鼻根:谓四大种,地、水、火、风所造。此鼻之双嗅球及嗅束之形如爪(或说如悬胆),平垂在脑底之下,是嗅气之受纳器,由嗅束传达嗅气至大脑。《楞严经》卷四云:"由通塞等二种相发,于妙圆中黏湛发嗅,嗅精映香,纳香成根;根元目为清净四大,因名鼻体。如双垂爪,浮根四尘,流逸奔香。"故知鼻识所依者非扶尘根,乃胜义净色根。依据医学解剖以显微镜放大研究,得知两鼻嗅束将香尘传至延脑及间脑而达大脑皮层,即时显现鼻识之作用。故知大脑皮层乃是鼻识所依之处,是胜义净色根也。鼻根缘香,了别为性。若鼻根病坏,则鼻识不能显现;倘若嗅神经或大脑皮层病坏,则虽有健康之浮尘鼻根,亦不能显鼻识之作用。

舌根：谓四大种，地、水、火、风所造。此舌根如初偃月（或说如半月），称为浮尘根，又名扶尘根。舌根由舌神经、舌咽神经、迷走神经等所构成。舌是味觉感受器，上有味蕾，分布于舌黏膜，主要分布在舌的背侧面、舌尖和舌的侧面，也有一些分布于会厌、咽后壁及前腭帆、软腭等处。《楞严经》卷四云："由恬变等二种相参，于妙圆中黏湛发尝，尝精映味，绞味成根；根元目为清净四大，因名舌体。如初偃月，浮根四尘，流为奔味。"因此可知，舌识所依，非扶尘根，乃胜义净色根。依据医学解剖研究，得知舌识依于净色根，由味神经传达至脑皮层，即时显现舌识之作用，故知大脑皮层乃舌识所依之处，是胜义净色根也。舌根缘味，了别为性。若舌根病坏，则舌识不能显现；假使舌神经或大脑皮层病坏，则虽有健康之舌头，亦不能显现舌识之作用。

身根：谓四大种，地、水、火、风所造，有积聚及依止二义。谓积聚四大，造眼耳鼻舌等根，皆依身根而住止也。又为四肢百骸所依止，诸根所随，一身周遍；此身乃为三十六物积聚之处。所谓三十六物，可分为三类。第一类，外相十二：发、毛、爪、齿、眵、泪、涎、唾、屎、溺、垢、汗。第二类，身器十二：皮、肤、血、肉、筋、脉、骨、髓、肪、膏、脑、膜。第三类，内含十二：肝、胆、肠、胃、脾、肾、心、肺、生藏、熟藏、赤痰、白痰。身，体即是根，能造地水火风及所造色香味触；八法为体，五识所依之根也，有浮尘及胜义之别；浮尘乃四大粗色，胜义乃四大净色有质碍，为五识所依。吾人身体各部分之皮肤、肌肉乃至脏腑，均有感觉，特别以皮肤肌肉对外触尘所起之感觉最为灵敏，感受各种不同之触尘，如冷热、痛痒、酸麻、涩滑等，均有不同之感受细胞球相应之。各种不同感觉之触尘传入神经纤维，先将之传至脊髓中，在脊髓之触尘接受器如腰鼓颡等，触尘接受器遍布全身内外，一般说法属感受细胞名之为接受器，脊髓乃以神经传导为主要功能！而整体身根似肉桶一般（或说如肉桶）。《楞严经》卷四云："由离合等二种相摩，于妙圆中黏湛发觉，觉精映触，抟触成根；根元目为清净四大，因名身'体'。如腰鼓颡，浮根四尘，流逸奔触。"因此得知身识所依者非扶尘根，乃胜义根——净色根。依据医学解剖研究，可知各种不同之触尘，由神经传入大脑皮层，显现身识之作用。此等传入神经，由各部分分配之。如头项胸腰等处之传入神经，传至脊髓，复再上传至大脑皮层为终点，即时发识，故知大脑皮层为身识所依之处。身根缘触，了别为性。若身根部分病坏，则部分身识不能显现；假使触觉神经或大脑皮层病坏，则虽有健康之身根，亦不能正常显现身识作用。

从以上五根之说明可知，胜义根——大脑皮层，才是真正五识所依之处，状似醍醐，同是净色，故云："五识同依净色根。"现代医学，亦将大脑分成若干百区域，研究每区损害之反应情形，皆不出五识、五根之范围；由此更可证实佛世尊实是大智慧之圣者，在二千五百多年前即已开示连现代先进医学技术也无法了知的人体奥秘，微妙至极，真令人崇仰赞叹不已。

以上前五根都是有色根，以阿赖耶识入住母胎为因，父母及四大饮食为缘，而得成长；既须依缘，则缘尽必灭，如此有生有灭之法，毕竟虚妄，若人错执此虚妄色身为我，为了色身之欲求造作诸业，则导致不断轮回生死。至于第六根——意根，又称末那识。《楞严经》卷四云："由生灭等二种相续，于妙圆中黏湛发知，知精映法，览法成根；根元目为清净四大，因名意思；如幽室见，浮根四尘，流逸奔法。"由此可知，大脑皮层仍是人类意根现行之所依处。意根是第六意识所依之根，恒与我贪、我痴、我慢、我见等四种烦恼相应，因此又称为"染污末那"；具有恒常、审察、思量的了别功能，恒执第八阿赖耶识为自内我，恒执前六识为自外我。末那识心行非常微细，刹那刹那思量做主从不间断，但了别慧低劣，执著性强，遍计诸法为我、我所，是起惑造业之因。行者若能于善知识所，亲聆教诲，藉由意识不断地闻熏正知正见，转易末那根深蒂固的染污执著性，汰换无量世以来如来藏所含藏的染污识种，则渐转渐净，可以究竟断尽我见我执，证解脱果。

六根处已细说如前，以下继续就十二处之六境处——色处、声处、香处、味处、触处、法处，总称为外六处，详细说明于后。

色尘处：外色尘（外相分）为地、水、火、风四大极微，依共业众生之如来藏为因及众缘积聚而成，会随着不同条件改变组成成分及外貌。且眼根相对应之外色尘，也并不是此因缘和合的外色尘本身，而只是对应到外色尘所放射或反射出的可见光部分电磁波而已。可见光的最小单位——光子，是依在原子核外围轨域的电子，从高能阶轨域降到低能阶轨域所放出能量而形成，所以每一光子的出现，就代表原子内的电子分布状态改变；换句话说，每一光子的"生"起，即是一次电子轨域的变动，或可称为电子轨域原先状态的"灭"。而此一新生的光子，经过一段空间及时间，传到我们的眼睛扶尘根时，在相对时间上已非当下，只是之前已发生过的过去式而已，因此，我们接收到的任何光线和影像，都永远只是已消逝的历史。

光子在经由眼睛视网膜中的感光细胞接收，与感光细胞内的视紫质接触后，将能量传给视紫质（此时光子已因能量散出而消失，所以名义上称为光子"灭"）视紫质产生一连串物理及化学变化（生灭），随后造成感光细胞的细胞膜电位改变，形成神经电流传导，再一步步传向眼胜义根。所以，我们眼根所感受到的外色尘，是经过数次的生灭才与眼扶尘根相遇，又经过无数次的离子、分子的生灭才传到胜义根，每一次的生灭都是变异，变异就无常，无常所以是空；因此，外色尘是无常、无我、空。

内色尘(內相分)则为如来藏因应眼胜义根中的电流讯号所幻现而有，会随着眼扶尘根及胜义根之完整与否，而影响到内色尘的呈现，譬如在眼或脑有疾病或先天缺陷，或受到药物影响而使功能受到限制时，眼胜义根的电流讯号就会不正常，当然由如来藏依此异常电流讯号所幻现出的内色尘就不正常；而且，内色尘需在意根作意，想要接收外在讯息时，才会由如来藏幻现而出；如果意根不想了知色尘时，即使眼根正常接收外色尘，如来藏也不会现起眼识来了别色尘，如日常生活中常有"视而不见"的例子即是。由此可知，内色尘之出现，是需要靠许多外在条件及如来藏之配合才能出现，且每一刹那都在改变，所以说内色尘亦是无常变异、无我、空。

声尘处：外声尘(外相分)为四大极微依共业众生之如来藏因及众缘积聚而成，会随着不同条件改变组成成分及形态。外声尘为一种粒子振动状态，固态、液态、气态的物质经由外来能量的撞击，造成本身组成分子的振动，经由传导后间接与耳扶尘根相碰。因第一个振动的粒子，将其振动能量传给邻近的粒子，第二个振动粒子再将振动能量传给下一个粒子，最后一个接棒的粒子再将其能量传给耳扶尘根，每一次的接续换手中，皆会造成能量的衰减，且最后碰触到耳扶尘根的粒子并非第一个产生振动的粒子，振动能量也相对小于第一个粒子，所以外声尘为不断变异生灭后，间接使耳扶尘根内的耳膜、听小骨、内耳淋巴液、发状细胞，依序造成振动，随后在发状细胞形成细胞电流，经由耳神经将神经电流传导到耳胜义根。人耳扶尘根的构造，只容许接收到每秒二十次至二万次振动频率范围内的声音；所以，我们所接收到的外声尘，是已经衰减变异许多次，又被去头去尾的产物，已非原貌，依此特性可知外声尘是无常、无我、空。

内声尘(內相分)，为如来藏因应耳胜义根中的电流讯号所幻现出，会随着耳扶尘根及胜义根之完整与否而影响到内声尘的呈现。譬如，在耳或脑有疾病或先天缺陷，或是受到药物影响，功能受到限制时，耳胜义根的电流讯号就会不正常，当然由如来藏依此异常电流讯号所幻现出的内声尘就不正常；而且，内声尘需在意根作意，想要接收外在讯息时，才会由如来藏幻现而出；如果意根不想了知声尘时，即使耳根正常接收外声尘，如来藏也不会现起耳识来了别声尘，如日常生活中时有"听而不闻"之情形。因此,内声尘是需要靠许多外在条件及如来藏之配合才能出现,且每一刹那都在改变,所以说内声尘是无常变异、无我、空。

香尘处：外香尘(外相分)为四大极微依共业众生之如来藏因及众缘积聚而成,会随着不同条件改变组成成分。外香尘为微小之分子,分子会随着外界的物理、化学条件改变结构及组成,因而改变原有之物理、化学性质,所以外香尘是会变异的物质,变异即是无常,无常即无我,无我即是空。

内香尘(内相分),为如来藏因应鼻胜义根中的电流讯号所幻现出,会随着鼻扶尘根及胜义根之完整与否而影响到内香尘的呈现,譬如在鼻或脑有疾病或先天缺陷,或是受到药物影响,功能受到限制时,鼻胜义根的电流讯号就会不正常,当然由如来藏依此异常电流讯号所幻现出的内香尘就不正常；而且,内香尘需在意根作意,想要接收外在香尘讯息时,才会由如来藏幻现而出；如果意根不想了知香尘时,即使鼻根正常接收外香尘,如来藏也不会现起鼻识来了别香尘,如我们专注在一件事时,常有"嗅而不闻"之状况发生。因此,内香尘是需要靠许多外在条件及如来藏之配合才会出现,而且刹那刹那在变异,所以说内香尘是无常变异、无我,所以是空。

味尘处：外味尘(外相分)为四大极微依共业众生之如来藏因及众缘积聚而成,会随着不同条件改变组成成分。外味尘为微小之分子,分子会随着外界的物理、化学条件改变结构及组成,因而改变原有之物理、化学性质,所以外味尘是会变异的物质,变异即是无常,无常即无我,无我即是空。

内味尘(内相分),为如来藏因应舌胜义根中的电流讯号所幻现出,会随着舌扶尘根及胜义根之完整与否而影响到内味尘的呈现,譬如在舌或脑有疾病或先天缺陷,或是受到药物影响,功能受到限制时,舌胜义根的电流讯号就会不正常,当然由如来藏依此异常电流讯号所幻现出的内味尘就不正常；而且,内味尘需在意根作意,想要接收外在味尘讯息时,才会由如来藏幻现而出；如果意根不想了知味尘时,即使舌根正常接收外味尘,如来藏也不会现起舌识来了别味尘,如我们专注在某件事时,常有"食而不知其味"之情形。因此,内味尘是需要靠许多外在条件及如来藏之配合才会出现,而且刹那刹那在变异,所以说内味尘是无常变异、无我,所以是空。

触尘处：外触尘(外相分)为四大极微依共业众生之如来藏因及众缘积聚而成,会随着不同条件改变组成成分及型态。人类身体之触觉有许多种,如痛、温度、轻重触、粗细触、体位感等多种。这许多外触尘包含了重力、大气压力、摩擦力、辐射能、生物肌力等,每一种都是需要许多外在条件才能存在,所以外触尘是需依众缘和合而生,因此是无常、无我、空。

内触尘(内相分),为如来藏因应身胜义根中的电流讯号所幻现出,会随着身扶尘根及胜义根之完整与否而影响到内触尘的呈现,譬如在身或脑有疾病或先天缺陷,或是受到药物影响,功能受到限制时,身胜义根的电流讯号就会不正常,当然由如来藏依此异常电流讯号所幻现出的内触尘就不正常,而且内触尘需在意根作意想要接收外在讯息时,才会由如来藏幻现出;如果意根不想了知触尘时,即使身根正常接收外触尘,如来藏也不会现起身识来了别触尘,如同我们专注在一件事时,常有忘我情形发生,即是此道理。所以内触尘是需要靠着许多外在条件及如来藏的配合才能出现,且每一刹那都在改变,因内触尘需依因缘而生,且刹那变化生灭的体性,我们称内触尘为无常、无我、空。

法尘处:外法尘(外相分),又称为法处所摄色。为四大极微依共业众生之如来藏因及前五尘在胜义根所形成的电流讯号,经胜义根进一步重整组合变成更复杂的讯号,以及之前存留在胜义根内的记忆资料等"缘"积聚而成,会随着不同条件改变组成成分。如视觉讯号在脑部第一视觉中枢只形成影像感觉,在其他区域的不同视觉中枢,则分别负责判别影像的空间位置、影像的运动状态分析、影像的内容判别(这是什么物体)以及影像与文字语言间的关联;此外,从记忆中唤起曾看到过的影像,或是经过自己重组过的幻想影像;所有的这些高阶整合工作皆有脑部的特定区域在负责,而这些经过整合的电流讯号显示出来的法相,就是"法处所摄色"。由于是五尘上显示的法相而且是依五尘而存在的法,譬如形色、表色、无表色等,故名法处所摄色。表面上,它并不是直接由外界刺激所产生的讯号,而是将原始讯号整合的结果,但由于它仍是由胜义根的脑细胞所产生,所以仍是色法的一部分。这些电流讯号最后仍需由如来藏幻现出内相分(内法尘)才能被意根以及意识分别了知。以上只是举眼色尘所相关的法处所摄色为例,其余的声、香、味、触等色法所相关的法处所摄色,也是以相同的模式存在脑部胜义根中,仍需由如来藏幻现出内相分法尘,才能被意根及意识分别了知。假使胜义根特定区域发生病变,就会造成此区域的法处所摄色异常,以致影响身口意行的正常显现。内法尘需在意根作意想要接收外在讯息时,才会由如来藏幻现出;如果意根不想了知法处所摄色时,即使有扶尘根及胜义根正常形成法处所摄色,如来藏也不会现起意识来了别法尘;如同入灭受想定时,虽身体功能皆正常,但意识却不现起,即是此道理。所以内法尘及法处所摄色不是常住不变,是有生灭变异现象存在,所以是无常,无常所以是无我,无我所以是空。

上说六尘界,总说即是相分,相分有二:外相分与内相分,皆是唯如来藏所变现的境界;外相分是器世间所现的外五尘,为众生阿赖耶识共业所成;内相分则为阿赖耶识由五根对外境五尘,即于自心中如其所触如实显现内五尘,如人照镜,镜中如实显现人影一样。因内相分是唯心所显故,当五根或胜义根有缺损,如盲聋喑哑痴呆等,不能如实对外尘,而把外五尘境扭曲,则其所显的内相分也是扭曲境。由此可知,一切有情之六识无始以来从未直接接触过外境,能见闻觉知之六识心所见所闻乃至所触,皆是自心如来藏所现内相分六尘境;凡、愚不知其理,见一切山河大地、一切人事物等,皆误以为真实见,其实所见都只是自心所显的内相分而已,既然是自心具足之法,又何需为贪求而造作诸业呢?

【问题讨论】

一、何谓"十二处"?
二、"眼根"包括哪些部分?
三、"耳根"包括哪些部分?
四、色身为三十六物积聚之处,所谓三十六物,可分为三类,请分别说明之。
五、为什么说众生并没有真正接触外色尘?原因何在?
六、六尘界总说即是相分,相分有二——内相分和外相分,为什么说皆是如来藏所变现的境界?道理何在?

第三目　略说十八界

所谓十八界,即是眼根、耳根、鼻根、舌根、身根、意根等六根,色尘、声尘、香尘、味尘、触尘、法尘等六尘及眼识、耳识、鼻识、舌识、身识、意识等六识,合称为十八界。界,即是界限,谓有局限;亦是功能差别之意。如眼根能触色尘而不能触声尘,耳根能触声尘而不能触香尘,鼻根能触香尘而不能触味尘……如眼识能了别色尘而不能了别声尘,耳识能了别声尘而不能了别香尘,鼻识能了别香尘而不能了别味尘……如色尘与声尘作用不相混杂,声尘与香尘作用不相混杂,香尘与味尘作用不相混杂……如是根、尘、识各有各不同之功能差别,不能也不会相滥;譬如色尘不能自知,眼根虽能触色尘也不了知,唯有眼识能依眼根与色尘相触而现起了别色尘之功能,所以六根六尘六识各有其界限,总称之为十八界。

物质世间众生举凡身口意业之造作，均不离十八界之范围。如以吃苹果为例：吃之前由眼根接触苹果的形状、色彩、明暗、大小等色尘，眼识辨别苹果的形状，色彩暗红，大小适中等状况，此是眼根、色尘、眼识三界之运作。

　　眼识辨别苹果之色尘，同时转变为讯息，知会意根。意根接受眼识传回来之色尘讯息，由意识依据过去之经验而分别这是苹果，颜色暗红、大小适中、形状正常，看起来很好吃。这是意根、法尘、意识三界之运作。

　　经意识辨别后，末那识决定要吃苹果，身根便拾起苹果，经由手的触觉知道苹果的软硬、粗细、光滑（触尘），即于送入口中之同时，将触尘转变为讯息，经由意根告知意识，这是身根、触尘、身识三界之运作。

　　苹果即将送入口中时，由于香尘之飘散，鼻根经由呼吸而接触香尘，鼻识辨别苹果香甜之香尘，同时将此香尘转变为讯息，传与意根，意识综合眼识、身识、鼻识对此苹果所传来之讯息，继续作判断，如果苹果已经烂坏，则弃而不吃。这是鼻识、香尘、鼻根三界之运作。

　　苹果送入口中后，身根经由口之咀嚼，产生震动声音，耳识经由耳根接触身根震动之声音，同时接触口齿从空气中传来之咀嚼声，而辨别声尘之大小声、长短声、粗细声、高低声，同时将此声尘转化为讯息传与意根，此是耳根、声尘、耳识三界之运作。

　　口齿咀嚼苹果，分泌口水混合，舌根接触苹果，舌识经由舌根辨别苹果之甜味（味尘），同时将味尘转化为讯息，传与意根，此是舌根、味尘、舌识三界之运作。

　　以上说明眼识经由眼根知悉苹果之色尘，耳识经由耳根获得苹果之声尘，乃至意识由意根获取眼、耳、鼻、舌、身等五识对五尘之基本讯息，而由意识依据过去之经验判断此苹果之各种情形，而分别、思维、判断应否继续吃，再由末那识作决定，导致身根再取食，或弃而不食。如此便完成了六根、六尘、六识等十八界之运作。

　　实际上，十八界之运作情形，远较前面的说明复杂十百倍，速度之迅速完美令人难以想像。为了方便说明，依六根分为六个部分分别解说，但其实六根总是同时连续不断在配合运作。众生在日常生活中之各种活动，都离不开这十八界之运作，而竟对于十八界之运作细节及各界差别与和合一无所知，一无所感，懵懂度日，以致轮回六道，受苦无尽。由前五蕴、十二处之详细说明，即知六根、六尘、六识等十八界，都是由如来藏中之种子幻化而有，是因缘和合而生，非本来自在之法。因此在这十八界当中并没有真实的我，都是变异无常之法，所以无常、无我、空。若能如是断除对十八界我的执著,便可出三界轮回,免去生死轮回之苦。

【问题讨论】

一、为何称为"界"?十八界包含哪些?
二、六根的功能是什么?
三、六尘的功能是什么?
四、六识的功能是什么?
五、以饮食为例,请用十八界观行之方法说明之。
六、如何证实十八界是虚妄不实之法?

第四目 现行熏种子,种子生现行

众生在世间之各种活动,系由身、口、意而造作善业、恶业、净业、无记业;造作后即由第七末那识的执著性功能送交第八识保存。第八识中保存之业种,由第七识不断地攀缘,配合外境六尘而不断起意造作新业,造作新业时也同时搜集已作之业种,不停地循环。由于众生在每一期生死中不停地攀缘业种,也不停地造作新业,因此第八识中的业种内容便因不间断的业行熏习而不停地在改变,这种过程与行为,称为"现行熏种子";意即现在的行为熏习,改变了种识中的种子。由此可知,第八识如来藏储存众生多劫以来以及此一生中所思、所说、所作之无量无数业行的种子,方有每一世的业种现行。

当众生之一期寿命结束后,因五根之毁坏,其第一识至第六识渐渐失其作用而至消灭,唯有第七末那识依附于第八识而渐渐与肉身之地、水、火、风四大元素分离,终至完全离开肉身。其间由第八识生出中阴身,色身舍一分便现一分中阴,如步屈虫分持二处渐渐转移,第八识分持旧身及中阴,渐渐转移乃至全部入持中阴,而七、八二识即依附于此中阴身而运作,此时复现见闻觉知于其中阴身。

中阴身为微细物质所形成,小有眼通,得见有缘父母和合时,起颠倒想而自以为与父或母和合,为彼境界所拘束而入母胎,执取父精母血所成之胚胎为自己,便受后有。若七天中不得往生之缘,此中阴身即死,复生另一中阴身,等候因缘往生。每一次之中阴身皆只有七天生命,最多可有七次中阴身,最迟者七七四十九天必定往生。

凡夫之往生投胎为人，必因淫欲与心而受胎：中阴身若将往生为男人，则因业力所感于有缘父母和合时，起颠倒想，以为自己与母亲和合，于母亲起淫想，于父亲起心，于颠倒想中，被淫境拘束而入胎。若将生为女人，则反之，于父亲起淫想，于母亲起心。唯有菩萨乘愿再来，不同于众生之有淫心与心。故凡夫种识之中，皆有淫心与心，须证三果者方无此二心。

中阴身入胎之后，身根最先长养，身识即从第八识之种子感应身根与触尘而生。其后眼根生长，眼识随之；乃至耳、鼻、舌根生长，诸识随之长养，终至五根生长完全，出离母胎。出离母胎后，便开始了种子生现行的过程。例如，同一对父母所生之兄弟，其个性与思想往往不同，乃至相反；此皆因各人前生所熏所习不同，所以种识也就不同，流注出来的现象即能显现个性、思想多不相同。这可从出生于同一父母，而且同是未经教养的初生婴儿，其显现出来的脾气与个性各不相同，而知每个人的识种由于过去生，乃至过去无量生所熏习的不同，所以导致一出生即有种种之差异。

由于第八识所含过去生业种之不同，新生命在母胎中随着五根及六识成长得渐渐完全，又伴随着出生后种种不同业行之过程，开始了"种子生现行"的行为与过程。胎儿愈到生长完全的阶段，种子现行的程度愈明显，凡是生育过三个或三个以上而性别不同的子女的母亲，大多能或多或少地体验到每一个胎儿在母腹中不同的感受。

因以上之道理，佛经中不说人性本善，亦不说人性本恶，而认为人性之善恶是因为多生以来的熏习，加上后来所遇到种种不同的缘，而产生种种不同的表现。由于各人多生以来所熏所习千差万别，而出生后所遇到的善缘恶缘、染缘净缘亦是千变万化，因此便有无数种不同根器、不同表现的人。

【问题讨论】

一、何谓"现行熏种子"？

二、凡夫之往生投胎为人的原因是什么？菩萨乘愿再来，和凡夫有何不同？

三、请略述从此生死亡后，到来生出生之间"生命演变"的情况，亦即如何死亡？如何出生中阴身？中阴身如何入胎？如何长养？如何出胎？

四、何谓"种子生现行"？

五、你认为人是"性本善"还是"性本恶"？原因何在？

六、如何才能将如来藏中染污的种子转化成为清净？请略述你的看法。

第五目　五蕴之空相及苦患

众生贪著于五欲之苦、乐,故轮回五趣六道,皆是起因于认定五蕴(色身以及见闻觉知的心)为真实有,不会变异,所以愿意不辞劳苦而追求自认为是有价值的人、事、物,为此造诸善恶身、口、意行,流转生死而不自知。世间人能从日常生活经验中体会到,有些人、事、物会在我们的眼前消逝,所以会把能保存较久且不会感觉到明显改变的人、事、物,认定为有价值且值得去追求;如追求黄金、钻石、房地产、美容等事物。但是在不断地追求中,如果有一天能停下脚步认真反问自己:这些有价值的东西是否能永远不变、不坏?无常来时,这些有价值的东西又会到哪里去?是否能带到未来世?显然,死后都是空手一双,一切有形的东西一样也带不走,唯有无形质的业种随身。

在前几目中,对五蕴、十二处、十八界作了详细之分析与说明,接下来就色、受、想、行、识,五蕴为何是空相及其过患略作说明。

一、色蕴无常:色如聚沫。个人的色身因如来藏执持而能不变坏与生长。吾人色身始自七、八二识执取受精卵为我,母血长养而出生为婴儿,渐渐成长,再历经童子位、少年位、中年位、老年位乃至耄熟位;这当中色身不断推陈致新,如皮肤、黏膜是新陈代谢最快的细胞,而红血球寿命长约一百二十天,我们可以细细观察:从皮肤蜕皮、头皮屑、爪生、发长、涕唾涎痰、屎尿等,刹那变化产生,却常为人们所忽略。再观察自己从小至今,身体不断刹那刹那变化成长,昔日孩提,复经少年、青年、壮年,而至今日华发丛生、身体功能日渐衰损;又从观察他人乃至一切众生,皆复如是。因此深知,此色身乃由地、水、火、风四大因缘聚合而成;若因缘散坏,色身便坏。即使色身未坏之前也是无常,好像河流漩涡中心的那堆泡沫,看它似乎一直存在,但其实是新的泡沫一直产生,旧的泡沫一直消失;色身出生后也是如此不停变化,走向衰老,终必死亡,复归地、水、火、风,如是观察,便能正观色身无常,不是常住法。

二、受蕴无常:受如水泡。六根触六尘而生六识后,意根、意识分别诸境而领纳诸受,略分为三受(苦受、乐受、不苦不乐受)、五受(苦受、乐受、忧受、喜受、舍受)。各种受,皆如水泡;水不停地滴下来,水泡便不停地出现;连续不断出现的水泡,使我们误以为水泡是一直存在的;连续不断的受,也使我们误以为受是真实的存在。有关受蕴之真实相状,我们分为以下三点说明之。

第一点，苦乐互摄：一般人对苦、乐、不苦不乐，多以单纯的苦受、乐受、不苦不乐受来看待，而其实是互相含摄的，既无纯然的苦受，也无纯然的乐受。（1）苦受中含摄乐受：在感官方面，如吃苦瓜、喝苦茶，下咽后口舌渐渐转甘，苦中有乐受。如受伤流血是苦受，伤口结痂，虽仍有苦受，但感觉痛苦减轻，便安乐欢喜，亦是苦中有乐。精神方面，如欠债、还债时是苦受，债务逐渐还清，负担减轻，生起乐受。准备考试，辛苦备至，是苦受；金榜题名，如愿以偿，是乐受。此皆是苦受中含摄乐受。（2）乐受中含摄苦受：如享受美食佳肴是乐受，过饱而反胃呕吐是苦受；喝好酒是乐受，酒醉时心悸头痛欲裂则是苦受；获得美名、权位是乐受，时常忧心会失去而生起苦受；中了头奖是乐受，担心被勒索、恐吓、绑架，则生大苦受，连夜搬家仍然担惊受怕。凡此皆是乐受中含摄苦受。（3）苦受、乐受中含摄不苦不乐受，如古人说："入芝兰之室，久而不闻其香；入鲍鱼之肆，久而不闻其臭。"习惯了苦受或乐受，久了就有不苦不乐受产生。又如山珍海味是乐受，吃惯了就不觉乐，而有不苦不乐受产生。（4）不苦不乐受含摄苦受与乐受：如呆坐不思是不苦不乐，久而不换姿势感觉身体酸痛是苦受；开车时是不苦不乐受，长途驾驶则成苦受；不想排便时是不苦不乐受，但便秘而不得不设法排便时却成为苦受，经过一番努力终于顺利解决，又成乐受。

第二点，受非真实：依色身之苦受而言，例如鼻嗅恶臭，即有苦受，欲立即远离。然恶臭之虚妄，人多不觉，以为真实，其实虚幻。鼻闻臭时，鼻不知其为臭；鼻识虽然辨别其香臭，而不知其名为香臭，不知应厌恶香臭；意识虽能分别其为香臭，但意识并不接触香臭（能知之心不接触香臭），意识心只是经由意根获得鼻识传来香臭之讯息而已；意识心既不接触恶臭，则此闻臭而生之苦受即非真实。若以十八界之观行为例：鼻根触香尘而生鼻识分别香臭，鼻根将此讯息透过化学传导物质传入大脑胜义根，由意根触此讯息之内相分法尘而生意识，意识分别何味何物但非直接真实触香尘者。若去除后天之教导施设，泯除此分别心，则无苦受产生。如婴儿玩屎玩尿，唯有乐受，并无苦受。后经大人教导其为"臭臭"，才会知道那是"臭臭"，要远离。若能接受恶臭，认为世间有香有臭是常事，不认为恶臭可厌，不求厌离，则无苦受。苦受如是，其余乐受、不苦不乐受、忧受、喜受、舍受，亦复如是，皆非绝对，皆是相对而生者，皆非真实。

第三点，有受皆苦：综上所述，可知乐受不是绝对的乐，苦受亦非绝对的苦，不苦不乐受亦非清净自在，皆是无常。不是"苦恒苦"，不是"乐恒乐"，也不是"不苦不乐永远不苦不乐"，而是相对的、互相含摄的、变易的、无常的，因此说"有受皆苦"、"受非真实"。如乐受时，苦受若生，乐受则灭，故乐受非常，非常则是苦；余二受亦如是非常，非常即是苦，故受蕴非真，是无常法。

三、想无常：想如阳焰。想非自有，乃因色身与六识，相对于外境六尘而起身口意行为，产生苦受、乐受、不苦不乐受；因三种受中有其韵味，而于十八界产生各种想及欲求、作意。譬如，欣求乐受则有期望接触之想，如贪男女欲、贪美食美色、贪著定的滋味；欣求苦受则有期望接触之想，如被虐待狂、外道苦行者（拜火、涂灰）；欣求不苦不乐受则有期望接触之想，如嗜睡者、流浪汉。厌恶乐受则有期待远离之想，如吃素者远离山珍海味、修定者远离五欲之享受。厌恶苦受则有期待远离之想，如欠债者、病痛者、受刑者。厌恶不苦不乐则有期待远离之想，如闲不下来的人、不缺钱但却想找工作的人……由上可知，诸想乃因六根触六尘生六识，六识于三受中起诸作意分别思维变换不停，故诸想皆是因缘和合所生；所谓"想如阳焰"，如艳阳高照时，水分蒸发成水蒸气，于空中似水漂流相续不断；想蕴亦如是，由于无明渴爱之阳焰，对诸境界受生起贪之心行，起种种诸想迁流不息，故受热恼，实皆虚妄想，缘起法故，因此想蕴无常。

四、行无常：行如芭蕉，一层一层剥开，最后空无所有，行蕴亦如是。众生因在世间有身口意行，而产生种种受、想，便以为行蕴真实，此真实感都因行蕴而有；然而行蕴不实，若无身、口、意之行为即无行蕴，若无苦受、乐受、不苦不乐受也无行蕴；若没有眼识、耳识、鼻识、舌识、身识、意识之分别了知也无行蕴；若无六想、诸想、作意，亦无行蕴产生。行蕴不离色、受、想、识等身口意行，从不可计数之过去，到不可计数之未来，在时间过程中从任一空间到另一空间中产生无量无边的行，犹如流水不停地移动，动即是无常。故行蕴是无常，非真实常住法。众生欣求世间五欲之乐而造恶业，或欣求升天之乐而造善业，均不离行，不离无常，无常即无所得；无常故苦，不应执著。

五、识无常：识如幻化。我们分三点来说明：

第一点，六识非真。六根由如来藏直接出生，六尘相分是间接从如来藏所变现，而六识则是由六根缘六尘相分而辗转出生，若无如来藏亲因，或无六根，或六根不具，或离六尘，则六识即无法出生。因六识是有生之法，有生之法必定会坏灭，是故六识非真。物质世界的众生为追求享乐、为贪求财富、为急于脱离肉身之苦难，乃至为求名闻，不惜造恶，掠夺或杀害他人与他类众生，皆因不能向自身之中探求五蕴虚假无常之真相所致。下焉者将色身误认为自我，认为人死一切皆无，无有前世，无有后世，成断见论者，为求一世色身之利养而造作诸恶业。上焉者将能知能觉之六识心误认为我,以为能永远不消灭,今生死后,重新受生,十八年后又是一条好汉,于是为求知觉妄心的快乐而造作无量无边之恶业。亦有外教(或佛门中之外道)修行人,欲求出离,但因不知六识之虚妄,反而背离真心而追求意识之境界,增长无明。如此,不但不能出离生死,反因造作更多三界系缚之业种,导致旧缚未除,又增新缚,沉沦爱海,轮回六道,实在可悲。

所谓六识妄心,是指眼耳鼻舌身意等六识,这六种识是为了维持色身在物质世界中生活,相对于外境之五尘及法尘而生存、长养。若外境的五尘不存在了,六识将会渐渐消失,五色根也将会渐渐退化乃至消失。如在深入地底数公里的地洞中,有许多动物都没有眼睛,对于光线毫无反应,它们由于久居暗无天日的地洞中,眼睛都已经退化,只对声音、震动、气味才有反应。这就证明了外境的影像(色尘)若不存在时,眼识不久便消灭了,眼根也将慢慢退化而消失。同样的道理,若有一个没有色声香味触的境界,让众生长期处于其中,则其眼耳鼻舌身五识也将消失,五色根也将退化而消灭。由此可知,六识知觉之妄心不是实有的,乃是为了存活于物质世间求生存、躲避危险而因应六尘,所以产生六识,故六识是因缘聚合而有,是暂时而非永恒的存在。众生若将六识六根执著为实有的我,为满足六根六识贪求六尘(眼根眼识贪求良景美色、耳根耳识贪求悦耳动听、鼻根鼻识贪求可意妙香、舌根舌识贪求美味佳肴、身根身识贪求细软舒适、意根意识贪求一切世间法)而造作诸恶业,那就是认贼为父了。

第二点,六识之消灭,分成三点说明。

(1) 刹那生灭:六识时时刻刻生而又灭,如同幻化而有,又随六尘境之变换而分别变易不停,所谓"识如幻化";如胶卷逐格放映,凡夫以为实有影像在变化动作,但实是一连串定格图片连续播放,由于视觉暂留作用,使人误以为实有动作影像,眼识、意识于其中分别,随之幻生幻灭。吾人一念即有九十刹那,每一刹那有九百次生灭,故一念之间有八万一千次的识种生灭交替,此非凡夫所能了知。如同灯泡通以频率六十赫(每秒六十次电位的变动)之电流,人眼无法分别灯光有闪烁,若降至五十赫以下,人眼即略可察觉其闪烁现象;降至三十赫时,人人都能明显察觉闪烁现象;六识分别作用亦如灯光,刹那变易迅速,极不易察觉,但若心定,心念细密,则可略察六识之变易现象。

(2) 修灭:修行可灭除六识。行者透过修学四禅八定,可逐步灭除六识现行。于初禅等持位仍不离五尘,仍是有觉有观三昧;若弃鼻舌二识之执著性,便可进入初禅等至位,只余三识作用。若进一步舍弃眼、耳、身三识之执著性,即离五尘进入无觉有观三昧中；初禅的"觉"是对三尘有作意而攀缘不舍，"观"是完全被动的使三尘进入心中而不动心；最后连此观亦舍去，即入二禅等至位之无觉无观三昧，于此三昧中清楚明白的觉知心一直都存在。而后三禅、四禅亦是无觉无观三昧，前五识虽灭，意识心仍在。所以有人以未到地定至四禅定境之觉知性误认为涅槃本际，即是《阿含经》《楞严经》所说之外道五现见涅槃论，皆不离意根、意识及法尘故，皆是妄心所摄境界相。若是修到四禅等至位中，把意识觉知心舍掉，却不愿舍去色界天身与意根，误以为此不落断灭境界是无余涅槃，因而成为外道无想定境界，六识虽灭，却仍未证涅槃而无法解脱。若是舍弃欲界及色界身之执著，才能进入四空定之境界；四空定中之非想非非想定，是把觉知心能返观之了知性灭除而不自知住于定中，似无了知故名"非想"；但极细意识仍在，我见、我执亦存在，其实仍是有知，想蕴摄故，并非真正无想，故又名"非非想"。若能进断我见而将此定中极细意识也舍去，即可使意根的受想二个心所法也随之灭除，取证灭尽定，即可成为俱解脱圣者。是故六识皆可依修行而灭除，而其中意识心不论粗细，皆是可灭，非真实常住心。

（3）死灭：人在初死位时，是由如来藏舍身，故五根功能渐失，四大开始分离，接着五识的了知功能随之渐失，出现身不觉、眼昏花、耳不灵等状况，然后胜义根头脑停止作用，意识心便断灭，意根随同如来藏离身，此时才真正死透；于意识心断灭至中阴身意识初起前的过程，即正死位，此时意识心是断灭不现的。待中阴身意识心再度具足现起，仍然延续生前之觉知心；但一入胎后，此世之意识心即永灭，下一世已是全新之另一意识心；下一世意识心系依藏识、末那识以及下一世新生之五色根而有，已非依于此世五色根为缘而有者；因此若无宿命通，即无法了知过去世种种情况，故是全新的意识，不是此世意识往生到下一世去，故必须重新学习世间法。

总而言之，六识于五位中（正死位、闷绝位、眠熟无梦、无想定、灭尽定）是断灭的，即是有生有灭之法，即是无常之法，由是故知识蕴无常。在眠熟无梦时，意识心也是断灭的；此因身体劳累，意根作意而使意识不现起，让身体休息，故六识的见闻觉知性都不存在。虽五根对外五尘仍在领受而仍有外法尘入，但因意根的了别慧甚劣，无法如意识详细分别，意根无意愿作详细分别；除非法尘有大变动，如巨响、地震等，意根才又让意识少分或全分现起。至于全身麻醉或闷绝位中，意识心亦复断灭而不现行；无想定中及无想天中，意识觉知心也都不现起，除非即将出定或即将下堕时。由上所述，可知六识都是可修灭之法；意识心不论粗细，都是无常生灭之法。

第三点,意根之消灭。在小乘法中,六识属识蕴;但于大乘法中,因意根亦有极劣之了别慧,故依五蕴分类而方便说为识蕴所摄。因十八界灭,即是涅槃,故入无余涅槃时,意根亦是可灭之法。意根虽是六根之一,但属心法,可触如来藏变现似五尘境之内相分上所生之法尘,而生意识,是意识所依之根故名意根。意根之特性,是恒审思量、时时处处做主、有覆无记性,遍一切时,遍缘一切现法,是相应万法、掌控万法之枢纽;因此意根既是生死之因,却也是修道之根本。由于意根不断我执,所以恒欲存在,恒欲执取六识见闻觉知为自我,故轮转生死;意根若断我执,愿令自己消失,亦不恒执六识见闻觉知为自我,则不受生死,故说意根亦是修道之本。二乘定性声闻,灭尽意识意根,则入无余涅槃位中;而菩萨以无尽悲愿,依无漏有为法,常住世间,永利众生,故意留一分思惑以润未来世之出生,故不灭意根,此时意根转为清净末那。二地以上,可以转变意根的染污性,以意志力能转变自己的内相分;这种修行的成果虽是由意识修行所得之慧力成就,却是由意根来运作的。故意根是佛道成就的枢纽,大乘法中八识心王是永存而不灭失,藉八识心王利乐有情永无止期。

六、五蕴炽盛是苦:凡夫不明五蕴空相,见、思二惑不能断除,贪著五蕴,因五蕴所生之种种苦乐受而起贪等心行,则五蕴增长;五蕴增长,即有生、老、病、死、求不得、怨憎会、爱别离诸苦,此七种苦皆由五蕴炽盛而有,因此而不断聚集轮回之业种,导致无量世中受苦不断,苦则无常,无常故空无所得。

七、五蕴依他而有:五蕴非本来自在之法,是依众缘和合而有。初有种子识(第八识)依托,所以受精卵才能在母体中不烂不坏,以母亲饮食为缘而能长养色身;出胎后,由此色身与外六尘境接触,因接触外六尘而有内六尘,因受内六尘而有六识生起——眼触色尘生眼识、耳触声尘生耳识、鼻触香尘生鼻识、舌触味尘生舌识、身触触尘生身识、意触法尘生意识;因六识触六尘而有见闻觉知等了知性,即有诸想(想亦是知)——眼触色尘生眼识想、耳触声尘生耳识想、鼻触香尘生鼻识想、舌触味尘生舌识想、身触触尘生身识想、意触法尘生意识想;由想(知)六尘故,生起苦、乐、不苦不乐诸受。因受而生语言文字之想,故有六识领纳诸受为缘而生之种种妄想,具足想阴;因想阴而有身口意诸行——于眼识对色尘而生色尘上妄想、于耳识对声尘而生声尘上妄想……乃至意识对法尘而生六尘或法尘上之妄想;如是,五蕴乃是积聚而有之法,除因缘和合而有之外,不能稍离所依种子识(第八阿赖耶识)而存在;若无种子识依托,羯罗蓝(受精卵)即烂坏,更无色身之具足而出生；若无种子识依托，一切众生之五蕴便都死坏，绝不可能外于种子识而有五蕴自己能生存运作，是故五蕴非真实。即使有种子识依托而使色蕴生存于世间几十年，色蕴本身也不停在变化，由出生而成长，历经少年、青年、壮年、老年，乃至死亡，无固定不变之实体，日日变化、时时变化、刹那刹那不停变化，凡夫不觉，以为永恒真实。色身如是，受想行识四蕴亦复如是，没有常住不坏之体性。是故，五蕴既是依他而起，而且生、住、异、灭，变异无常，是则五蕴不实，终归于空；有智之人于此，已可了知意识心之虚妄不实，我见应断。

【问题讨论】

一、你认为人的一生终极意义是什么？你个人这一生的最大目标是追求什么？原因何在？

二、为何说"色无常"？请详述之。

三、为何说"受无常"？请详述之。

四、为何说"想无常"？请详述之。

五、为何说"行无常"？请详述之。

六、为何说"识无常"？请详述之。

第六目　五蕴空相之证入

前已略述五蕴之概要，已对色、受、想、行、识有详细之说明，并已介绍六根、六尘、六识等十八界之内涵及运作，对于现行熏种子、种子生现行亦有阐述，乃至五蕴为何是空相及其有何苦患等，皆已一一叙明；是故行者若已知五蕴之真实义理而深信不疑，当思如何现观证入五蕴空相；若有朝一日亲证，则能实证初果所住五蕴空相之见地中，照见五蕴皆空，渐能得度三界苦厄。五蕴如室，烦恼如门，执著如锁，真空实相种子识则如室内物，若能透过正确之知见引导，具备观照之智慧，即得打开千万年之五蕴古室，照见五蕴之真实相貌，烦恼执著亦能渐渐冰消瓦解，则五趣六道生死轮回之大苦患，当可止息矣！兹就五蕴空相之证入，略述修学方法及次第如下：

一、前方便：欲证得五蕴空相之理，应随真正善知识开示正确之五蕴知见修学，并能于听闻之后思维，思维之后，于日常生活行住坐卧中细细观行；若是阅读真正善知识所述五蕴空相正理时亦如是，于听闻、阅读之后，经过自己综合思维，并须现观之后，方能确信五蕴是因缘和合而有，方能确信五蕴是无常变异之法，更加确信五蕴是一切之根源，因而产生强烈的出离心，经由闻信、解信渐渐进入修行阶段，欲证五蕴空相之真实义而开始观行。

二、修声闻禅：借助声闻禅之四念处观为入手法门而断三缚结，入手方法即是所谓的"动中禅"，从身念处观入手，譬如在生活中每一刹那的动作都细心观照，必须心无杂念，专注于动作；如此一日比一日缓慢，渐渐地就会亲证色身之机械性及虚妄性，便可断除色蕴我见。因色蕴我见而生之疑见及禁取见亦会随之断除，再进一步观行识蕴的藉缘而有，再观察受、想、行蕴是因色蕴与识蕴而有，都是假合不实之法，并无真实之自我可以常住不坏，五蕴之我见所生的三缚结便可确实断除，证得声闻初果。利用动中禅（身念处观）的修法断身见后，尚须转入受念处观、心念处观、法念处观继续修行，才能断尽微细我见；微细我见断尽，已断欲界爱，一念无明亦已断尽，证得五蕴皆空而得慧解脱果。（以上略述声闻禅断我见之修法，依大乘四加行之法而断我见、证解脱之内容，详见第五节之说明。）

三、思维四食：断身见后于静坐中思维四食——团食、触食、意思食、识食。由四食明了五蕴长养炽盛之原理，便知如何灭苦，因此有助于五蕴空相之修证。所谓团食，又名粗抟食，或名段食，以烂坏为食相，为欲界之所系缚。若能深观团食都以烂坏为相，则食不贪味，即可断团食；粗抟食能断，即可渐渐断除五欲贪爱。

所谓触食，以触五尘为其食相。凡夫众生以有漏身触五尘境，产生贪爱、厌离，并摄取领纳其觉受，于是六识继起，也就长养六识种子流注。而触是以六入为食，六入却是无时、无处无之。解脱道的修行人在境界受中修断六入，好像欲剥此接触六入之牛皮，旧皮脱落，新皮又接触六入，又如被六入之虫所咬。菩萨反之，不除六入而且不迎不拒，于其中深观万法皆是自心所现而能"普门自在"：于眼、耳、鼻、舌、身、意六入之门皆得自在，就不会受触食境界所扰；亦即不贪取六入，则触食断，触食断者，则断三受（苦受、乐受、不苦不乐受）。

所谓意思食，以希望为其食相。众生不了解六尘唯是自心如来藏所生，因此执著各种有漏法为真实，于其中贪著受乐，由思心所（五遍行心所法之一）及欲心所（五别境心所法之一）同时运作，就生起渴求可爱境界之心，成就意思食之业用。意思食即是对三界法起作意，亦即起心动念，此极难了知，犹如火燃薪，未见自火及自焰，然薪木已燃烧；唯有修行求道者，数数修习观行，始能断除意思食。

所谓识食，以能执持为其食相。凡夫众生以其有漏识，由于团食、触食、意思食等之不断熏习,导致七转识及烦恼种子不断增长,因此长养了阿赖耶识执藏轮回三世、五趣、六道种子之功能,此类种子流注而出,即使诸识必执取余四蕴(色、受、想、行等四蕴),导致世世入胎,诸识因而生起,相续不断。故断我见及诸受之爱,即可断识食,识食断已,即不再执持后有种子。识食在一切时中,以"受法"、"爱法"为食,并以之长养。若能断受及爱,识蕴即不贪六入,则识蕴的功能就不会增长;识断六入,则断攀缘,则无所住而知足矣!若能思维如上四食,即能证入五蕴空相:由断色贪而断除对自己及他人色身之贪著,亦断对于五尘之贪著,则对色蕴之贪著即能断除;色蕴(色身及五尘)之贪著能断,则亦能渐次断除受、想、行、识诸蕴。假使四食不能断,则起识位,以致行蕴造作与迁流,因此辗转轮回,无有穷尽。"识"是有为法,因缘而起,是无常变异之法,是幻有幻灭,虚妄不实,若于此能真实观行了知,则识断已,诸蕴亦渐不复现行,即可亲证五蕴皆空之境界。

　　四、明心与见性——参禅:大乘法之见道——明心、见性,是从参禅而证入。明心之后,可证知五蕴之空相,并能证知真如心种子识之非空非有,证实在五蕴空相之同时,有一真实不空的如来藏俱在,是一切有情众生生命之本体,本来自在,具足一切妙功德性;在六根六尘六识十八界之中,却又远离见闻觉知,不对六尘生起分别,故不对六尘万法处处思量做主;没有众生我的我性,却能了知五蕴及种子、业种等,一切法莫不是直接、间接、或辗转由所生,遍一切时、遍一切界、遍一切地、遍一切识而存在及运作着;才是生命之实相,众生之本来面目;若能如实亲证生命实相,实证种子识如来藏,便能现观五蕴如何从种子识中出生,现前实证五蕴空相,受用初果解脱功德。若能进而眼见一切有情众生之佛性,即能现观身心世界全部虚妄,而如来藏所生、所显之佛性,是如此真实而常住,即能进而具足十住位的如幻观,获得二果或三果的解脱功德。

　　以上所述五蕴空相之证入,行者若能于此思维观察,并一一履践奉行,证得五蕴空相而断三结,并非难事;这其中当以大乘见道明心见性最为迅速,不仅能证得五蕴皆空,还能亲证法界实相,从此迈入内门广修菩萨六度之相见道阶段,若有善知识指导,求入初地亦有可能。若从声闻禅下手,从身念处观、受念处观、心念处观、法念处观继续修行,只能断我见,与禅宗的祖师禅明心时之我见同时断,截然不同。此声闻禅虽然易修易证,但我们并不鼓励佛子修学,原因是声闻初果不能揣测菩萨初果(明心七住位)所证实相境界,乃至声闻四果亦不能知菩萨明心兼取初果者所证真如境界,亦不能了知七住位菩萨明心后现观五蕴从种子识出生之智慧,更不能明白十住菩萨眼见佛性之世界如幻观境界;而菩萨七住位明心(初果)若是真实证悟者,略作思维体验便知声闻初果慧解脱者所证境界。由此之故,吁请一切大心之佛子(不是罗汉子),皆能力求大乘见道之明心、见性,除能亲证五蕴空相之外,还能悟明真如、眼见佛性,以此为凭,即能不畏世间诸苦,常住世间,利益有情。

【问题讨论】
一、欲证得"五蕴空相"有何前方便?
二、为何修声闻禅可以证得五蕴空相?
三、所谓"四食"是什么?请说明之。
四、为何大乘的明心见性可以证得五蕴之空相?
五、大乘和二乘所证之"五蕴空相"有何差别?
六、为何佛弟子修行佛道需要证得"五蕴空相"?原因何在?

第五节 四加行之修证

首先阐释大乘教中加行位之意义。所谓"加行位"即是学人欲进入"唯识性"阶段前——在破参明心而亲证万法唯识之前,熏习参禅重要知见之阶段。为使学人能悟入唯识性与唯识相,开示身中有第八识真如心;在破参之前,先于学人心中建立"似有真如"之法存在,宣示一切法、五蕴、七转识、五根皆是种子识真如心所生;万法唯识,即是真如心阿赖耶配合七转识所生,知此即能现观万法唯识,名为亲证唯识性之菩萨。依四种寻思(名、义、自性、差别)而定大乘加行位之四位层次:暖、顶、忍、世第一法,故名四加行(此与藏传佛教之四加行不同)。四加行圆满时,能证知所取空及能取空,初果解脱德已经具足,便有资格取证大乘见道明心之智慧,唯除菩萨性尚未发起而仍属声闻种性之人。如是修完四加行而后见道者,则不退转于佛菩提之见道;纵有大名声之恶知识否定吾人所悟,亦不退转,故此四加行极为重要。

学人在闻熏善知识开示正确入道知见之后,以财力身力布施而护持正法,并锻炼动中定力,同时渐具参禅知见,已经具备相当之福德资粮,顺解脱分已经圆满;所行之道与解脱法门及解脱果报相应;而后为伏除能取与所取继续加行,为进入大乘见道位(禅宗之明心——佛菩提之见道)而作准备,是名加行。因加行圆满故，于禅法中参究，能证自心真如，因此能住于唯识性位；体会八识心王各各如何运作及如何配合运作，现观五蕴及一切法都是由阿赖耶识所生所显，了知由阿赖耶识产生色蕴及七转识，了知八识心王和合运作即能生世间一切法，能显出世间一切法。

求大乘见道者必须具备之四善根：暖、顶、忍、世第一法，修这四法就是加行。此四加行总名顺决择分：随顺正法之熏习，于疑惑中，心得决定，力能选择，顺此决择之能力，能决疑、择法。决疑则是正见，由于此见而有随顺正法之决择能力，即是已起顺决择分，不再盲从一切大名声之法师、居士。此顺决择分偏在相空上说：五蕴空乃相空之一种，能如实了知五蕴空，即知无妄想之灵知心及身觉境界皆是虚妄。学人若能修证至此，则能不被见闻觉知之心所惑，一则不再认妄为真，造作生死之业；继则会生起大乘见道之决心，探究五蕴空相背后之生命本源——真实如来藏；三则探究三界唯心之真实心所在时，不会返堕于五蕴之中，容易证得生命之本源——种子识如来藏。

如何修四加行呢？谓当于蕴处界相空上起四寻思：名、义、自性、差别。藉意识思维以了解名、名义、名义自性、名义自性差别，于此四法思维通达，即可获得四如实智。兹说明四寻思之定义及释例如下。

所谓"名"，可分为两种：一是一切名相之名；二是名色之名，即识受想行。首先思维名相之名，例如："花"即是名，"花"之义即是名之义，意指众所共同设定植物生长过程中所长出来之物，比较美观柔美之物，此物自体即是"花之义"，意即名之义，名只是表显花义之音声文字，花义即是花体自身；花之自性，有别于茎干、枝叶、果实，其体有某种特定自性存在，譬如：是漂亮的，不久即谢，将来会结成果实，此即花义之自性——名义之自性；花之名与义，其自性有何差别？"花"名之自性在显示花之外相，"花义"之自性在显示花自身之体性，"花名"与"花义"各有自性，了知名与义之自性，则能知其差别，即是已证"名、义、自性、差别"。证知"名、义、自性、差别"者，即知诸法表面上看起来有，但此有不是常恒，过一段时间毕竟会坏掉，都不是真实常住不坏。《楞伽经》中有所谓之五法，此五法，即是相、名、觉想、正智、如，此"正智"者即是四如实智。因此所谓"四寻思"，就是透过觉想去分别相与名。"名"只是一个文字、声音，"花"之文字、声音并非就是花；"花义"显示花之形色、显色，但名不离义，义不离名；名能显义，义能示名，其自性非一非异。能如是知者，名为正智，能知"名、义、自性"之差别。

复次思维名色之名：识、受、想、行。初为识蕴：眼识、耳识、鼻识、舌识、身识、意识等六心之名字即是识之名。譬如眼识之义,为眼根触色尘所产生之分别性,即是识阴中法。眼识之自性,有别于耳识之了别声尘及身识之了别触尘,有其异于他识之性,故名自性。"眼识名"在显示眼识,"眼识之自性"在显示眼识自身了别色尘之体性。所谓识如幻化,譬如魔术师以草木等物变幻成人或其他动物形体,看似真实,其实是依物而幻作;眼识亦是依于眼根不坏,由意根触取色尘之法尘而产生的,故眼识是依他而起的,非自在的;此能取的眼识与所取的色尘,如魔术师(种子识)所作之幻事,无实体,此亦是眼识之自性,如是了知"眼识"名义自性之差别。余耳、鼻、舌、身、意识亦须依此四法——思维观察之。

次为受蕴:苦受、乐受、忧受、喜受、舍受,皆是"受"之名。"苦受之义",为不顺己意之受,即是受阴中法。"苦受之自性",即是违心之受,令人心不欢喜。苦受一名之自性,在显示苦受;苦受义之自性,在显示苦受自身之体性。诸受如浮泡,水在流动或由于风浪,会不断产生水泡跟着漂浮,但瞬间即破灭回归水流;苦受亦是七转识面对不顺己意之境界风所产生,下一个乐受之境界风来时,苦受便消失;故知苦受是无常,是空,是无我,假有非实,如是了知"苦受"名义自性之差别。于苦受如是修四加行,于"乐、忧、喜、舍"四受亦如是观行。

三为想蕴:"不顺己意的想"(有语言文字之想)是名。一念不生、灵明觉了之知觉仍是想(没有语言文字之想阴),此"想"也是名。"不顺己意之知"(想即了知)此想之义,如于心中对某件事情已预先设定自我的想法与做法,但是他人对于此想法与做法有不认同之回应,而由于遍计执性及见取见之执著自我想法而产生了不顺己意之意;此"不顺己意之知",即是想阴名之义。"不顺己意之知"自性,有别于顺己意之想阴,没有欢喜之受,此即"苦受想阴"义之自性。"不顺己意的想阴"这个名,在显示有如此情境中之想;此想阴之自性显示此种想之出现,是由于心不欢喜。此"苦受想阴"名,在于显示"苦受想阴"之义,此义在于显示"苦受想阴"之自性,如是了知"苦受想阴"名义自性之差别。想如阳焰,阳焰是由于炙热之阳光照射路面不断闪烁所产生之幻象,而想亦是由刹那刹那之念持续所显示,虚幻不实;而念念刹那即成过去,过去念不可得,未来念不可得,现在念刹那即成过去而不可得;下一念来时,此不顺己意想之念亦成过去,是不实在的,假有非实。如是,于"乐、忧、喜、舍"受之想阴,亦如是寻思其名、义、自性、差别,如是观行。

末为行蕴:起瞋之身行,譬如脸上显现愤怒之表情。"脸上显现愤怒之表情"为瞋之表色,即是名——行阴。瞋之表色之义,即是五官肢体有不自然的显现,例如面红耳赤、瞠目结舌,而非面色祥和、眉开眼笑,此即是"瞋身行"名之义——行阴之义。行阴(瞋之表色)之自性,即是自我对于不顺己意之内法尘相,执为实有而计著,心高举而起瞋心,并且透过身行之外相分而显现出来,即是行阴(名)之自性。行阴(瞋之表色)这个名之义,在显示瞋之身行,其自性显示由于自我黯昧愚痴,在自心所现的不顺己意法尘相之内相分上去分别,遍计执著为实有而现起身行,是即行阴义之自性,如是了知行阴名与行阴义之自性差别。此身行(名)与义,虽有其自性,但是身行(名)仔细去分析也只是眼根、身根等之转动,属于风大;所谓诸行如芭蕉,芭蕉之枝干是由一层一层叶子所构成,并无实体存在,此身行亦如是,离于身境及识阴即无体性。

若行者能如是了知名(受、想、行、识——四阴)与义之自性及自性差别,是名加行位之四寻思。

复次,若行者已能了知加行位之四寻思,经由不断的思维与观行,则能次第证得四加行——暖、顶、忍、世第一法之功德与受用。所谓暖相,即是自第一次观察(创观)起,发起一种智慧,观照到能取识(见分——识阴六识)及所取之名、义、自性、差别都是自心种子识所变,假名施设而有。相对于真如心种子识之真实体性,蕴处界之假有不实已有初步了解,即将发起般若智慧,即称为暖相。

所谓顶相,即是再一次地观察(重观)遍计所执性所执取的名、义、自性、差别,依重观之思维,令自己能安住于蕴处界之缘起性空知见中,了知蕴处界都是因缘聚合而有,缘灭则坏,乃至一念不生之灵知心亦是意根触法尘而生的意识境界,此能取六尘之心确实是假有不实,此位知见乃是寻思之极,故称顶相。

所谓忍位,则是经创观、重观后,发起下如实智,有顺决择分而能印定所观之所取(五阴及六尘)非真实有,皆由种子识如来藏所出生;随顺于此,但由于未找到如来藏故,无法印持能取之心空(能取的心是假有)而不能使我见真的断除,空有知见而不能断三结。唯能印持所取空,而于能取(七识及受想行阴)空只能顺乐忍,是为忍位。

接着从五位(眠熟无梦、闷绝、正死位、无想定时、灭尽定时)及识阴来观行,印证能取识(识阴六识)之虚幻不实。每日对眠熟位作观行:睡着无梦时,对于外五尘及法尘不觉不知,识阴六识于此位夜夜中断;或观察闷绝者之六识断灭,不觉不知外五尘及内法尘;于正死位、无想定位、灭尽定位亦如是观察。由如是观察,确认前六识皆无"常恒不灭"之自性,于死亡后不能去至后世,而证能取心空。在识阴方面,识皆是依他而起;在根方面,亦是感应外尘而生起,譬如眼根长期处于黑暗中,没有色尘相对之明暗色彩了别,眼识渐渐不起而习以为常,眼根随之退化或渐渐失去功能,常住于地底深洞之生物即是现成例子。又五根不具者,例如,耳根之胜义根不健全,无法触声尘产生耳识去了别,所以就无法领纳声尘;耳识如是,余五识亦如是,故知六识之产生亦是有条件的,是依他而起的。

而第七识末那(意根)固非识阴所摄,仍是不离六尘之法,是种子识感应六尘及诸法而有的,其遍计执性是依于五根五尘而起的法尘,才有遍计执性。在眼识了别青黄赤白后,意识在此了别长短方圆时,意根同时依意识之了别而生遍计执性,并依自身习气去作相关决定;因此,意根之遍计执也是间接依附于种种所生法而起的,非是自在的。于前忍位中,对于所取空(境空)已了知后,藉此再观行印证七转识及受想行蕴(能取)之无常不实,发起上如实智,双印能取所取皆空,具足初果解脱,乃至障轻慧利者能取阿罗汉果。于此二空双印,成就世第一法,具足大乘见道资粮,则六住位圆满;一旦破参,一念相应,亲见生命实相,即成七住不退转菩萨,入位不退中。

【问题讨论】

一、何谓加行位?加行位之意涵如何?

二、为何修完四加行而后见道,可以不退转于佛菩提?

三、何谓四寻思?请说明四寻思的定义,并举例说明之。

四、请用四寻思之方法,对受阴作观行后,略述之。

五、请用四寻思之方法,对想阴作观行后,略述之。

六、请从五位中对识阴作观行来证实识阴之虚妄,并说明之。

七、意根如何在识阴所领受的六尘上生起种种执著?请说明之。

第二章 缘觉菩提

第一节 缘觉菩提概说

缘觉又名辟支佛，出生于无佛之世，由因无佛出现于人间，不由他人音声闻熏二乘菩提，依自观察思维，藉因缘观亲证蕴处界空，故成辟支佛；以非依于声闻而入，所观为因缘法，藉因缘法而觉悟，故不名为声闻菩提，名为缘觉菩提，缘于世间一切法之因缘而觉悟故。

缘觉菩提之觉证，非唯纯依十二因缘而悟，有人偶见黄叶离枝飘零而落，便悟世界无常，因此成辟支佛者；有人偶见他人老已病死，便悟色身无常及觉知心我无常，便成辟支佛；有人偶见自身眠已、偶见他人闷绝，便知五阴无常，成辟支佛；有人于证得禅定后，因于无常观而成辟支佛，或起因缘觉而成辟支佛；有人于具足四禅八定后，如是观行而成辟支佛；有人于具足四禅八定及五神通后，如是观行而成辟支佛；有人……如是众生根器种种差别，是故无佛之世，辟支佛出，由诸别别观行而成缘觉，所证缘觉菩提亦有浅深差别，故说缘觉亦有十品，而非品品皆有神通。

缘觉菩提之证得，或有因思而证，或有因修观行而证者，要皆不依闻听法音而入，是故异于声闻菩提。虽其所思所观不异声闻菩提之蕴处界空、无常、苦、无我、缘起性空、十因缘乃至十二因缘，然偏于因缘观者多；复次，彼人不由他教，自思自观而自觉证，其慧大多深利于声闻行者；亦因其观行多分与十二因缘相应，故慧深利于一般声闻无学。

而缘觉的解脱果不同于声闻乘，虽然也是有余依涅槃和无余依涅槃，但却是经由缘起性空的现观而证解脱果。什么叫做缘起性空？就是修十二支缘起，所谓无明缘行、行缘识、识缘名色、名色缘六入、六入缘触、触缘受、受缘爱、爱缘取、取缘有、有缘生、生缘老死忧悲苦恼。这就是说"此有故彼有"，也正是众生轮回生死的原因。因为这个无明，不明白五蕴身心都是缘生法，执以为实，所以就有心行；有心行所以就必定有名色——必定会去投胎；因为投胎受生、名色具足，所以就有六识；因为有六识、名色，就会有六入（色声香味触法入），然后就有触而一直到生，有生就有老病死忧悲苦恼；因为有这个所以有那个——此有故彼有。当这样现观之后，反推回去就知道说：此灭故彼灭。我把无明灭了，不想再有识蕴六识心的存在与运作，心的行就不再出现；心的行灭了就不会去投胎，不投胎就灭了名色，当然也就不会有来世的色身及六识；没有来世的色身及六识就没有六入，六入灭了就不会有触；没有触就不会出生境界爱，爱灭了就不再执取；不再执取就不会有未来世后有出生的因，有灭了就不会有未来世的出生；不再出生，就断了老病死忧悲苦恼，这就是顺逆观十二因缘而正观五蕴"缘起性空"。

这十二有支都是因缘而有，并不是本来就有，都是由众缘所成，才会有这十二有支，所以众生轮回生死；当这样如实现观以后，知道五蕴缘起性空的真实道理，知道此灭故彼灭的道理，因此舍报时也一样入无余涅槃，不再轮转生死，这就是缘觉的解脱道。

缘觉乘与声闻乘的修法，都是从五蕴、十二处、十八界上面去修无我观，这无我是"人"的无我，人泛指有情，所以"人无我"即是有情的无我，因此说二乘人所证的解脱果是"人我空"。

【问题讨论】

一、何谓缘觉菩提？
二、缘觉菩提为何有种种不同之浅深差别？
三、声闻菩提与缘觉菩提，其智慧有何不同？
四、缘觉如何经由十二因缘法而证得缘觉的解脱道？
五、缘觉乘与声闻乘的修法与果证有何同异之处？
六、众生轮回生死的主要原因是什么？

第二节　缘觉菩提之内涵

第一目　略说缘起法

十二缘起，是佛世尊以有情生、老、病、死苦的现象，为求出生死苦的众生所开示的真理。这种有情生死流转的缘起，就是"缘无明行、缘行识、缘识名色、缘名色六入、缘六入处触、缘触受、缘受爱、缘爱取、缘取有、缘有生、缘生老死忧悲苦恼,如是纯大苦聚……"的十二有支流转。十二有支的"有",指的是"三有",即欲界有、色界有、无色界有的三有;支者分支,以无明等十二法,是有情流转三有的分支,故名有支。十二缘起又名十二缘生,缘起约因说,缘生约果说。《俱舍论》卷九云:"诸支因分,说明缘起;由此为缘,能起果故。"《瑜伽师地论》卷五十六云:"复次,云何名缘生法?谓无主宰,无有作者,无有受者,无自作用,不得自在;从因而生,托众缘转,本无而有,有已散灭;唯法所显,唯法能润,唯法所润,堕在相续;如是等相,名缘生法。当知此中,因名缘起,果名缘生。"

最初的缘起,指的是有情生命流转的缘起。后来由有情生命流转的缘起,扩及于万法生灭变异的缘起,而把生命流转的缘起称为"内缘起",把万物生灭的缘起称为"外缘起"。在《佛说稻经》中,佛世尊借着稻梗以说明缘起的道理。兹摘录其中一段经文曰:"此因缘法,以其二种而得生起,云何为二?所谓因相应,缘相应。彼复有二,谓外及内。此中何者是外因缘法因相应?所谓从种生芽,从芽生叶,从叶生茎,从茎生节,从节生穗,从穗生花,从花生实。若无有种,芽即不生;乃至若无有花,实亦不生。有种、芽生,如是有花,实亦得生。(中略)应云何观外因缘法缘相应义?谓六界和合故。以何六界和合?所谓地、水、火、风、空、时界等和合,外因缘法而得生起。应如是观外因缘法缘相应义。地界者,能持于种;水界者,润渍于种;火界者,能暖于种;风界者,动摇于种;空界者,不障于种;时则能变种子。若无此众缘,种则不能生于芽。若外地界无不具足,如是乃至水、火、风、空、时等无不具足,一切和合,种子灭时而芽得生。"

以上经文是说:因缘法,不仅要因相应,同时也要缘相应。因缘法有两种,所谓外因缘法、内因缘法。外因缘法的因,譬如由种子生芽,由芽生茎,从茎生节,从节生穗,从穗开花,从花结果;外因缘法的缘,譬如地、水、火、风、空、时等,因缘具足,自然种灭芽生。

《楞伽经》卷二中:"佛告大慧:一切法二种缘相,谓外及内。外缘者,谓泥团、柱、轮、绳、水木人工,诸方便缘,有瓶生,如泥瓶、缕叠、草席、种芽、酪酥等,方便生,亦复如是。是名外缘前后转生。云何内缘?谓:无明、爱、业等法,得缘名。从彼生阴界入法,得缘所起名。彼无差别,而愚夫妄想。是名内缘法。"经文中说,所谓一切法有两种缘起相:一者外缘起,是指物质变化、生住异灭的缘起;二者内缘起,指众生生命流转、生老病死的缘起。

所谓外缘起,是指世间一切物质现象的现起——包括变异和坏灭,一切都是仗因托缘,互相关涉对待而生起。就好像以泥土和水加以调和,再加上木柱、轮子、绳子、人工等条件,就可以做出泥瓶等陶器;又好像用纱缕可以织成布,用草可以编成席子;种子加上阳光、空气、水等助缘,可以萌芽生长,牛奶可以加工成酥酪等,都不是单一的因素可以成就,必须依赖其他许多相关因素条件为缘方能成就;这许多相关的因素条件而生起、存在的事物,就称为"因缘生";而许多因素条件生起事物的必然理则,就是"因缘起",简称缘起。

而所谓的内缘起,即是众生生命流转的缘起。《大宝积经》卷七十九云:"我坐道场,但通达十二因缘法:是事有,故是事有;是事无,故是事无。何事有,故有何事;何事无,故无何事。所谓无明因缘故有诸行,诸行因缘故有识,识因缘故有名色,名色因缘故有六入,六入因缘故有触,触因缘故有受,受因缘故有爱,爱因缘故有取,取因缘故有有,有因缘故有生,生因缘故有老死,老死因缘故有忧悲苦恼。如是辗转,但是大苦聚集。无明灭故诸行灭,诸行灭故识灭,识灭故名色灭,名色灭故六入灭,六入灭故触灭,触灭故受灭,受灭故爱灭,爱灭故取灭,取灭故有灭,有灭故生灭,生灭故老死灭,老死灭故忧悲苦恼灭,是中但是大苦聚灭。我于是中生眼智明觉,通达如是无中、无后、无坏解脱;如来通达是解脱故,不得余法,但得众因缘生法。"这十二因缘法,为佛陀所通达。

《杂阿含经》卷十二云:"……时,有异比丘来诣佛所,稽首礼足,退坐一面,白佛言:'世尊!谓缘起法为世尊作?为余人作耶?'佛告比丘:'缘起法者,非我所作,亦非余人作。然彼如来出世及未出世,法界常住,彼如来自觉此法,成等正觉,为诸众生分别演说,开发显示。所谓此有故彼有,此起故彼起,谓缘无明行,……乃至纯大苦聚集;无明灭故行灭,乃至纯大苦聚灭。'"意即此十二因缘,不是佛世尊所创造或制定,亦非余人所作,乃是法界常住,法尔如是。

下面一款将就众生生命流转之十二因缘,作较详细的叙述,以使行者于此生命流转的连锁环扣,有更清楚之认识,进而顿断此十二环扣,迈向"纯大苦聚灭"之解脱境界。

【问题讨论】

一、何谓"十二有支"?"有"是什么意思?"支"是什么意思?

二、何谓"缘生法"?

三、"缘起"和"缘生"有何不同?

四、何谓"内缘起"?何谓"外缘起"?

五、十二因缘法是何人所创？理由何在？

六、请说明众生如何产生"大苦聚集"的过程？

第一款　顺观十二因缘

《杂阿含经》卷十二第二九八经云："……尔时，世尊告诸比丘：'我今当说缘起法法说、义说。谛听！善思！当为汝说。云何缘起法法说？谓此有故彼有，此起故彼起，谓缘无明行，乃至纯大苦聚集，是名缘起法法说。'"此段经文乃是说：缘起法之法说者，即是"此有故彼有，此起故彼起"。也就是由于有无明故有行支，有行支故有六识业种之出现，有六识业种故有后世之名等四蕴七识与色身（识缘名色）……乃至有生支故有老死支等；皆是由此一支故引生彼一支，由此支生起故有彼支生起，此即是缘起法之法说。云何名为法说？谓对利根者唯说此法，不作释义故。

义说者，佛续说云："云何义说？谓缘无明行者。彼云何无明？若不知前际、不知后际、不知前后际；不知于内、不知……于彼彼不知、不见、无无间等、痴暗、无明、大冥，是名无明。缘无明行者，云何为行？行有三种：身行、口行、意行。缘行识者，云何为识？谓六识身：眼识身、耳识身、鼻识身、舌识身、身识身、意识身。缘识名色者，云何名？谓四无色阴：受阴、想阴、行阴、识阴。……是名为死。此死及前说老，是名老死，是名缘起义说。"义说者即是于法释义，令弟子众之非利根等人得以了知，是名义说。

由以上佛语中，可知：无明者谓不知前际、不知后际、不知前后际等，此之谓"际"，即是万法之根源——入胎识如来藏；若人不知此识，即是不知此际；若不知此际之存在者，则于因缘法必生大过；逆推因缘法必致无穷无尽故，亦将永远无人能尽证因缘法而成缘觉圣人。七住位以上之贤圣位菩萨悉皆亲证此际，了知无明不能外于此际而独存，了知此际即是本识、入胎识，了知无明支之逆推必至此际此识而止；推至此识已，即是逆推还灭完成，无有一法能超过此识。是故，必依于此际此识而有十二因缘之辗转相续，有如一条十二个连环结成的锁链，一环扣一环，使众生生命得以循此理则运转循环不已。兹据经论，论述十二支的意义，及各支的业用如下：

一、无明支：无明是迷昧、不觉，是无所其明的意思。换句话说，明是智慧、明了，无明就是没有智慧、不明了、愚痴，是根本烦恼。无明以迷暗为性，对于三宝、四谛、善恶业果、解脱、实相等不能如实了知，故能覆障真如。《大乘阿毗达磨集论》卷二："无明有二种业：一、令诸有情于有愚痴，二、与行作缘。"令诸有情于"有"愚痴者，谓由于无明的覆蔽，于前际、中际、后际不能如实了知，亦即不如实了知万法之本源——生命之实相——第八识如来藏，故误以为三界有都是常住不坏法，于三界有的缘生性无知。与行作缘者，由于无明的势力增上，令后有业得以增长。

二、行支：行是造作义，即是由前无明所发动，招感总报的身语意三业，行的体即第六识相应的思心所。以业而论，在性别上有善、恶、无记的分别，在感果上也有招感总报业和别报业的分别。而此思心所造作之业，唯取招感总报业的善恶业立支，不取招感别报业及无记业立支，因为无记业不感果，别报业不是正感生死的主力故。行亦通于现行及种子。《大乘阿毗达磨集论》卷二："行有二种业：一、令诸有情于诸趣中种种差别，二、与识作缘。"令诸有情于诸趣中有种种差别者，是说由业行的势力，令诸有情于三界五趣中，领受种种不同的生死果报。与识作缘者，是说由于业习气的势力增上，令六识不肯自我灭度，故有六识种子运行而导致意根与第八识入胎，能使当来名色等生起种子，且得以增长。

三、识支：此流转门中之"识"为六识：眼识、耳识、鼻识、舌识、身识、意识，意即由于前六识不肯自我灭度，不断攀缘六尘，搜集未来生之识种，而导致意根与第八识再入胎，藉父精母血而生起名色，再度生起识阴六识心，具足名与色。《大乘阿毗达磨集论》卷二："识有二种业：一、持诸有情所有业缚，二、与名色作缘。"持诸有情所有业缚者，由于诸有情造善、不善业，流转生死，不得解脱，名为"业缚"；由于业缚之势力，使得意根与如来藏一世又一世入胎。与名色作缘者，因有第八识与意根之入胎，名色始得以增长。

四、名色支：因第八识与意根之入胎而生起名色六识。识入胎后，成为受精卵，在未至六入位，即身体支节未形成前，称为名色；色即是受精卵，名即是受想行识（亦即七转识——末那识和前六识），也就是五蕴。色蕴是物质（肉体及五尘）部分，包括五色根及根依处。受、想、行、识四蕴是精神部分，因为此物质精神的混合体，入胎未久，心的作用昧劣，非如色法的有见有对，由名诠显才能了解，故称为名。总摄物质色身和精神两方面，合称名色。《大乘阿毗达磨集论》卷二："名色有二种业：一、摄诸有情自体，二、与六处作缘。"摄诸有情自体者，是说有色无名（有物质而无精神），不能称为有情识的人，只算是"非情"；由于有名有色，才称有情，得预入有情众同分的差别之类，故说名色摄有情自体。与六处作缘者，由名色等前支为依止，六处等后支得以生起。

五、六入支：又名六处，即是十二处中的内六处——六内入处——眼入处、耳入处、鼻入处、舌入处、身入处、意入处。有情入母胎时，已有身根、命根和意根；五个月时，眼、耳、鼻、舌四根成就，六根圆满具足，已能生长眼等诸识，故转立名处。处是生长门所依的意思，由于根为识之所依，令识得生及长，故名为处。《大乘阿毗达磨集论》卷二："六处有二种业：一、摄诸有情自体圆满，二、与触作缘。"摄诸有情自体圆满者，由六处生已，诸根具足，无有缺减，故说自体圆满。与触作缘者，依六根而产生六尘触，乃至后受等法得以生起。

六、触支：胎藏住母胎中三十八个七日，一切支分皆悉具足，复经四日方乃出生。在住胎时有冷热等触觉，出胎之后，由根、境、识三者和合而生起触，为五遍行心所法之一，六入因触而生用。《大乘阿毗达磨集论》卷二："触有二种业：一、令诸有情于所受用境界流转，二、与受作缘。"令诸有情于所受用境界流转者，依触为门，受用苦受、乐受、不苦不乐受等三种境界而流转于三界。与受作缘者，由触为依而引生受。

七、受支：受也是五遍行心所法之一，以领纳为性。由触为缘，于顺乐诸根境界生起适悦受，名为乐受；于俱苦诸根境界生起逼迫受，名为苦受；于顺不苦不乐诸根境界，生起非苦非乐的舍受。《大乘阿毗达磨集论》卷二："受有二种业：一、令诸有情于所受用生果流转，二、与爱作缘。"令诸有情于所受用生果流转者，意指由受为依，诸有情领受种种可爱、不可爱等业所招感之异熟果，此异熟果辗转流转。与爱作缘者，由受故引起和合及乖离的希求诸爱生故。

八、爱支：由顺违之受为缘而有爱憎，由爱为缘而于三界诸行，生起染著希求，爱之体即是贪。爱有两种：一者自体爱，即迷内异熟果愚而发起的贪爱；二者境界爱，即迷外增上果，缘境界爱而发起的贪爱。由此两种爱，润发亲生当来生老死位的识等五果种子，转更增盛，是为爱支。虽然其余的烦恼也有润发当来苦果的功能，但就殊胜而论，烦恼中以贪为重，于种子有特殊的润生势力，故立爱为支。《大乘阿毗达磨集论》卷二："爱有二种业：一、引诸有情流转生死，二、与取作缘。"引诸有情流转生死者，由爱之势力，如水润发业种及识、名色、六入、触、受等五支种，引令有情生死流转无有断绝。与取作缘者，由爱求欲为门，由三界四取中贪欲转起。

九、取支：由爱为缘，于三界贪著，复生起四取：欲取、见取、我语取、戒禁取。所谓欲取，是贪著于色、声、香、味、触五境；见取是于五蕴中妄执我见、边见等；我语取是执著自我而起我见、我慢；戒禁取，是修习非理的戒禁。由于种种执取的动力而有身、口、意的造作，由于身口意的造作而有三有的果报。因此，取通于一切烦恼。《大乘阿毗达磨集论》卷二："取有二种业：一、为取后有，令诸有情发有取识，二、与有作缘。"以有所持的被润种子，说能持识为有取识，亦即为取五趣后有相续不断，取令业习气得决定果故，发起有取识，说名发有取识。与有作缘者，由取的势力增上，诸行习气能转变成熟为有故。

十、有支：有者即积集的善恶业种及识、名色、六入、触、受五名言种，由爱、取滋润摄受，有大势力，能引生后有苦果，转名为有；以能有当生，令生有将入现在，故总合由爱取合润的业种及名言种，立为有支。《大乘阿毗达磨集论》卷二："有有二种业：一、令诸有情后有现前，二、与生作缘。"令诸有情后有现前者，由有故能引起后有自体现前，从此趣命终已，无间隔的生余趣中。与生作缘者，由有势力，余众同分及未来自体得转起故。

十一、生支：生是二十四种心不相应行法之一，其体即五蕴现行果法。即依当生爱、取、有三支为因，又引起当来世于四生中结生，是名为生。也就是从中有初生以后，至本有中未衰变位，皆是生支所摄，以异熟五蕴为体。《大乘阿毗达磨集论》卷二："生有二种业：一、令诸有情名色六处触受次第生起，二、与老死作缘。"令诸有情名色、六处、触、受次第生起者，由于生故，能引起名色等后位差别生起。与老死作缘者，由有此生，彼相续变坏皆得有故。

十二、老死支：心色等衰变位，总名为老。老就是发白面皱，头垂背偻，呻吟短气，柱杖而行。死，就是不同类的众生，由于时光迁移，身坏寿尽，识已舍身故暖离色身，生命消逝。老不是定有，故附于死支中，合老死立支，此亦以异熟五蕴为体。《大乘阿毗达磨集论》卷二："老死有二种业：一、数令有情时分变异，二、数令有情寿命变异何等支杂染摄故。"前者是由于时间的变化，由于有老而破坏了少壮的壮盛身体，以至衰朽形腐，诸根老耄；后者是使有情寿命变异，由有死的缘故，离解支节，破坏寿命，弃舍诸蕴。

由上所述，可以了知有情流转生死，主要是对于生命实相之不如实知，由于未能亲证真如佛性，以致一念不觉，认妄为真；由此无知而发起定招三有（欲界有、色界有、无色界有）之善恶业行；由于前六识不断攀缘六尘境界，不断于六尘境界中生起贪，搜集未来生之识种，使得此生终了时，意根意识无法自我灭度，而由意根末那识带着阿赖耶识，随所造业而继续去投胎。由于心颠倒故，结生相续，而有名色，随着诸根渐次圆满而有六入，由六入而有触，由触而对境分别，引生苦受、乐受、不苦不乐受；由触、受二法之受用境界，于五欲六尘诸法耽染爱著，希求追取，于是烦恼滋长,发生后有的业行;由于业滋长的缘故,五趣之果由此而生。生已变坏,老死生起,所以十二支以此次第相依相起。

《瑜伽师地论》卷十云:"问:何因缘故,无明等诸有支,作如是次第说?答:诸愚痴者,要先愚于所应知事,次即于彼发起邪行;由邪行故,令心颠倒。心颠倒故,结生相续;生相续故,诸根圆满。根圆满故,二受用境;受用境故,若耽著,若希求;由希求故,于方觅时烦恼滋长。烦恼滋长故,发起后有爱非爱业;由所起业滋长力故,于五趣生死中苦果生;苦果生已,有老死等苦,谓内身变异所引老死苦,及境界变异所引忧叹苦、热恼之苦。是故世尊如是次第说十二支。"

总而言之,十二因缘流转门,即是前者生起,后者续之,故曰"无明缘行,行缘识,识缘名色,名色缘六入,六入缘触,触缘受,受缘爱,爱缘取,取缘有,有缘生,生缘老死忧悲苦恼",此十二支环环相扣:此生故彼生,此有故彼有,总不出惑、业、苦三道及因果律。所谓惑者,即是烦恼:无明、爱、取属之。行及有,属业。余七者:识、名色、六入、触、受、生、老死,是苦;若能断烦恼,则可证无生。从六识出生行,从行而生受,从受复生未来世之六识,有情因此数转三有轮。《增一阿含经》卷十四云:"受、爱之分,习之不倦,意常贪著,是谓苦集谛;彼云何苦尽谛?能使彼爱灭尽无余,亦不更生,是谓苦尽谛。"是故,一切众生,从无始来,一直在这惑、业、苦的轨道上兜圈子,跳不出轮回,所以生死流转没有穷尽。若能经由意识之修行,顺观十二因缘流转门,渐断意根末那识之染污贪著习气,则诸苦渐灭,十二环扣方有冰销瓦解之时,也可断除生死轮转之苦。

【问题讨论】

一、何谓"缘起法"之法说?

二、何谓"缘起法"之义说?

三、所谓"无明者谓不知前际、不知后际……",此中所谓前际之"际"是指什么?

四、请略述"无明支"、"行支"、"识支"之意涵。

五、请略述"名色"、"六入"、"触支"之意涵。

六、请说明"十二因缘流转门"环环相扣使众生轮转不息的道理。

第二款　逆观十二因缘

《中阿含经》卷二十四《大因经》云:"尔时,尊者阿难闲居独处,宴坐思维,心作是念：'此缘起甚奇！极甚深！明亦甚深！然我观见至浅至浅。'于是尊者阿难则于晡时从宴坐起，往诣佛所，稽首佛足，却住一面，白曰：'世尊！我今闲居独处，宴坐思维，心作是念：此缘起甚奇！极甚深！明亦甚深！然我观见至浅至浅。'世尊告曰：'阿难！汝莫作是念：此缘起至浅至浅。所以者何？此缘起极甚深！明亦甚深！阿难！于此缘起不知如真，不见如实，不觉不达故，念彼众生如织机相锁，如蕴蔓草，多有调乱，匆匆喧闹，从此世至彼世，从彼世至此世往来，不能出过生死。阿难！是故知此缘起极甚深！明亦甚深！'"

"阿难！若有问者：'老死有缘耶？'当如是答：'老死有缘。'若有问者：'老死有何缘？'当如是答：'缘于生也。'阿难！若有问者：'生有缘耶？'当如是答：'生亦有缘。'若有问者：'生有何缘？'当如是答：'缘于有也。'阿难！若有问者：'有有缘耶？'当如是答：'有亦有缘。'若有问者：'有有何缘？'当如是答：'缘于受也。'阿难！若有问者：'受有缘耶？'当如是答：'受亦有缘。'若有问者：'受有何缘？'当如是答：'缘于爱也。'阿难！是为缘爱有受，缘受有有，缘有有生，缘生有老死，缘老死有愁戚、啼哭、忧苦、懊恼，皆缘老死有，如此具足纯生大苦阴。"

此段经文中，佛世尊告阿难尊者曰："此缘起法，甚深极甚深！"顺观十二缘起，是生命流转的缘起；逆观十二缘起，则是生命还灭的缘起。有情之生死流转，穷达寿夭乃至于修道解脱、证得涅槃，不是偶然而成，不是无因而生，也不是神意所造，唯是有因有缘才有生命的流转；也唯是有因有缘，才有烦恼灭除而得的解脱。

十二有支的还灭门，即是生死还灭的因果，也即是解脱涅槃的因果。如《过去现在因果经》卷三谓："若灭无明则行灭，行灭则识灭，识灭则名色灭，名色灭则六入灭，六入灭则触灭，触灭则受灭，受灭则爱灭，爱灭则取灭，取灭则有灭，有灭则生灭，生灭则老死忧悲苦恼灭。"十二支的流转门，即相当于四圣谛中的苦、集二谛；而还灭门则相当于四圣谛中的灭、道二谛。十二有支，在远因近果和已润未润的因果关系上，诸支前后相望。在《成唯识论》中，将十二支略摄为四支：能引支、所引支、能生支、所生支。能引支是六识、无明和行三支，由于有情于诸谛理迷暗无知，而由行的造作诸善恶业行，熏习第八识阿赖耶识的异熟种子执藏功能，能引生六识、名色、六入、触、受五果的种子，故名能引支。所引支为阿赖耶识内亲生当来异熟果所摄，为六识、名色、六入、触、受等五种，是由二支（无明、行）所引发故。《成唯识论》卷八中云："集论说：识亦是能引，识中业种名识支故。异熟识种名色摄故。（缘起）经说识支通能所引，业种识种俱名识故。"能生支，则是爱、取、有，能近生当来生老死故。所生支，是老死二支。从中有到生有、本有，随其寿命长短的未衰变位，皆是生支所摄。至衰变位，随其一期寿命色心俱衰总名为老，身坏命终，入灭相位，即名为死。

《杂阿含经》卷十二云："……若于结所系法随顺无常观，住生灭观、无欲观、灭观、舍观，不生顾念，心不缚著，则爱灭；爱灭则取灭，取灭则有灭，有灭则生灭，生灭则老、病、死、忧、悲、恼苦灭，如是如是纯大苦聚灭。犹如种树，初小软弱，不爱护，不令安隐，不壅粪土，不随时溉灌，冷暖不适，不得增长。若复断根、截枝，段段斩截，分分解析，风飘日炙，以火焚烧，烧以成粪，或扬以疾风，或投之流水。比丘！于意云何？非为彼树断截其根，乃至焚烧，令其磨灭，于未来世成不生法耶？答言：如是，世尊！"

一切诸法皆由因缘辗转相生，是故有情轮回，不能断绝。由生为缘，即有老死，由是因缘，辗转相生：水族、飞禽、人类、众类，互相因缘而生起，此集、此因、此生、此缘而有老死。"生"以"有"法为缘，令诸趣类辗转相生而不断绝。"有"以"取"法为缘，"取"法若无，"有"法即无。"取"以"爱"法为缘，由于爱缘，故起希求→有所得→心不决定→心无厌足→生喜贪→生我见→取著→心散乱→起妄语、论讼、斗争、刀杀，作诸恶业，皆由散乱而生起。若无散乱，则诸业不生。如是诸法，皆由爱与希求，互相为缘，辗转生起。爱法有三：欲界爱、色界爱、无色界爱，由是三法生诸过失。"爱"法缘于三界诸行而生起染著希求，幻起幻灭，是虚妄法，不究竟；"取"法以爱为缘，执取五蕴为真实我，念念不舍，贪心增盛，亦是不究竟之法。

"爱"法以受为缘，苦受、乐受、不苦不乐受，辗转变异，无有常住不坏之体性。是故受法虚妄，不究竟，若能如是思维观行，则可断贪爱。"受"法以触为缘：眼触为缘，内生诸受；耳鼻舌身意以触为缘，内生诸受。触是因缘和合而有之法，是虚妄法，不究竟，是故受法亦不究竟。触以六入为缘，由于眼触色尘、耳触声尘、鼻触香尘、舌触味尘、身触触尘、意触法尘，由六触缘，即有触法。六入虚妄故，因此"触"法不究竟。六入以名色为缘，由名色故生六入。名色谓色法及心等法，即五蕴或五阴(有积聚故名五蕴，遮菩提故名五阴)，即色与识法，互相为缘，和合得生，是为名色；以名色集为缘，故生六入。名色不究竟故，六入亦不究竟。

名色以入胎识为缘，入胎识又名阿赖耶识。由此识法的缘故，藉着往世的七转识无明而造作种种善恶业行支，而有今生的名色。最初受生时，居于母亲胎藏中，依羯罗蓝(受精卵)，约六个月时五色根渐次具足，六根具足则眼耳鼻舌身意六识法具足，无所增减。由于第八阿赖耶识及诸多因缘故，而生色、受、想、行、识诸蕴，如是名色圆满具足。而阿赖耶识之无漏有为法亦缘于名色而得以显现于世间，如此阿赖耶识缘名色，名色缘阿赖耶识，因此苦果生起，而有老死，相续而转，是故苦果是虚妄法。因为往世识阴六识心行之缘故而有此世名色，名色缘故有六入，六入缘故有触，触缘故有受，故大苦蕴集。语言、语言道、非语言、非语言道、所生及所生道，皆不离名色；若如是了知，即住平等见，名了达缘生法。此缘生法即是诸佛根本法，为诸佛眼，是诸佛所归趣处。

　　深心逆观十二因缘，亦是灭苦之正理。当说"无受法"：离我相，即无受法。我法若有，受法随生。受有三种，复有能所：苦、乐、不苦不乐等三受悉皆无常变异，不可乐著；能受、所受亦是生灭之法，能如实了知即可离开诸受；诸受离已，即于意识及意根生无我相想；我相既无，何有受者？当知诸受从心所生，心无转故内无受者；法无实故，外无所受；如是了知，即住平等见，住此见者即为了达无受法。此无受法，是诸佛根本法；能了受无所有，即离我见，住平等见；于相平等，于世间无所生，即不受后有。离诸思维，于得、无得、非有得、非无得，悉了达，即于语言、语言道、非语言、非语言道，所生、所生道，皆无知无见；如是了达已，即离我见，住平等见；如实了知，名了达无我法，是诸佛根本法。若能如实了知，无有一切色相可得，则可离诸我执；知已，观、想此五蕴幻身破坏不实，非可爱乐；观、想已，离诸色相，不生我执，即灭我相，而住平等见；了达五蕴皆空，诸蕴空已，我及色相即无所见。若能于此深心思维观行，如理修持，于此法内圆满通达者，得俱解脱阿罗汉果。

　　复次，十二有支亦有三世两重因果之说。即无明、行两支，是过去世的惑业，为招感现世识、名色、六入、触、受五支的因，识等五支是现在世的果，这是一重因果。爱、取、有三支，是现在世的因，爱、取是烦恼，有是业；现在世的惑业，为招感未来世苦果的因；未来世的老、死二支，是现在世惑业之因所招感的果，总称为三世两重因果。《成唯识论》则立此十二支，前十支是因，后二支是果，这前十支的因，与后二支的果，定不同世，以造因时非即受果时。过去世的十因，感现在世的二果；若将十因视为现在世，则二果就是未来世，这就是称为"二世一重因果"。

【问题讨论】

　　一、众生之所以"从此世至彼世，从彼世至此世，往来不能出过生死"，原因何在？

二、为何要修"逆观十二缘起"法门？
三、"十二因缘"和"四圣谛"有何关系？
四、十二支略摄为四支，是哪四支？各内涵为何？
五、如何经由"逆观十二因缘"而证得解脱果？
六、"十二因缘"法可以使众生成佛吗？理由何在？

第三款　十二因缘不许离十因缘而存在

在前面两款略述"顺观十二因缘"与"逆观十二因缘"之后，读者对于十二因缘法已有初步的了解，也可以了知在顺观十二因缘"行缘识、识缘名色"两句所说的识，以及逆观十二因缘中所说的"名色缘识"的识，都是指前六识合为一心而说的，是说识阴六识心，这是在阿含解脱道中才如此说；因为二乘人不曾证得第八识心体，所以不懂第八识的真义，因此在这里所讲的识是指前六识。而且，在二乘菩提的阿含解脱道中，如果说到顺、逆十二因缘观的行缘识、识缘行时，所说的行却是六识心行与身行、口行，不是指七、八识。由于过去世的识阴六识不断地缘于身口意行，所以不愿使自己断灭，就会继续受生于三界中，因此就一定会有未来世的名色，就会有生老病死等苦。而经文中所说的"行缘识"，是说因为过去世名色身口意三行都缘于六识心行的缘故，在过去世中使六识种子熏习诸法而不断绝，就会想要使未来世的六识种子不断地再生起，一定会再受生于三界中，所以顺观十二因缘中的行缘识的识是指六识心。假使不使六识心一再地现行于六尘中，二乘法所应断的识食就断除了，就不会想要让六识心在无量世中不断地出生，就不会一直受生而获得名色，也就不会有生死等苦患。

但是众生都被无明所笼罩，不懂这个道理，一心一意想要保护六识心继续在六尘中存在及运作，就导致未来世都会不断地入胎而重新获得名色，未来世就一定会不断地有识阴六识生起，就会有识阴六识心所法的受与想出现；加上必须拥有的五色根存在，于是就有身行、口行、意行的出生不断，就又具足了受想行三阴，于是合称这四阴为名，而将意根也方便包含在名中，于是来世的名与色就具足了。这都是由于往世不断地使识阴六识熏习世间法而不愿灭失所致；假使没有往世识阴六识的行，没有往世识阴作为行的所缘，就不会由于前世熏习诸行的动力而有此世的识阴出生，就不会有来世的名与色出现，所以说行缘识、识缘名色。逆观时就成为名色缘识：缘于往世的识阴等诸行，所以有此世及后世的名与色，就一直处于生死苦恼中。

也就是说，当六识心不断地熏习六尘诸法时，就会使六识心不断地想要现行运作，一定会执著自己的存在，不愿意见闻觉知的自性消失，就不得不在死后去入胎受生，重新取得五色根，否则就不可能会有来世的人身与六识出现；既然要入胎重新取得人身，才能有来世的六识心出现，投胎之后当然就会再度有来世的色身与名中受想行识了；由于识阴六识不肯自我断灭，这种熏习会导致来世不断出生名与色，所以说流转门的"识缘名色"，造成众生生死循环的锁链不断。

在十二因缘流传门中所说的十二有支，都是属于假号法、因缘法，不是真实法、实义法。什么是假号法、因缘法呢？就是说：这个法有了就会有那个法，这个法出生了就会出生那个法。也就是说，有了无明就会有行，有了行就会有六识，有六识等三行熏习就会有来世的名与色，有了名与色就会有六入处（十二处），有了六入处就会有六识对六尘的领纳功能，有六识对六尘的领纳功能就会有对六尘的触，有了六尘触就会执取六尘中的境界而不肯舍离六尘境界，有了对六尘境界的执取，就会产生欲界爱、色界爱、无色界爱；有这三种爱，就会出生三界法中的四种受，有了这四种受的执著不舍，就会有来世三种后有的种子，有了来世后有的种子就会有来世的出生，有了出生就会有死亡，有死亡就会有对五阴的爱别离等愁忧苦恼。这都是由于五种苦阴而成就了流转门的因缘法。

同样的道理，"此起故彼起，此灭故彼灭"——这个法有了所以有那个法，这个法灭了那个法也跟着灭了；如是须藉着因缘而出生、而断灭的法，都没有实在不坏的本质，就称为假号法。假号法只牵涉到缘而不牵涉到因——以前缘为因，所说的因是缘因。因此说，十二因缘流转门所说，都是假号法。只有在还灭门中，向前推溯名色从哪里来，由何法出生，推溯名色以什么为缘，并且同时以什么为根本因才能出生时，才会说到实义法，不单只是说到流转门的十二有支假号法而已；这才是有因有缘世间集、有因有缘世间灭的道理。独因或独缘，都不能使五阴世间集；独因或独缘，也不能使世间灭。

十二因缘流转门中所称的假号法和四阿含其他经典讲解十因缘法有不同处，从名色往前推究时所说"齐识而还"的"名色缘识、识缘名色，犹如束芦相依而转"乃另一个识而非识阴等六识，意义大不相同。兹举述《杂阿含经》卷十二第二八七经，将十因缘与十二因缘集合在一部经中宣说的内容。

如是我闻：一时佛住舍卫国祇树给孤独园。尔时，世尊告诸比丘："我忆宿命未成正觉时，独一静处，专精禅思。作是念：'何法有故老死有？何法缘故老死有？'即正思维生，如实、无间等：生有故老死有，生缘故老死有。如是，有、取、爱、受、触、六入处、名色；'何法有故名色有？何法缘故名色有？'即正思维，如实、无间等生：识有故名色有，识缘故有名色有。我作是思维时，齐识而还，不能过彼；谓缘识名色，缘名色六入处，缘六入处触，缘触受，缘受爱，缘爱取，缘取有，缘有生；缘生、老、病、死、忧、悲、恼苦，如是如是，纯大苦众集。"此段是以十因缘法观行，只逆观而推知名色由本识出生，万法只到本识为止，不能再往前推知有任何一法存在；确认这一点以后，就又顺观流转法而退回生老病死等现象界，下一段经文则是转入十二因缘法中，探究本识为何会世世出生名色。

我时作是念："何法无故则老死无？何法灭故老死灭？"即正思维生，如实无间等：生无故老死无，生灭故老死灭。如是生、有、取、爱、受、触、六入处、名色、识、行广说。我复作是思维："何法无故行无？何法灭故行灭？"即正思维，如实无间等：无明无故行无，无明灭故行灭；行灭故识灭，识灭故名色灭，名色灭故六入处灭，六入处灭故触灭，触灭故受灭，受灭故爱灭，爱灭故取灭，取灭故有灭，有灭故生灭，生灭故老、病、死、忧、悲、恼苦灭；如是如是，纯大苦聚灭。

这时是以十二因缘法再度逆推此世的名色为何会从入胎识——本识——中出生的原因，然后再顺观回来检查有无错误，这是还灭门的观行。是先有流转门的十因缘观来推知名色由本识如来藏出生，一切法不能超过出生名色的本识，才能有还灭门的十二因缘观来断我见与我执。

这一部杂阿含中的经典，不同于四阿含诸经，是特地将十因缘与十二因缘集合在同一部经中宣说的，并且是先说十因缘法，推知必有本识存在，然后随即继之以十二因缘法来断无明的；由此可知十因缘法与十二因缘法有其必然的关联性，有其不可分割性，也有其前后次第性。真正想要修学南传佛法解脱道的大师与学人们，必须先了解十因缘观与十二因缘观的关联；若不知十因缘观与十二因缘观的真正内容与关联，则所学因缘观都将唐捐其功。

一般流传的因缘观，都指依十二因缘观而说流转门与还灭门，但这种说法，其实是已经失去了十二因缘观必有的大前提，因此只能对初学者解说，不是对想要真修实证者解说。是故，十二因缘观必须以十因缘观为基础，在十因缘观大前提下才能说有十二因缘观的还灭法，否则十二因缘观即无还灭之义可说，因为十二因缘观只是假号法，离开十因缘观就没有真实义了。所以必须依十因缘观的穷究流转法，彻尽流转门的源底了，推知名色是从本识如来藏中出生：一切法都是依本识生住异灭，不能超过本识，才能确立十二因缘观的还灭门；否则十二因缘观将会不止十二因缘支，必会成为无穷无尽的因缘支，使因缘观的探究者永远无法穷尽因缘法而不能探究生死的根源,即不得解脱生死。是故十二因缘观不得外于十因缘而独存,凡是想要探究十二因缘观的人,都必须先依十因缘观而作探究;探究到十因缘观的源底,证实一切法的源头都是本识,再往前探究则无一法可得,只能到此而返还,然后再顺观本识出生名色等顺序而回到生老病死众苦的现象界中,一一支都检查无误后,才可以作十二因缘观的反复逆观与顺观,才有可能成为慧解脱的辟支佛。

因此可以说:十因缘法是十二因缘法的根基,若无十因缘法的确实观行,就无法了知佛陀所说"齐识而还"的真理;若不能了知"齐识而还"的真理,就不可能知道此世的"名色"是从往世名色的熏习苦集而来的,也就不可能断除我见,更将无法现观往世名色的集是从往世六识的种种行而来的,更不可能现观往世六识的种种行都是因为无明——不了知意识(离念灵知、有念灵知)的虚妄。所以才会有六识的行,才会引生此世的名色,因此就有了无尽的生死。所以,十因缘法是十二因缘法的根基,也是一切修行因缘观的阿含解脱道修行者,在开始思维与观行之前,必须先行认知的一个重要的知见;若能推知或如菩萨证实本识能生意识,就不会坠入如是常见中。若无十因缘法的现观,十二因缘法的观行都将落空而成为断灭见者,也一定断不了我见,更无法取证阿含解脱道的果证,于此行者宜特别注意。

【问题讨论】
一、阿含解脱道中说"行缘识、识缘名色"的识是指哪一个识?
二、识阴六识为什么会一再地现行?会产生哪些过患?
三、十二因缘流转门中的十二有支为什么是假号法?道理何在?
四、如何是十因缘法的观行?
五、何谓"齐识而还,不能过彼"?
六、为什么说十因缘法是十二因缘法的根基?

第二目 略说缘起性空

所谓"缘起性空",是说五蕴、十二处、六入、十八界俱是无常变异,藉缘而起,是故性空,故名缘起性空,是即《心经》所说"诸法空相"。佛因众生之执著世间物象,故依世间物象之缘起必坏而施设缘起性空法义;以缘起性空法义而为众生说法,令众生了知万法之缘起性空。然而如是缘起性空之法义,实由物象之"依于众缘而起,终必毁坏"而来,缘于种种物之缘起相,方有性空之理。缘起性空之理,纯是名相,依于蕴处界所显之五阴六入等法,而说有缘起性空之理;若离蕴处界等世间物象法,则无缘起性空可言。蕴处界等法既是虚妄法,当知依于蕴处界而有之缘起性空法,亦定是虚妄法,不可谓之为实相、般若。

缘起性空之理,所以能成为世俗谛,乃因三界一切世俗法,悉皆依于众缘而起,故其性空;无有一法是实体法,故皆是无常变异必坏之法,是名缘起性空。既然缘起性空,则是无常法、断灭法,乃是虚相法,非是实相法。云何缘起性空一法非是实相法?当知缘起性空者,实依第八识自心如来为因,加以往世所造业种、往世所熏习之无明种及父母四大等为缘,方有此世之蕴处界及山河大地等法,方有蕴处界及山河大地之缘起性空可言;由是正理,即知缘起性空一法实乃依附于蕴处界等有为无常之法而有,非是自有常住不坏之法性者;既无常住不坏之法性,当知蕴处界诸法坏已而名为缘起性空者,此缘起性空之法即是唯名无实之法,即是虚相法;缘起性空一法乃依无常必坏之蕴处界法而有故,蕴处界法是无常败坏之法故。

佛门凡夫与诸外道,多依四大所生之蕴处界等法而作观察,不解法界因(自心如来),故生"缘起性空即是一切佛法,缘起性空已含摄一切佛法"之邪见,不能了知"缘起性空法实依蕴处界而有,蕴处界实依自心如来而有",不能了知"缘起性空法"实是兔无角法,依牛有角(依蕴处界等三界有)而有。外道则堕于四大所生之世间法中而转,故言四大为法界因,或言虚空为法界因,或言自然为法界因等;如是所想、所观、所言,皆未超脱世间缘起之一切有数之法,非如能生蕴处界万法之自心如来,空无形色犹如虚空故离诸数;是故佛门凡夫及诸外道所言之常住不坏法(譬如某大师所言之"灭相"或意识细心,譬如外道所言之极微、虚空、大自在天等),究其根本,实无常住不坏之法性可得,皆是无自体性之虚妄施设尔,悉皆不离意识妄想之施设,悉非实证法界因者。既非实证法界因者,则彼等所说,当知必属"言不及义"之戏论也,悉皆不解法界实相故。

四阿含诸经中,佛世尊所说之缘起性空者,乃依于法界因——无余涅槃之本际——自心如来,而说缘起性空,非如藏密应成派中观师之"外于实际而单说蕴处界缘起性空",亦非如一些人创见所说之"有独立存在之缘起性空法",将缘起性空外于蕴处界法而建立为常恒不坏之法,便主张"蕴处界灭失之后之灭相为不灭法",建立子虚乌有而唯是名相之灭相,以为常住不坏法;此即是对于般若正法之妄想也,缘起性空之法乃是唯名之施设故,依无常之蕴处界法必定灭失之事相,而施设其为缘起性空也;是故,缘起性空绝非是实相法,自身非法故,唯名施设故。

唯有法界因自心如来,方是具有常住不坏之自体性者,方是不堕缘起性空之空相中;除此自心如来第八识心体以外,一切众生之蕴处界及其所生法,悉属名与相所摄之法,求其不坏性,终不可得。是故,一切大乘行者切莫将此兔无角之缘起性空法,当成究竟了义之真实法,妄谓为般若之实证;应精进力求亲证自心如来,现观其于一切六尘境中皆离觉观而不曾起心动念、不曾起执著性,时时显示真如性、涅槃性及圆满成就诸法之真实性,随即转依此清净心之体性,则于诸法悉无贪著,乃至辗转之贪著亦悉远离,由是舍离种种虚妄不实之妄想故,心得解脱。

【问题讨论】
一、何谓"缘起性空"?为什么说缘起性空是虚相法?道理何在?
二、佛世尊于四阿含诸经中所谓之缘起性空,是依何而有?道理何在?
三、主张"蕴处界灭失之后之灭相为不灭法",有何过失?请略述其原因。
四、修行人应如何经由"缘起性空"之观行而心得解脱?
五、为什么说"缘起性空"是世俗谛而非胜义谛?
六、"缘起性空"称为兔无角法,依牛有角而建立,何谓"牛有角"?"牛有角"与"兔无角"之依存关系如何?

第三节　从他人闻十二因缘者亦属声闻菩提

缘觉有二:因缘觉与独觉。无佛之世,有缘觉出于人间,彼由观察因缘法而悟入缘觉菩提,或由十二因缘之逆顺现观而悟诸法空相;于三世十二因缘、三念十二因缘……之中觉悟,了知三界轮回之无明,打破十二因缘钩锁相续之锁链,因此而出离三界。此一圣者亦名辟支佛,辟支佛于人间游行时,多不说法,大多示现神通而使有情生于善根,藉托钵乞食之缘而使有情植福,舍报时能入无余涅槃,而犹不能亲证现观涅槃之本际。

声闻菩提,即是闻佛或圣弟子之音声说法,依于现象界而说色、受、想、行、识(五蕴)、六根、六尘、六识(十八界),乃至世间三界九地之无常、苦、空、无我,闻说法音声以后依之体验现观,断尽欲界、色界、无色界等三界贪爱而成慧解脱阿罗汉,谓一切法悉皆不离无常空相;然以不了法界实相故,虽能取证无余涅槃,而不能亲证现观涅槃本际,所证同于断灭空而知其非为断灭空;以信佛语故,知无余涅槃之中虽然无有意根意识,离见闻觉知而极寂静,亦无能知寂静者,但有本际阿赖耶识(改名为异熟识)存在,非同断灭,故以畏惧生死而舍弃蕴处界自我,住于无余涅槃,不复受生于三界之中。

由前叙述可知,声闻与缘觉俱可同样断尽见惑与思惑而取证无余依涅槃,唯声闻虽取证无余依涅槃却不了知涅槃之本际,只因信佛语故,而知涅槃中仍有本际阿赖耶识存在,非是断灭;而缘觉菩提,则是自己觉悟,或从黄叶偶然飘落而了悟世间无常,或从思维十二因缘之流转与还灭,而了知无明是三界轮回之主因;又观察十二因缘法别有"名色缘识、识缘名色"之理,观察名等七识与色蕴必由有分识(阿赖耶识)而生,方有七识相应之无明;乃观察十八界必由佛所说之入胎识(阿赖耶识)辗转出生而有,故知涅槃非是断灭,故知无明非是无因而有,必以赖耶之生死法种执持性为因。辟支佛虽知有"缘名色之阿赖耶识",然因智慧力不足而不能证得。是故,声闻菩提与缘觉菩提,有同有异,同者皆能亲证解脱极果,异者,声闻为闻佛及圣弟子法音得以悟入,而缘觉则由自己观察、思维而觉悟,因此,"从他人闻十二因缘法而悟入者"亦摄属声闻菩提。

【问题讨论】

一、缘觉可分为哪几种?

二、声闻菩提是经由怎样的修行而能取证无余涅槃?

三、声闻与缘觉皆可取证无余涅槃,两者有何差别?

四、为何"从他人闻十二因缘者"亦属声闻菩提?原因何在?

五、"无明"是从哪里来的?

六、辟支佛游行于人间时,大多是如何渡众生的?

第三章 二乘菩提之证入——解脱果

第一节 二乘菩提之证入

佛法之内涵，唯有两主要道：第一部分是解脱道，第二部分是佛菩提道。除此之外，无有其他佛法，离此两主要道而言别有佛法者，皆是假借佛法名相而言之外道法，必堕外道意识生灭境界中，不能自外于此，藏传佛教之金刚乘法即是一例。

解脱道固属佛法，然而解脱道其实本已包含在佛菩提道中，本属佛菩提道中方便析出而为急求解脱生死之人所说者，属于三乘共通的法义。什么是解脱道？解脱道即是出离三界生死轮回的理论与行门，称为解脱道。如何是佛菩提道呢？佛菩提道是修证法界实相的智慧，以法界实相来含摄解脱的理论与行门，也就是生命的实相——法界根源——的证知，即是第二、三转法轮所说之般若。般若实相智慧则分为总相智、别相智、种智；总相智及别相智即是大、小品《般若经》及《金刚经》、《心经》所说之般若，种智即是第三转法轮所说之八识心王一切种子之智慧，即是唯识学，属于诸地菩萨所修之增上慧学。

佛门之中，所谓菩提的意思，即是觉悟。然而悟的内涵各有不同，故分为三乘，如《金刚经》云："一切贤圣皆以无为法而有差别。"亦如阿含中说有三乘法及三乘部众，三如《菩萨优婆塞戒经》说有三乘菩提，皆同此意。是故，觉悟声闻菩提者，即成声闻乘人；觉悟缘觉菩提者，即成缘觉乘人；觉悟佛菩提者，即成贤圣菩萨乃至究竟佛。是故，二乘菩提即指声闻菩提与缘觉菩提，声闻菩提以及缘觉菩提只说解脱道，不言佛菩提之道，也就是教导众生如何把三界爱的贪著修除掉，终能解脱三界轮回之苦，出离三界生死。欲修除三界贪著之烦恼，首要之务在"见道"，二乘菩提之见道就是断我见。声闻、缘觉的菩提道则是三乘共法。

有很多人误会佛法，误以为修学禅定、不停地打坐，就可以出离三界生死，就可以获得解脱；但是实际上，声闻菩提和缘觉菩提的解脱道都是由于声闻法的菩提慧、缘觉法的菩提慧而出三界,并不是由于禅定的证量而出三界;也就是说,声闻法和缘觉法也是依靠智慧才能出离三界的生死轮回,不是依靠禅定证量而出三界生死;可是二乘法中的解脱圣者出了三界的生死轮回,仍然不晓得佛菩提是什么?仍然不知道大乘菩萨所证法界实相的真如与佛性是什么?而圣位菩萨却在亲证法界实相之同时,也可以证得声闻缘觉菩提而出三界,所以解脱道是三乘与共,而菩萨所证的佛菩提智却是不共二乘圣人,也不共大乘通教阿罗汉菩萨的胜法,故名别教之法。

解脱道之法,即是断除我见与我执之法,于声闻缘觉法中即是初果至四果所断之烦恼,也就是可以使有情出离三界生死轮回,不再受业力与无明的牵制,不再流转于三界六道之中,免除了不断地受生而后又再死亡,受种种生老病死的痛苦;因此解脱道的意涵就是:以二乘菩提的法义如实观行,而证得解脱果,出离三界的生死轮回。

解脱果之修证有四:初果为断三缚结,即是断我见、疑见、戒禁取见,纯属正见,故名见地;二果为减低欲界烦恼之贪著,令贪瞋痴淡薄,称为薄贪瞋痴,故名薄地;三果为断五下分结,即是欲贪、瞋恚、我见、戒禁取见、疑见俱断,离欲界地,故名离地;四果所断为五上分结,即是色界贪、无色界贪、掉举、慢、无明,不再受生于三界中,所应修道已经毕尽,故名毕地。对一般人而言,解脱道之修证次第如是,因此解脱道之修行,首要之务为断我见。我见又名身见,谓于欲界色身及欲界心之虚妄不能证解。由是坚持欲界中之色身为常不坏我,或执欲界中之见闻觉知心为常不坏我,以为此见闻觉知心可于死后重新受生,以为来世仍是与此世同一之见闻觉知心,堕在意识境界中,执为常住不坏心。此即是欲界有情之身见、我见,亦是常见外道所主张之"常不坏我"。有情若能于此色身五蕴之不实及空相数数修习观行,不再认取色身为我,不再认取能觉能知的七转识妄心为我,则断我见。

我见断除之后,对于"欲界我"之错误见解已经了知,不再生疑,名为"已断疑见";又因已断"欲界身见我见"故,于诸方大师所说法中,已能判断彼等是否已断"欲界身见我见";于诸方大师之已断欲界我见者,能如实知;于诸方大师之未断欲界我见者,亦如实知见,故名已断疑见;由如是断疑见故,佛说初果须陀洹人"于诸方大师不疑",皆能断定其为已断我见或未断我见者,是名断疑见。

至于三缚结中之断戒禁取见,则是对于欲界中之种种外道所施设戒法及禁忌,譬如牛戒、狗戒、鱼戒、常坐不卧戒、食自落果戒等戒法,皆知其为不知解脱道之正理而施设者,已知皆系外道误会解脱道之修行理论与行门,所作之种种不如理作意之邪思维所产生之禁忌施设;如是种种不如理作意所生之虚妄戒法,悉与解脱之取证无关,故其戒禁施设之见解名之为"戒禁取见"。如是戒禁取之邪见,初果须陀洹人已知已见,已如实知故,名为"已断戒禁取见者"。

欲界中不如理作意所生之三缚结,若有真实明师指导,利根人甫闻即断,即成初果人,从此永不再执欲界中之无念灵知心为常住之真如心,"欲界我"之邪见已经永断故;由永断欲界我见故,疑见及戒禁取见随之永断,分证解脱,不受欲界我见所惑,预入圣流,名为真实声闻初果人。

初果人由三缚结永断之见地上进修,努力除断欲界五欲之贪爱,虽犹不能即断,而能令欲界五欲之贪爱转为淡薄,不复转盛,如是名为斯陀含,成二果圣人,是名薄地,薄贪痴故。

二果人又再进修,求断五下分结,向三果解脱境界迈进。三果所断五下分结者,首为二果时所未完全断尽之欲界五欲贪,谓薄地所残余欲界五欲中淡薄之贪爱,是名贪欲永断。次为瞋结,谓于欲、色界中之违逆境上所起心,亦已断除;此谓于违心之境虽犹于心中起微,而已不复现行——永不复生之口行身行;当知更不转生恨、怨、恼等后续心行,是名断。三为身我见,谓于色界天身(包括禅定中所发起之色界身)及色界之觉知心(包括定境中之定心——细意识),皆已能确认其虚妄,由是断除色界我见,不复妄计色界身心为常不坏我,是名断色界身见。四者戒禁取见,谓诸外道依于对色界身心之错误认知,起不如理作意,妄求色界定境之修证,以为涅槃;由是虚妄想故,施设戒禁以为证得涅槃所必须受持之戒禁,三果人于此更深细之戒禁取见亦已断之,是名五下分结之戒禁取见断。五者疑见断,谓三果人于外道之误认色界境界为涅槃之修证者,已如实知见;于诸方大师、外道之已否断除色界身我见,皆已如实观察,悉知彼等所证"涅槃"之虚妄所在,于诸外道、大师之是否已证涅槃,皆已于其言语著作之中正确判知,无有疑惑,名为五下分结之疑见永断。如是断尽五下分结已,名为三果圣者。

三果人进断五上分结,即成四果阿罗汉。五上分结,首为色界三种妙欲之贪爱,谓色界有三种微妙之色法:色界天身之高广姝妙与庄严、色界天人之微妙音声、色界天身所生之微妙身触之乐。阿罗汉观察如是三种色界妙欲虚妄不实,故断此色界贪,是名阿罗汉贪断。次为无色界贪断,俱解脱及慧解脱之阿罗汉,皆观察"无色界有"虚妄,谓四空定中之极微细觉知心仍是意识,十八界所摄,无常虚妄之缘生法，不可久住，是故不于无色界一切境界起贪，心超三界，名为阿罗汉无色界贪爱永断。三为掉举结，谓色、无色界有情尚有之极微细掉举，阿罗汉由了知解脱道故，令戏论永断，故断掉举之结使。四为慢结，谓色界及无色界众生常于下界众生起慢，以上界有情为胜，是名无色界有情有慢；亦如极深细而难知之因我起慢，是仍愿意使最后一分自己继续存在的执著，不乐断除之，导致受生于无色界中而无法出离生死；阿罗汉已断如是无色界有情始有之慢，名为五上分结之慢结永断。五为痴结，谓阿罗汉观察无色界一切境界，悉皆虚妄不实，彼诸外道为求无色界境界而施设之种种戒禁，皆是妄想所成之戒法；众生对于涅槃之虚妄想，导致误认无色界境界为涅槃，故起无数虚妄不实之邪见；阿罗汉于如是无色界之种种愚痴，已断尽故，名为五上分结之痴结永断。如是五结永断故，名为阿罗汉、世间应供、杀贼、应仪。此是解脱道之修证。

　　复次，所谓二乘菩提，又名为俗谛，依世俗法（蕴处界）而建立故。佛于二乘菩提中，隐覆真谛（一切有情之本源如来藏）而说涅槃，令弟子众出离三界分段生死，故于四阿含中偏显有余依涅槃与无余依涅槃。二乘菩提是共大乘之解脱道，三乘学者皆依二乘菩提而证解脱果——现前观察五蕴、十二处、十八界、六入之幻有非实，实证蕴处界无常、苦、空、无我，非有真实不坏之自体性，念念变异而不能常住；由是现观"蕴处界无常"所得慧故，能断我见乃至我执。我见断者，即不承认蕴我为实，亦不承认觉知心性（不承认意识及其离念灵知性）为实，亦不承认作主思量之末那识为实；如是历缘对境中，渐渐修除对于自我之执著；我执断尽，则不复受生于三界中受果报，故名一切罪灭，舍寿即入无余依涅槃。是故，如是涅槃之修证，俱依三界世俗法中蕴处界之现象而修而证，非真谛也、非胜义谛也。

【问题讨论】

一、佛法之内涵，唯有二主要道，是哪两个主要道？

二、何谓"解脱道"？何谓"佛菩提道"？两者有何关系？

三、何谓"菩提"？可分为哪几种？请略述之。

四、"出离三界生死"是依禅定？还是依智慧？原因何在？

五、解脱果之修证，可分为四个层次，请略述其修断之内涵与方法。

六、如何能断"我见"？"我见"之内涵为何？

七、请说明"五下分结"与"五上分结"之意涵。

第二节 解脱之实际——
依如来藏方有解脱

　　三乘解脱,有同有异:同中有异,异中有同。异中有同者,谓三乘诸圣同以断除我见我执之现行而得解脱,同证有余涅槃;三乘诸圣若入无余涅槃者,所入无余涅槃境界无有丝毫差异,悉同灭尽十八界法,唯余第八识如来藏仍存,而不受生于三界中,是名异中有同。同中有异者,谓声闻阿罗汉唯知断我见我执,而不能了知十二因缘之深细义;不能了知辟支佛所现观十二因缘之一一支顺流、逆推等深细诸法,唯知粗相;亦不能了知佛所深究十二因缘法"齐识而还,不过彼识"之密意。而菩萨随佛修习大乘佛菩提道,是故于此有所了知;复于十二因缘之所依识——导致十二因缘能生现行与还灭之依止心——如来藏识,能得亲证之,以此而了知无余涅槃之实际,了知无余涅槃中无境界之境界,了知十二因缘法逆推时"齐识而还,不能超过彼第八识"之密意,是名同中有异。

　　声闻、缘觉虽证解脱,却不能了知解脱生死之根本因——如来藏识,唯知缘因而不知根本因,故不能了知一切法之真实相——不知一切法皆依如来藏识而生、而显、而运作,悉皆不离如来藏识,故不知一切法之体性而名为不知法界者,故说二乘圣人不得一切法界体性之智慧,是故不得佛菩提智。菩萨则由于亲证十二因缘所依止之如来藏故,证实佛说十二因缘之逆推还灭唯能至第八识而止,齐识而还,不能过彼;由是智慧深妙,非凡夫及二乘解脱者所知。菩萨于佛说十二因缘之流转门与还灭门悉能了知其真义,例如,佛说流转门时,说无明缘行、行缘识、识缘名色等,即知流转门所说之"识缘名色"谓六识缘名色,故有触与受爱等,六识若非名色之缘故,则尚不能有触,何况能有苦乐舍诸受与爱厌等?故谓流转门之"识缘名色"所说识为六识身也。名色之名,则谓意根与六识身及受想行也。若非"名"身与"色"身,人间众生则无六尘触,若无六尘触则无受爱等,故说行缘识、识缘名色、名色缘触……如是而有十二有支之流转生死。

　　然佛说流转门后,又说还灭门之逆推十二因缘法,谓:有生故有老死,有有故有生,……乃至有名色故有六入,有六入故有触,有前世六识故有此世名色,有前世诸行故有前世之六识运作,有前世之无明故有前世之六识行。逆推至此,则知一切法相续不断者皆由无明所致。然菩萨复由此上推时,便知蕴处之所由来,知六识缘名色及六识缘无明等,悉皆缘于"彼识"而有,"彼识"即是第八识如来藏,十二因缘及一切法皆不能过此。由是缘故,释迦菩萨成佛后于《杂阿含经》卷十二第二八七经开示:"何法有故名色有?何法缘故名色有?即正思维,如实、无间等生:识有故名色有,识缘故有名色有。我作是思维时,齐识而还,不能过彼。"即知此处佛语所说之"识"者乃第八识如来藏也,佛于此段经文中已明说"识有故名色有"故,谓缘于此识已,方有名色之意根心与六识心等七识故。

佛世尊于《阿含》中多处说:"是名色因、名色习、名色本、名色缘者,谓此识也。"菩萨于此佛语中,亦复能知此识即是第八识如来藏;所以者何?名中识阴已具六识,意识等心复依第七识意根为缘方能出生,七识已备,方始具足"名"法,而此名与色身五根皆以彼识为根、为因、为本,故此色身与七识"之根、之因、之本",必是七识外之另一识,当知即是第八识,即是阿含诸经所说入胎而生色身及七识心之第八识也。谓世尊说:名色以此识为因而生故,名色所熏习之一切种子悉存在此识中故,谓此识是名色之根本故。既如是,当知此识是能生名色之法,是名色所依之法,是名色所依之根源,故名为本;当知是能生名色之法,非是从名色中细分而有之法。

若有人不能真实了知世尊所说十二因缘流转门与还灭门之真实义理,误将阿含诸经所说流转门"识缘名色"之六识身,与阿含诸经十因缘法还灭门中之"无明缘识住","齐识而还,不能过彼"之"识"混为一谈;又于《阿含》余经所说"识缘名色、名色缘识"、"是名色因、名色习、名色本、名色缘者,谓此识也"之"识"横生误会,则将妄计名色根本之"此识"为六识身,将误认意识为终极之识,以意识为持业识、持种识,即成意识出生意识之邪见,非仅愚痴无智,亦且悉堕常见外道法中,亦堕于世俗之无常观中,总不出常见外道之范畴,非真实佛法。

综上所述,可知二乘圣人所证得的解脱,不能证得无余依涅槃的实际;而大乘菩萨所证的解脱,却实证了无余依涅槃的实际。无余依涅槃的实际,在《阿含经》里面,佛说为"涅槃之本际",有时候称为"如",有时候又称为"实际、我、如来藏、真实"。"实际"的意思就是说,证得有余依涅槃,舍寿入了无余依涅槃时,五阴十八界都灭尽了,剩下无余依涅槃中唯一的一个法,那就是"实际"。无余依涅槃就是把名与色都灭除了,变成完全的无我——不再有三界我存在。名就是受想行识,就是前七识和受想行阴;色就是五根身,包括五色根之扶尘根与胜义根都舍弃了,受想行识也都灭除了,称为无余依涅槃。换句话说:舍报之后,十八界的自我全部都灭尽,就没有前七识存在,所以就没有见闻知觉性的我存在,也没有恒审思量、处处做主的我存在，只剩下名色所缘的识，只剩下"名色因、名色习、名色本、名色缘"之"识"存在，就是只剩第八识离见闻觉知、离思量而独自存在，无所依倚。这时已经没有人间的痛痒冷热饥寒等苦存在；没有这些余苦作为所依，所以称为无余依涅槃。

当名与色都灭尽了以后，剩下以前"名色在三界中所缘的识"独自存在不灭；名色既然涵盖前七识，那么名色所缘的识，当然就是第八识了。名色灭尽以后，无余依涅槃里面只剩下那个第八识，那个第八识就是涅槃的实际，也就是涅槃的本际——如来藏。因此解脱果之实际，即是如来藏独自存在的境界，必须依于第八识如来藏才有解脱果可证；若无生命之本源——第八识如来藏，则一切二乘圣人证得解脱果入无余涅槃者，即同断灭；佛世尊在阿含期的经典中说：无余涅槃之中有本际不灭，所以无余涅槃境界不是断灭法。阿罗汉信佛语故，所以不怕入了无余依涅槃以后会成为断灭空。三贤位菩萨虽尚未断尽思惑、尚未证得有余依涅槃，却已找到无余依涅槃的本际——第八识如来藏；经过体验整理与现观，知道：把"蕴处界我"灭尽之后，就是无余依涅槃的境界，所以说菩萨"证无余涅槃，而不入无余涅槃"，二乘圣人则是"入无余涅槃，而不证无余涅槃"；而三乘解脱果之证得，皆依如来藏而言，若无第八识如来藏，则无一切解脱果可证。

【问题讨论】

一、三乘菩提之解脱，有同有异，请问"异中有同"是指什么而言？又何谓"同中有异"呢？

二、佛说"齐识而还"的真正意涵是什么？

三、"识缘名色，名色缘识"的"识"是哪一个识？依流转门与还灭门而言，有何不同？

四、佛于《阿含经》中多处说："是名色因、名色习、名色本、名色缘者，谓此识也。"句中"此识"是指何识？

五、无余依涅槃中，唯一的一个法，是什么？

第三篇　略说佛菩提

第一章　佛菩提概括三乘

佛菩提亦名大乘菩提，或名大菩提。以之能成佛，故名佛菩提；亦因成佛时劫久远，长劫自度度他故，所度众生甚多，故名大乘菩提；至高无上，究竟无比，不共二乘定性无学，故名大菩提；所证涵盖二乘菩提，佛菩提法广大而深妙，故名大菩提。

二乘定性无学所证菩提，云何不能令其成佛？唯能成就阿罗汉果、辟支佛果？此谓二乘菩提所觉悟之智慧，唯能成就出离三界分段生死之解脱果，只能成为阿罗汉或辟支佛，不能成就佛果所具之大智慧与大威德，不能成佛，故不名佛菩提。

二乘定性无学舍寿时，必入无余涅槃，十八界俱灭，穷未来际不复受生；唯能于舍寿前随缘度众，所度众生亦唯能证二乘菩提；所度众生将来成阿罗汉以后，舍寿亦入灭度，不能尽未来际度化众生成佛，所度众生出三界者数亦有量，故说二乘菩提不名大乘菩提。大乘菩提若得证悟，不论证悟后已否证得有余涅槃，悟后皆必依于大悲之心及实相智慧，发起世世受生而不入无余涅槃之大愿，世世自度，亦复如是教人转度有情；如是乃至成佛时度众无量，故名大乘菩提。一切菩萨成佛后，应身示有灭度而入无余涅槃，然其三十二相庄严报身永不入灭，恒为十方诸地菩萨宣说种智，尽未来际而无穷尽，所度众生辗转无穷、其数无量，故名大乘菩提。

佛菩提具一切智及一切种智，至高无上，故名为大。声闻菩提之一切智容有十智：世俗智、法智、类智、苦谛智、苦集谛智、苦灭谛智、苦灭道谛智、知他心智、尽智、无生智，然不能触及法界智、一切种智。一切种智者，谓八识心王一切种子之智慧，由触证如来藏之基础上，循序修学，历经三贤位之般若总相智、别相智及初地起所修般若别相智之种智——八识心王一切种之智慧——唯识百法明门乃至千法明门、万法明门等，一切种之智慧修证圆满，则断变易生死而成佛道，实证佛地真如,彼时无垢识真如心中唯带旧种,成佛后已不受任何熏习,种子之流注变异已经灭尽,是名具足一切种智。初地乃至等觉菩萨之一切种智未圆满故,名为道种智;道种智位菩萨唯有下品、中品之妙观察智、平等性智,佛地一切种智具足上品妙观察智、平等性智,亦有大圆镜智、成所作智,四智究竟圆满。

一切智之十智乃是解脱果所得智慧,三乘无学通有;通教三乘有学无学依此建立果位,显示解脱果修证之位次,故名通教。是故大乘菩萨依此通教解脱果之修证,亦分四向四果,非唯别教五十二位次。一切智之十智具足,乃二乘菩提之极果,无过于阿罗汉与辟支佛之解脱境;三乘无学之无余涅槃皆同一境,无过其上故。此谓二乘菩提乃解脱果,三乘修证俱通此果故。

一切种智乃是佛菩提果——大菩提果;唯大乘别教方有,不共二乘定性圣人。大乘除依通教解脱果显示修证位次,复依佛菩提果之修证,别于通教之外建立五十二阶位之六种菩萨性:十信凡夫性、十住习种性、十行性种性、十回向道种性、十地圣种性、等觉性、妙觉性。如是菩萨位次,乃依佛菩提果之修证而建立,如是佛菩提之修证不共二乘,非二乘圣人所知,亦有别于通教菩萨,故名别教。

二乘慧解脱阿罗汉之解脱果通初地满心菩萨,俱解脱大阿罗汉之解脱果通六地满心菩萨,然若回心大乘而修佛菩提,其大菩提果之修证位次,最高唯阶别教六住位,依其布施等六度行之修与未修而有差异,故虽已有六住满心位之现观自我虚妄智慧,亦有仅能及于初住菩萨者,第一度之布施波罗蜜或其余诸度尚有未修集者故。逮至前五度修集圆满后,须至破初参明心,证得"识缘名色"之识(阿赖耶识心体),确认不疑而不退转已,方名"般若正观现在前",成七住不退心,与中道实相相应,入住中观境,名为大乘别教之真见道。

如是阿罗汉回心大乘之菩萨,由此复学般若诸经而通达已,进修五法、三自性、七种性自性、七种第一义、二种无我法等,勇发十无尽愿(戒慧直往菩萨则必须先取证三果已),方入初地得道种智,住于无生法忍,然后地地渐修,历经二大阿僧劫方至佛地。如是佛菩提果之修证,以如来藏所生般若实相智慧为依据,二乘定性人若不回心大乘证如来藏,不能发起般若中道智慧,则不能与佛菩提相应,不起十住位之般若总相智,不起十行位、十回向位之般若别相智,不起十地等觉位之般若与种智,不能圆成佛地般若一切种智,一切不得。故此法不通二乘,故名别教。二乘定性不回心之无学圣人,舍寿则必永住无余涅槃,永不受生。然诸佛灭尽三界分段生死无明已,复断尽藏识一切烦恼障之习气种子随眠,断尽所知障之一切随眠,第八识中种子变异流注已灭,永不变异,名为断变易生死;如是已证有余涅槃、无余涅槃而断除分段生死已,不入住无余涅槃中,复已进断变易生死,依无尽愿而度化有情永无休止,不入涅槃亦不住生死,名为无住处涅槃;此唯诸佛证得,如是解脱果非二乘所证。而一切凡夫异生有情及二乘无学,俱住本来自性清净涅槃之中,而不觉不证,唯有已证藏识之菩萨乃能知之。地后菩萨能证无余涅槃而起受生愿,永不取证,常住世间自度度他,故亦可从实质而说为已证二乘涅槃者,唯因永不取证、留惑润生而常住世间自度度他,故说诸地菩萨未证二乘涅槃,非不能证。

如是略述解脱道与佛菩提道之异同,令诸学人闻已、思维已,能知大乘佛道次第梗概,了知佛菩提涵盖大乘菩提、声闻菩提与缘觉菩提;已了知解脱道为三乘共道,但其中仍有相异之处;而佛菩提道则以亲证如来藏为基础,以如来藏所生般若智为依据往上进修,渐次圆满十住、十行、十回向、十地、等觉、妙觉位之修证而可圆成究竟佛果,此乃不共二乘之法道,是名别教之学。学人既知佛道次第,当深思如何下手进修?如何突破及转进?修学大乘佛法之盲点既除,则知应当速集广大福德,供作证悟之资粮,然后速求破参见道。觅得如来藏已,成大乘真见道人,复依后叙之大乘法道次第,修学般若中道智,得入内门广修三贤位之六度万行,方能渐修而进初地,正式修学增上慧学——唯识增上慧学。是故一切大乘行者当务之急乃是亲证自心藏识,无有不证藏识而能契会般若中观者;不能契会般若中观,则不能熏修初地无生法忍道种智,乃至地后之修证亦复如是。

【问题讨论】

一、佛菩提为何名为"大菩提"?请说明其原因。

二、二乘菩提为何不能使人成佛?原因何在?

三、请略述"一切智"、"一切种智"、"道种智"之意涵。

四、佛菩提之修证以何为根据?为何佛菩提之修证法门称为"别教"之法?

五、地后菩萨能证无余涅槃而不取证,原因何在?

六、一切大乘行者的当务之急是什么?原因何在?

第二章　佛菩提道修证之次第

第一节　佛菩提道之阶段差别

佛菩提智之阶段差别，可分为"远波罗蜜多"、"近波罗蜜多"、"大波罗蜜多"和究竟位之"圆满波罗蜜多"。"远波罗蜜多"者，为初无数劫：初住位修施、二住位修戒、三住位修忍、四住位修进、五住位修定、六住位修慧，此六住位乃外门修六度万行，未能真于般若生起胜解、胜行故。七住位真见道，已证般若根本无分别智；由此起，能于六度起诸胜解与胜行，已入内门广修菩萨六度万行；十住位前熏习种智，十行位中熏习圣性，修除异生性，十回向位中发起修十地行之道性。如是三贤位满，将入初地，为第一大阿僧劫，总名为远波罗蜜多；谓此一大无数劫中，菩萨之六度势力仍弱，常被烦恼所转，未能伏诸烦恼，虽于七住位中因真见道故有波罗蜜多功德而成佛仍遥，故名为"远"。

"近波罗蜜多"者，谓次无数劫中，修习十度波罗蜜中之前七度：初地初心生起增上意乐，修无生法忍；二地生起清净心，修持增上戒学；三地于一切境生忍，而修增上心学；四地起大誓愿，方便进趣，勤化众生；五地依增上心学，起无厌倦任持心，起六通成满任持心，起成办利乐有情心；六地圆成生空无分别慧、法空无分别慧、俱空无分别慧；七地起修"以诸善根回向菩提方便善巧"，亦修"演说六度拔济众生方便善巧"。此七地行，各地皆有所应修学无生法忍；然此初地至七地修道之第二无数劫中，六度势力渐增，伏诸烦恼令永不现，唯除故意现行——为摧灭邪说救护众生故；此七地中，次第渐近佛究竟觉，故名近波罗蜜多。

"大波罗蜜多"者，谓第三大无数劫，修习十度波罗蜜中之后三度：八地修习求菩萨愿——求佛菩提，故发受生愿及修法愿，不入无余界；修习利乐有情愿，故发正愿大愿，由此二故名愿波罗蜜。九地专修思择力及修习总持力，成就四无碍智，得善慧而起大力用，是名力波罗蜜。十地修受用法乐智及成熟有情智，成就大法智云及法云功德，是名智波罗蜜。此三地中修习无生法忍，始由初度乃至十度波罗蜜，此等波罗蜜之势力增盛广大，毕竟伏断一切烦恼，永不现行，将成佛道,故名大波罗蜜多。

此三大无数劫中,虽有各各主修项目,于余诸度亦随分修,非不修习。然皆各有无生忍及无生法忍应修。如是人无我智及法无我智,不共二乘无学及通教菩萨,以如来藏八识心王为根本故,是般若实相智慧及一切种智故,唯有修此方得入别教位中次第成佛故,故名佛菩提。非谓能出三界者即名为佛,出三界者唯断分段生死,证解脱果,即足矣!然欲成佛果者,尚须证佛菩提,方能生起一切种智及断尽变易生死,究竟成佛;此需依八识心王之亲证,进修种智,方能次第圆满成就佛菩提果,名为"圆满波罗蜜多"。阿罗汉不证佛菩提,故不名佛;佛亦证解脱果,故亦得名阿罗汉;如是正理,大乘学人不可不知也。

【问题讨论】

一、佛菩提智的阶段差别分为几阶段?

二、"远波罗蜜多"包含哪些阶段?为何称为"远波罗蜜多"?

三、"近波罗蜜多"包含哪些阶段?各阶段主要修学之内涵是什么?

四、何谓"大波罗蜜多"?包含哪些内容?

五、佛和阿罗汉有些什么差别?

六、请绘制出简易之佛菩提道修证次第表,建立自己对于佛菩提之全盘理解。

第二节 依唯识五位次第

成佛之道,若依《成唯识论》之分位而说,则有唯识五位之次第;如是渐进,乃至成就究竟佛道。初为资粮位,一劫乃至万劫修行十信,成信不退。次为加行位,外门修六度万行,至六住位修般若加行;在此加行位之末后,彼悟入唯识性故悟入三性,此即禅宗之破参明心,即证般若总相智,大乘别教真见道位也;欲入极喜地,及入唯识相与唯识行之所需智慧功德,即此见道也。《成唯识论述记》卷九云:"已入于地,得见道已,入唯识。"即此真见道及后进修之相见道也,具足此二见道功德,方能入初地。

此谓不证如来藏者,不名大乘别教真见道;不得此真见道者,不得进修相见道,不修相见道者不入别教通达位。通达位即初地入地心,乃正修佛道之始也。

为求证藏识而熏修蕴处界空相之现观,及熏修"亲证藏识空性之知见",即是四加行也,名为加行位。

三为胜解行位,谓学人初证自心藏识,入大乘别教真见道位已,得般若总相智,名为七住真见道,是根本无分别智;若进修般若诸经,通达般若智慧者,皆属般若别相智,通达此者,若已得三果解脱而起增上意乐,勇发十无尽愿,即入初地初心中,名大乘见道之通达位。始从第七住真见道位起,能于三乘诸经渐起胜解及胜行,非唯臆测及无本而行,故名胜解、胜行位。

四为修道位,于修道位中,始自初地、末至等觉,修何等道?谓入因果分、修差别分及三学分,是此十一位中修道,渐次圆满佛地五分法身,即是唯识行也。

五者究竟位,谓具足果地智及果地断,究竟无余,五分法身圆满,故名究竟位,即是唯识果也。此谓:若人不依别教唯识五位,修学真实唯识、虚妄唯识二门满足者,不能成就究竟佛道;而此二门则以真实唯识门之如来藏心为本,以虚妄唯识门之七转识生灭相具足证知为辅。

【问题讨论】
一、依"成唯识论",将成佛之道分为哪几个次第?
二、要多久的时间,才能成满资粮位的修行?
三、何谓"真见道"?
四、别教的"通达位"指的是哪个阶段?它的修道内涵是什么?
五、依"唯识五位",所谓的修道位是指什么?
六、必须具足哪些修证,才能成就"究竟佛果位"?

第三节　依瑜伽师地论次第

《瑜伽师地论》菩萨地分为十三住,有情依此进修得成佛道,略述如下:

一、种性住:由性仁贤,逼遣方便令于善转;非由思择有所制约。住此住中,任持一切佛法种子,然性不起,上烦恼缠,造无间业或断善根。十信位也。

二、胜解行位:从初发心,乃至未得清净意乐所有一切诸菩萨行也。初发心住至第六住,由加行故,于真善知识所述藏识正义及妄识正义已得胜解,不得胜行。七住菩萨证藏识已,成真见道,不唯胜解,亦起胜行,普于一切菩萨住及如来住发起意乐,然未得净,为令清净而修正行。此是从初发心住至十回向满心位,初阿僧劫也,《瑜伽师地论》说"清净意乐菩萨住"是初地摄故。

三、极欢喜住：亦名净胜意乐住,初地所摄；少分为真见道功德所致,多分为相见道所得唯识相与唯识性之功德所致,已通达五法、三自性、七种第一义等。次阿僧劫之始也。

四、增上戒住：即第二地修增上戒学。

五、增上心住：即第三地修增上心学——四禅八定、四无量心、五神通。

六、觉分增上相应慧住：即第四地修四谛增上慧学。

七、诸谛相应增上慧住：即第五地修无二观增上慧学。

八、缘起流转止息相应增上慧住：即第六地依十二因缘修增上慧学。

九、无相有功用住：即第七地依十二因缘修流转还灭细相增上慧学。次阿僧劫满。

十、无相无功用住：即第八地修除相土加行微细无明之增上慧学。

十一、无碍住：即第九地修四无碍增上慧学。

十二、最上成满菩萨住：即第十地修增上慧学——修除"悟入微细秘密无明、大神通无明"。

第十、十一、十二住,名第三阿僧劫。第一劫满,方超胜解行位,次第证入初地；此谓恒常勇猛精进,非懈怠住者。第二劫方超有功用无相住,次第证得第七地；此谓菩萨得清净增上意乐,决定勇猛精进故,超第八地。过此而往,是第三劫修道,于己皆是无功用行,于他皆是有功用行,解脱道已究竟行满故,续于所知障修除一切上烦恼,任运满足第三劫修行,入十地满心位。

十三、如来住：百劫修相好,及修除所知境中极微细执著无明。至最后身,降神母胎,亦现凡夫肉胎而成佛道。

若人具慧,远离邪见恶友,广修福德,上上精进者,得转大劫为中劫,乃至转一小灾劫为年月日时,是名超劫精进；如《解深密经》卷四所载："观自在菩萨复白佛言：'世尊！经几不可数劫,能断如是粗重？'佛告观自在菩萨曰：'善男子！经于三大不可数劫或无量劫,所谓年、月、半月、昼、夜、一时、半时、须臾、瞬息、刹那量劫,不可数故。'"虽后发心,先成佛道。盼我佛门中学人切勿妄自菲薄。

【问题讨论】

一、依《瑜伽师地论》菩萨地可分为几住？名称是什么？

二、何谓"胜解行位"？

三、何谓"极欢喜住"？

四、所谓"三大阿僧劫"指的是哪三个阶段？

五、何谓"超劫精进"？如何履践，可以"虽后发心，先成佛道"？

六、"如来住"的内涵是什么？

第四节 应修一切种智

大乘佛菩提之增上慧学，须由大乘真见道——破参明心，证得如来藏而后进修般若总相智、别相智乃至一切种智，证得道种智而入初地无生法忍位，名真佛子。一切种智者，谓第八识如来藏所蕴藏之一切种子，了知此心所藏一切种子之智慧，即名一切种智。修学一切种智而未圆满者，如初地至等觉菩萨之种智，皆名为道种智。

一切种智者，谓一切种子之智慧。种子又名为界，又名功能差别。如来藏所藏一切种子，具有三种能变之功德，能变现五阴世界以及万法。这三种能变识，就是《大乘唯识经》所说"心、意、识"。为什么称为能变？因为第八识心，可以变现种种的法，也可以出生自己的功能差别，也可以变现众生的五蕴、十八界，变生六尘万法，故称为第一能变识。第二能变识是意根，也就是末那识；能变生识的种种执著，因此而有贪慢疑等，也导致众生的第八识心共同变现山河大地世间而受业报。第三能变识，就是意识心；能让有情产生六尘境界的种种分别，并且变现种种世间法。以下就三种能变识，作较详细之叙述。

第一能变识：即第八识——阿赖耶识，亦名如来藏，即是阿含所说能出生名色之入胎识。此阿赖耶识自身含藏异熟果种，令有情依于业力受生于六道之中；于六道及中阴界之一切时中，恒无间断地流注自身之等流种（此须悟后熏习唯识者方能知之）。复以不可知执受，持诸有漏法种及无漏法种；以有漏法种故，于母身中藉母身及母血为缘，变生五扶尘根、五胜义根；复与共业有情之第八识共业种，依此有漏法种变生共住之器世间。复依如是能变性，变现五遍行心所有法。由如是能变之性，令异熟果、等流果、土用果、增上果、离系果得能成就。由能变生此五果故，令有情修学无漏法，成就三乘有学无学之无漏有为法——二乘有学、无学之头陀行及菩萨世世不断之可爱异熟果。

此第一能变识之自性功德，多分唯证悟者乃能知之，少分为未证悟者熏习唯识时所能知之。此第一能变之性，甚深微妙，广博无边，难以尽述；举要言之，此如来藏具有转舍阿赖耶性而只余异熟识性，复有能转舍异熟识性变成佛地无垢识真如之能变性，是三乘无漏法之所依识，故为大乘别教之根本修证主体，为三世一切诸佛之根本。此识亦是一切染净因果之主体，是一切有情生命之主体，亦是宇宙万有之主体，若无此初能变识之第一能变性，则无宇宙一切现象与法行。若无此阿赖耶识之初能变性，则三乘一切法门之修证，乃至世间一切有漏有为法之修证，悉皆无义，俱不能成就故。

第二能变识：为阿赖耶识依于意根相应之无始本有无明、业种、爱种故，变生意根，持续流注意根种子令不断灭；无量劫来法尔如是，无有始际；至无余涅槃位起方断流注，意根方灭。意根末那识，无始劫来现行无有断时，依如来藏而运转，转复内执阿赖耶识为自内我，又外执识蕴六识为自我功能，恒时思量，无有一刹那暂息。以有此意根之我执及思量作主性故，令如来藏恒时流注四烦恼种与意根相应：我见、我痴、我慢、我爱。意根之五遍行心所有法及少分别境慧，亦随意根之现行而恒现不断；执我等故，世世恒有三界身，令见闻觉知断已复现，导致诸有情流转生死，受诸苦乐。

然诸佛子修三乘法，若离此识则无所为。此谓一切有情于三界六道中之一切运为，刹那刹那不离此识；若无此末那识，则一切无所能为，尚不能存命（必致阿赖耶舍身故），何况饮食、便利乃至修行？

三乘无学之修道过程，皆在藉"缘"转变染污意根为清净意根，令我执根源之意根愿乐断除我执而成无学圣人，舍寿时意根愿意断灭识蕴六识及自我，离一切相分、见分，不再现行，名入无余涅槃；或如大乘菩萨转入七地、八地，渐次乃至佛地，意根不灭而无我执，乃至一切无明习气俱灭，皆是藉缘修除意根之我执与无明习气，并且由意根促使如来藏发起诸地种种不可思议之功德，是故意根与一切修行人息息相关，四圣六凡俱皆不能刹那离于意根（唯除定性二乘无学舍寿入无余涅槃）。意根即是唯识种智所说末那识，所说藉"缘"，谓有根身及六识见闻觉知性。

四圣六凡皆因意根有善恶净染之能变性，故凡夫异生外道修行者乃至佛法四圣之世出世间法熏习，皆能有其力用，功不唐捐。意根具此能变性故，行人依佛正法修行，方得成就佛道。而此意根由自心如来藏生，由整体言，亦属如来藏性之一——如来藏生此意根而主导如来藏之种种行，唯除如来藏之自性心行。此依别教证悟圣者说，不依通教证悟解脱道之菩萨说；通教菩萨依二乘菩提觉悟十八界空相，而未能证得空性如来藏，不能证解如是正理故。由斯正理，说意根是如来藏之第二种能变性——能促使如来藏变生四圣六凡法界。

第三能变识：谓藏识变生有根身已，依六根复能变生六识——眼耳鼻舌身意识。此六识合为识阴，即是第三能变识。如来藏已生此六识，众生依于五遍行心法故，遂有六识心之见性、闻性、嗅性、尝性、触性、知觉性；具此六性，能了诸境，于六尘境能作了别，此六识自性俱了现量境；然意识更能了知比量境，故亦能与非量境相应。以能了知比量境故，遂有"欲、胜解、念、定、慧"等心所有法运行；以有如是别境心所法故，意识（觉知心）便通善性、恶性、无记性，五识随之运转而亦通此三性；如是而与六根本烦恼相应，二十随烦恼相应，四不定法相应，善十一心法相应；配合第一及第二能变识及其心所法，于是辗转而有二十四种心不相应行法；复能显示六无为法、八无为法等，四种圆寂因此能显，乃能令具缘之有情证之。三乘菩提正因有情有此第三能变性，而能令诸学人修证，不堕断灭空，不堕一切法空邪见。

三乘菩提之修证，无一能离如是三种能变识；若离此三种能变识，尚不能有三界六道有情，何况能有三乘菩提之修证？别教证悟菩萨触证领受藏识之中道性已，亦必须由藏识之中道性返观自己——处处做主之意根及见闻觉知之六识；返观已，即知十八界俱由藏识变生；变生十八界已，复辗转变生三界一切法。若无第三能变识，则无法返观如是法界事实；若无第一能变识，则无真如法性可证，亦无二乘涅槃及一切种智可证；若无第二能变识，如来藏尚不能出生意识，何况能有世间法及佛法之修证？故说三乘菩提之修证，不能离此三种能变识之一。

十八界法虽有生灭，然能变十八界之藏识体恒不灭，是故眼识见性乃至意识知觉性，夜夜断已，次晨复能现起；是故此世死亡永断已，来世复有全新之六识及见性等六识性重新现起，世世不断，皆以藏识体恒常住不灭故。由斯正理，《楞严经》说：十八界法无常败坏，转依如来藏时则又说十八界法不灭不坏；又说十八界法非外道所说自然性，亦非否定藏识者所说之因缘性，乃是如来藏性也；由如来藏自力而藉业种、无明、见思惑种子为因缘，能出生六识及六识自性也。别教菩萨如是现前观察，故能证得初地无生法忍，生起初分道种智；故说一切证悟藏识之菩萨，皆应修学一切种智，能证初地法无我故；以此现观，能渐渐了知七真如（谓：流转真如、相真如、了别真如、安立真如、邪行真如、清净真如、正行真如）故。能如是现观者，即能独力荷担如来家业，名为生如来家，成真佛子。

【问题讨论】

一、何谓"真佛子"？

二、种子又称为什么？如来藏中所含的种子具有哪几种能变识？为什么称为能变？

三、请略述第一能变识的内涵。

四、佛子修证三乘佛法，若离何识则一切无所能为？原因何在？

五、为何有"四圣六凡"种类之差异？其关键是什么？

六、请说明第三能变识的内涵。

第五节　初入地菩萨之修道

佛菩提道之正修，是以亲证第八识如来藏为首，然后依所证如来藏而亲领受——亲自现前领受如来藏之体性，因而发起般若慧之根本智(般若总相智)及后得智(般若别相智与一切种智)；以证此如来藏识故知实相，以证此识而悟后进修，故起后得智中之一切种智少分，名为道种智，是名初地菩萨，如是方为佛菩提道之正修行也。一切欲入初地之菩萨，有四要件：一者熏习一切种智而成就道种智；二者永伏(断)三界惑令不现行如阿罗汉而成就性种性；三者以弘法护教、救护众生种种事行，回向佛道而成就道种性；四者生起增上意乐而于佛前勇发十无尽愿。如是成就初地无生法忍已，当求证得大乘照明三昧，能令吾人速超第二无量数劫故。超过第二无量数劫者，则能成就七地满心功德。

然见道菩萨欲入初地之最大障碍，端在道种智之修证困难；道种智之修证困难，由于二因：一者福德不具故不遇大善知识，二者自身未离建立见与诽谤见，由此二缘以致退转。值遇大善知识所应修集福德有二：一为努力护持了义正法，二为精进修行伏、除性障(五盖)。初悟菩萨未完全远离建立见及诽谤见之主因有二：一为悟后未随大善知识熏习三转法轮诸唯识经典，二为不舍名师崇拜习气。

所谓建立见者，谓修行者以无智故，将非有之法建立为实有法；诽谤见者，谓修行者以无智故，将实有法诽谤为无。建立见者如诸外道，以大自在天、梵天、四大极微、时节、方所、冥性、自然、因缘、意识细心等法，建立为有情生命之本源，谓一切有情及万物皆彼所造，统名之为造物主或先祖；然此诸法实非有情生命之本源,皆依于人之妄想臆测而虚妄施设建立故,非真能创造有情及万物故。佛门中之建立见者,如藏传佛教应成派中观思想者,不言"造物主为创造有情及世界",却建立"不可知之意识细心为生命之本源、业果之联系者"。事实上,不论意识之细心或极细心,皆永远不离"意法因缘生"之圣教及法界事实,都是生灭易断之法,并非常住不灭之生命本源;如是建立即是妄想邪见,名为建立见。

诽谤见者,多属佛门未悟或错误凡夫,而自认已经证解三乘法义者,藏传佛教应成派中观乃是此一代表者。藏传黄教祖师及近代诸追随者皆属之,其皆不知不解四阿含中佛说阿赖耶、涅槃本际、如、实际、法性、名色、常住不变等正义,故皆否定第七识与第八识;以自身未能亲证第八识故,否定有第八识,不承认第八识为有情生命之本源,主张有情唯依无明及因缘而有,如是否定佛所说执藏无明种之第八识,即是诽谤见者。

学人若欲修学佛菩提,而不仅修学通教解脱果者,必须远离"建立见与诽谤见",方能信受别教菩萨之教示;信受已,依之修学,方能触证藏识;触证如来藏阿赖耶识已,渐渐发起般若中道智;因般若故,进修法无我,方能究竟远离建立见与诽谤见,住于真如之如如境界,方入初欢喜地,超过第一无量数劫。

初悟菩萨为求完全远离建立见及诽谤见而免于退转者,首应消除慢师、慢法之心,悟后当随大善知识熏习第二、第三转法轮诸般若及唯识经典,可以建立胜妙正慧,得以更深入判别法义深细淆讹之处,即善能守护自心,远离此二邪见;次为必须迅速摒弃名师崇拜之习气,以免被当代错悟名师之邪说所转易,亦可免被大藏经中收录之错悟古人邪论所转易;若迷信于当代错悟大师之大名声,或迷信古人,误以为被收入大藏经中的古人都属于大悟者,即被大藏经中错悟古人之著作所迷,导致退转于正法,故应远离大师崇拜,应远离全面迷信大藏经中论著之习气。初悟菩萨若能如是行者,即可远离建立见与诽谤见。

为求能有值遇大善知识之因缘,为求值遇大善知识后能信受其说、实证其法、证已不疑,所应修集福德有二:一为努力护持了义正法,藉此发起广大福德,方能值遇大善知识及证其法;二为精进修行伏、除性障,以免疑师、疑法而致谤法,转信表相大师所说邪法,导致退转于无上正法而误以为是增上。所谓伏、除性障者,谓降伏或消除五盖;五盖者,谓贪欲盖、瞋恚盖、睡眠盖、掉悔盖、疑盖。伏、除五盖已,即不致因私欲之贪求不遂而对大善知识起,不致因疑盖、悔盖而对大善知识生疑、生悔,即不谤人、谤法而致退转于正法。

初地菩萨有三种心:入地心、住地心、满地心。三心功德差异极大,不可同日而语；满地心能取慧解脱果而不取证，亦实证犹如镜像观，证实一切境界相皆是自心如来所现，非住地心及入地心所知。初地复有戒定直往及戒慧直往之差异，复有二乘无学回心之初地及别教直往之初地，复有得佛加持而入大乘光明三昧之初地及未得佛加持入此三昧之初地，故初地菩萨所得功德不尽相同，以有情学佛之根性及因缘互异故，说菩萨入初地已，应当"善知方便无所有觉，观察行地"。

何谓入地心？谓菩萨证得藏识而起般若总相智已，复学中道般若经典，通达般若别相智；随善知识修学种智，通达八识心王之五法、三自性、七种性自性、七种第一义、二种无我法，即得入于初地，成初地之入地心。修学八识心王之五法、三自性等种智者，须依"观察觉、妄想相摄受计著建立觉"二种觉相修学，非唯直修八识心王等法可臻也。此谓欲入初地者，必须能明辨一切妄想相，明妄想相之摄受原因，明妄想相之种种计著，明妄想相之种种建立；如是知已，即能善知当代诸方错悟大师之堕处，即能摧邪显正、救护学人、护持正法。而此"妄想相摄受计著建立觉"，须由"观察觉"而生，方能圆满善巧。

此二觉相成就者，于人无我相及法无我相皆得成就，以能善知五法、三自性等故；由如是善知故，生起方便无所有觉，不堕有所得法中，不迷不贪有所得法。复依三转法轮诸唯识经及《华严经》，观摩初地行相，应如是修学之菩萨名为初地之入地心。如是初地菩萨，未入百三昧，未得差别三昧，未能见百佛及百菩萨，未能知前后际各百劫事，未能光照百刹土，未能知上上地相，甫入初地而住故。于此地中，有数百劫住于入地心者，有数劫住于入地心者，亦有数十百生乃至数生、数年、数月、数日住此入地心者，非必皆同。此入地心之初地菩萨，有已证解脱果者，如二乘无学回心转入大乘别教，始证藏识、由七住渐修而至者；亦如有依《华严经·十地品》、依《楞伽经》所说修至初地，而性障极微，因入初地、心大欢喜，故能永伏性障如阿罗汉而成慧解脱者。亦有未证解脱果者，如戒定直往之初地菩萨，不乐解脱道之修证及菩提道之修证，唯乐有为法之神通及乐来往十方佛国者，不能善灭烦恼障取慧解脱果。

何谓住地心？谓菩萨入初地已，由善知方便无所有觉故，善观察初地行相。由观察行地故，了知应修檀波罗蜜及百法明门；由此菩萨善知方便无所有觉故，能入内门修布施波罗蜜多，余五波罗蜜多随分修习。此菩萨若已福德具足，必逢大善知识授以如实之百法明门。于此内门修檀波罗蜜多及修学百法明门时，名初地之住地心；此菩萨未入百三昧，百法明门未满足故。此菩萨未能面见百佛百大菩萨，未能知前后际各百劫事，未能光照百刹土，未能知上上地相，由未具得差别三昧故。差别三昧须依佛之神力加持而入大乘光明三昧中，于三昧中一切诸佛为现身面言说，而后证得；若初地菩萨不得佛之加持、不入大乘光明三昧者，不得如是差别三昧。

已得差别三昧之初地菩萨，证得十种百法明门：一者一刹那顷证百三昧，二者能见百佛世界，三者能动百佛世界，四者能到百佛世界教化众生，五者能化百类身行以度有情，六者成就所化百类有情，七者留身住世百劫，八者知前后各百劫事，九者能以智慧入百法明门、洞达晓了，十者能以身观百类眷属。

若未得佛加持而入大乘光明三昧者，不能具足差别三昧，于差别三昧之十种百法明门，唯得其一、其二，至多不过其三。所以者何？谓戒定直往菩萨虽于初地之住地心位有意生身，能次第至百佛世界，而不能动百佛世界，不能教化众生，不能成就所化有情，不能……以于智慧尚有所乏故，不能证得慧门之百法明门故，不能洞达晓了故。戒慧直往菩萨反之，已于慧门之百法明门洞达晓了，而迄未修证禅定及神通，故无意生身，因此也无法至百佛世界、面见百佛、化百菩萨、也不能动百佛世界……但是，如是菩萨智慧深妙，凡有所说，多属末法众生闻所未闻法，善根福德具足者方能信之，一切好乐有境界法及神通有为法之众生悉皆轻贱之，闻之反生烦恼而诽谤之，此皆由众生往世未曾熏习佛菩提道及解脱道故。

别教直往菩萨悟后，历经习种性、性种性、道种性之修行，永伏思惑，离异生性，发起圣性而入初地。入初地已，心大欢喜，不久当求初地满心。欲满初地，当修三事：一者修学百法明门，此是别教增上慧学，不共通教菩萨及与二乘；百法明门一一验证领纳通达，则通虚妄唯识门与真实唯识门。二者初入地时永伏之思惑应予断除，成慧解脱，证有余依涅槃；复依十无尽愿而发受生愿，再起一分微细思惑，世世不取无余依涅槃，以此作为未来佛地取证无住处涅槃之因，亦以之得入二地修持增上戒学，此名留惑润生；以故意力起无色界惑，润未来世生。三者广修法施，初地菩萨修檀波罗蜜多，以法施为主，财施、无畏施为辅（未入地者多数应以财施为主），其般若慧足以为人天师故，具道种智故，已成就初地无生法忍故。菩萨具足如是三事故，得一现观：六尘影像唯自心藏识所现，自心七识所触六尘唯内相分，不触外六尘，证知一切染净果及所爱厌境界，皆如镜中映像，皆唯自心藏识明镜所现，非有外法可得，名为成就镜像观。菩萨成就如是体验"犹如镜像"之现前观行已，不久即成满地心，转入二地。

【问题讨论】

一、佛菩提道之正修,应如何进修才能入初地?
二、欲入初地有几个条件?其内涵是什么?
三、欲入初地的最大障碍是什么?其原因何在?
四、初地菩萨有三种心,其差别相如何?
五、欲满初地,当修三事,其内涵为何?
六、初地满心可得一现观,其内涵为何?

第六节 入地菩萨之修道

第一目 二 地

《华严经》卷三十五"十地品"第二十六之二云:尔时金刚藏菩萨告解脱月菩萨言:"佛子!菩萨摩诃萨已修初地,欲入第二地,当起十种深心。何等为十?所谓正直心、柔软心、堪能心、调伏心、寂静心、纯善心、不杂心、无顾恋心、广心、大心,菩萨以此十心,得入第二离垢地。佛子!菩萨住离垢地,性自远离一切杀生,不畜刀杖,不怀怨恨,有惭有愧,仁恕具足,于一切众生有命之者,常生利益慈念之心。是菩萨尚不恶心恼诸众生,何况于他起众生想,故以重意而行杀害。性不偷盗,菩萨于自资财常知止足,于他慈恕不欲侵损;若物属他、起他物想,终不于此而生盗心,乃至草叶不与不取,何况其余资生之具。性不邪淫,菩萨于自妻知足,不求他妻;于他妻妾、他所护女、亲族媒定及为法所护,尚不生于贪染之心,何况从事,况于非道。性不妄语,菩萨常作实语、真语、时语,乃至梦中亦不忍作覆藏之语,无心欲作,何况故犯。性不两舌,菩萨于诸众生无离间心、无恼害心,不将此语为破彼故而向彼说,不将彼语为破此故而向此说;未破者不令破,已破者不增长。不喜离间,不乐离间;不作离间语,不说离间语,若实若不实。性不恶口,所谓毒害语、粗犷语、苦他语、令他瞋恨语、现前语、不现前语、鄙恶语、庸贱语、不可乐闻语、闻者不悦语、瞋忿语、如火烧心语、怨结语、热恼语、不可爱语、不可乐语、能坏自身他身语,如是等语,皆悉舍离;常作润泽语、柔软语、悦意语、可乐闻语、闻者喜悦语、善入人心语、风雅典则语、多人爱乐语、多人悦乐语、身心踊悦语。性不绮语,菩萨常乐思审语、时语、实语、义语、法语、顺道理语、巧调伏语、随时筹量决定语,是菩萨乃至戏笑尚恒思审,何况故出散乱之言。性不贪欲,菩萨于他财物,他所资用,不生贪心,不愿不求。性离瞋恚,菩萨于一切众生,恒起慈心、利益心、哀愍心、欢喜心、和润心、摄受心,永舍瞋恨、怨害、热恼,常思顺行,仁慈祐益。又离邪见,菩萨住于正道,不行占卜、不取恶戒,心见正直,无诳无谄,于佛、法、僧起决定信。佛子!菩萨摩诃萨,如是护持十善业道,常无间断。复作是念:'一切众生堕恶趣者,莫不皆以十不善业,是故我当自修正行,亦劝于他,令修正行。何以故?若自不能修行正行,令他修者,无有是处。……'"

何谓菩萨住第二离垢地?"菩萨住此地,多作转轮圣王,为大法主;具足七宝,有自在力,能除一切众生悭贪破戒垢;以善方便,令其安住十善道中。为大施主,周给无尽;布施、爱语、利行、同事,如是一切诸所作业,皆不离念佛,不离念法,不离念僧,乃至不离念具足一切种,一切智智。又作是念:'我当于一切众生中为首、为胜、为殊胜、为妙、为微妙、为上、为无上,乃至为一切智智依止者。'是菩萨若欲舍家于佛法中勤行精进,便能舍家、妻、子、五欲。既出家已,勤行精进,于一念顷得千三昧,得见千佛,知千佛神力,能动千世界,乃至能示现千身;于一一身,能示现千菩萨以为眷属,若以菩萨殊胜愿力,自在示现,过于是数,百劫、千劫,乃至百千亿那由他劫,不能数知。"

由上《华严经》卷三十五"十地品"之旨要,可归纳而知欲入二地心,乃至欲入二地住地心,当以广大心、深心、恭敬心,受行十善道法,于无量百千亿那由他劫,远离悭嫉破戒垢,布施、持戒满足,譬如真金置矾石中如法炼已,离一切垢,转复明净。此地菩萨于四摄法中,爱语偏多;十波罗蜜中,持戒偏多,余非不行,但随分随力而行。

二地入地心菩萨若欲满二地心者,当修以下三事:一者二地应修之增上慧学,依初地满心所圆证之百法明门,进修千法明门,断除所知障中更微细随眠,修证二地无生法忍,证得二地道种智。二者严持戒法,修除邪行障;初地心位已经永断恶趣杂染愚,未来世中永不感生恶趣业果,而仍有所知障中俱生一分异熟随眠,虽不引生分段生死种,而能引生世世可爱异熟果及增上果,亦能引生误犯之三业异熟果,障碍二地极净戒行,令不满足二地行果,是故应除邪行障,了知一切律仪戒,于二地中永断,令永不起。修除邪行障者,谓修除二种愚痴:一、所知障中所生一分微细误犯愚。二、烦恼障习气中所生一分误犯三业,于业未究竟了知故。三者随分修集法施功德。二地菩萨如是修学三事毕已,得一现观:见分七识犹如光影。如明镜中像,若无光影,像则不现;七识心中所触藏识镜像亦复如是,七识若不现前,则无见闻觉知心可受镜像;七识若不缘尘,则心中即无五尘影像。复次,意根若不现行,藏识即不执取五根,则无意识;若无意识,则无六入,是故镜中映像皆由光影所成:自心藏识所现六尘映像,皆由意根意识光影所成,故犹如光影。菩萨由修此三事圆满,不久即得成就"犹如光影"之现观,成二地满心,转入三地。

【问题讨论】
一、菩萨摩诃萨已修初地,欲入第二地,当起十种深心。请问是哪十种?
二、二地菩萨如何护持十善业道,常无间断?
三、二地菩萨于四摄法中,何者偏多?于十波罗蜜中,何波罗蜜偏多?
四、二地入心菩萨欲满二地心者,当修何等三事?
五、二地满心菩萨,可以得到何种现观?其意涵如何?
六、二地菩萨于一切众生,恒起何种心行,常思顺行仁慈益?

第二目　三　　地

《华严经》卷三十五"十地品"第二十六之二云:尔时,金刚藏菩萨告解脱月菩萨言:"佛子!菩萨摩诃萨已净第二地,欲入第三地,当起十种深心。何等为十?所谓清净心、安住心、厌舍心、离贪心、不退心、坚固心、明盛心、勇猛心、广心、大心,菩萨以是十心,得入第三地。佛子!菩萨摩诃萨住第三地已,观一切有为法如实相:所谓无常、苦、不净、不安隐、败坏、不久住、刹那生灭;非从前际生,非向后际去,非于现在住。又观此法无救、无依,与忧、与悲、苦恼同住;爱憎所系,愁戚转多,无有停积,贪恚痴火炽然不息,众患所缠日夜增长,如幻不实。见如是已,于一切有为倍增厌离,趣佛智慧。见佛智慧不可思议,无等无量,难得无杂,无恼无忧;至无畏城,不复退还,能救无量苦难众生。菩萨如是见如来智慧无量利益,见一切有为无量过患,则于一切众生,生十种哀愍心。何等为十?所谓见诸众生孤独无依,生哀愍心;见诸众生贫穷困乏,生哀愍心;见诸众生三毒火然,生哀愍心;见诸众生诸有牢狱之所禁闭,生哀愍心;见诸众生烦恼稠林恒所覆障,生哀愍心;见诸众生不善观察,生哀愍心;见诸众生无善法欲,生哀愍心;见诸众生失诸佛法,生哀愍心;见诸众生随生死流,生哀愍心;见诸众生失解脱方便,生哀愍心;是为十。菩萨如是见众生界无量苦恼,发大精进,作是念言:'此等众生，我应救，我应脱，我应净，我应度，应著善处，应令安住，应令欢喜，应令知见，应令调伏，应令涅槃。'菩萨如是厌离一切有为，如是愍念一切众生，知一切智智有胜利益，欲依如来智慧救度众生。作是思维：'此诸众生堕在烦恼大苦之中，以何方便而能拔济，令住究竟涅槃之乐？'便作是念：'欲度众生令住涅槃，不离无障碍解脱智；无障碍解脱智，不离一切法如实觉；一切法如实觉，不离无行无生行慧光；无行无生行慧光，不离禅善巧决定观察智；禅善巧决定观察智，不离善巧多闻。'菩萨如是观察了知已，倍于正法勤求修习；日夜唯愿闻法、喜法、乐法、依法、随法、解法、顺法、到法、住法、行法。菩萨如是勤求佛法，所有珍财皆无吝惜，不见有物，难得可重；但于能说佛法之人，生难遭想，是故菩萨于内外财，为求佛法悉能舍施。无有恭敬而不能行，无有憍慢而不能舍，无有承事而不能作，无有勤苦而不能受；若闻一句未曾闻法，生大欢喜，胜得三千大千世界满中珍宝；若闻一偈未闻正法，生大欢喜，胜得转轮圣王位；若得一偈未曾闻法，能净菩萨行，胜得帝释梵王位住无量百千劫。若有人言：'我有一句佛所说法，能净菩萨行，汝今若能入大火坑，受极大苦，当以相与。'菩萨尔时作如是念：'我以一句佛所说法净菩萨行故，假使三千大千世界，大火满中，尚欲从于梵天之上投身而下，亲自受取，况小火坑而不能入；然我今者，为求佛法，应受一切地狱众苦，何况人中诸小苦恼。'菩萨如是发勤精进，求于佛法，如其所闻，观察修行。此菩萨得闻法已，摄心安住，于空闲处作是思维：如说修行乃得佛法，非但口言而可清净。……"

何谓菩萨住此第三发光地？"菩萨住此地，多作三十三天王，能以方便令诸众生舍离贪欲，布施、爱语、利行、同事，如是一切诸所作业，皆不离念佛、不离念法、不离念僧，乃至不离念具足一切种、一切智智。复作是念：'我当于一切众生中为首、为胜、为殊胜，为妙、为微妙，为上、为无上，乃至为一切智智依止者。'若勤行精进，于一念顷得百千三昧，得见百千佛，知百千佛神力，能动百千佛世界，乃至示现百千身，一一身百千菩萨以为眷属。若以菩萨殊胜愿力，自在示现，过于此数，百劫、千劫乃至百千亿那由他劫，不能数知。"此菩萨于四摄中利行偏多，十波罗蜜中忍波罗蜜偏多；余非不修，但随力随分。

三地入地心菩萨欲满三地心者，当修三事：一者依二地增上慧学进修万法明门；三地所修四禅八定、四无量心、五神通等，皆须一一藉二地增上慧学加以现前观察；并将二地千法明门深入细观，成就三地无生法忍道种智；如是观行，须俟禅定等修证完成而后始可观行之。二者修证四禅八定、四无量心、五神通，藉以发起三种静虑：安住静虑、引发静虑、办事静虑。安住静虑谓无厌倦任持，愿乐住于一心等至定境;引发静虑谓事相成满任持,引发六通及三昧乐意生身;办事静虑谓成办利乐有情之事业,以五神通及漏尽通利乐有情。三者随缘修集法施功德。菩萨于此三事中修忍,不因引发静虑及道种智之功德而生慢心。

三地菩萨以修集如是三事功德圆满故,破除暗钝障,成就谷响观,断除欲贪习气愚及圆满闻持陀罗尼愚,成满地心。云何谷响观?谓菩萨修集如上三事功德已,暗钝障已除,现观自他一切善知识为众生说法时,法音之宣流"犹如谷响",虽有所说皆如戏论,非真实义;唯藉言说相,开示众生而令悟入,亦非为戏论净胜而说诸法。如是谷响观成就者,其暗钝障已除,永断欲贪习气所生愚痴,亦断圆满闻持陀罗尼愚,已具四禅八定及六通故。如是菩萨修三事故,成满地心,转入四地。

【问题讨论】

一、菩萨摩诃萨已净第二地,欲入第三地,当起十种深心。请问是哪十种?

二、菩萨摩诃萨住第三地,如何观察一切有为法之实际相状?

三、菩萨摩诃萨住第三地,见一切有为无量过患,则于一切众生生十种哀愍心,请问是哪十种?

四、菩萨住于第三发光地,有何殊胜功德?

五、菩萨欲满三地心者,当修何等三事?

六、菩萨三地满心,可得何种现观?其意涵如何?

第三目 四 地

《华严经》卷三十六"十地品"第二十六之三云:尔时,金刚藏菩萨告解脱月菩萨言:"佛子!菩萨摩诃萨第三地善清净已,欲入第四焰慧地,当修行十法明门。何等为十?所谓观察众生界、观察法界、观察世界、观察虚空界、观察识界、观察欲界、观察色界、观察无色界、观察广心信解界、观察大心信解界。菩萨以此十法明门,得入第四焰慧地。"

何谓菩萨住此焰慧地?"菩萨住此焰慧地,则能以十种智成熟法故,得彼内法生如来家。何等为十?所谓深心不退故,于三宝中生净信毕竟不坏故,观诸行生灭故,观诸法自性无生故,观世间成坏故,观因业有生故,观生死涅槃故,观众生国土业故,观前际后际故,观无所有尽故,是为十。佛子!菩萨住此第四地,观内身循身观,勤勇念知,除世间贪忧。观外身循身观,勤勇念知,除世间贪忧。观内外身循身观,勤勇念知,除世间贪忧。如是观内受、外受、内外受循受观,观内心、外心、内外心循心观,观内法、外法、内外法循法观,勤勇念知,除世间贪忧。复次!此菩萨未生诸恶不善法,为不生故,欲生勤精进发心正断;已生诸恶不善法,为断故,欲生勤精进发心正断;未生诸善法,为生故,欲生勤精进发心正行;已生诸善法,为住不失故,修令增广故,欲生勤精进发心正行。……菩萨住此焰慧地,以愿力故,得见多佛;所谓见多百佛,见多千佛,见多百千佛,乃至见多百千亿那由他佛。……菩萨住此地,多作须夜摩天王,以善方便,能除众生身见等惑,令住正见,布施、爱语、利行、同事,如是一切诸所作业,皆不离念佛、不离念法、不离念僧,乃至不离念具足一切种、一切智智。复作是念:'我当于一切众生中为首、为胜、为殊胜、为妙、为微妙,为上、为无上,乃至为一切智智依止者。'是菩萨若发勤精进,于一念顷得入亿数三昧,得见亿数佛,得知亿数佛神力,能动亿数世界,乃至能示现亿数身;一一身,亿数菩萨以为眷属。若以菩萨殊胜愿力,自在示现,过于此数,百劫、千劫乃至百千亿那由他劫,不能数知。"此菩萨于四摄中,同事偏多;十波罗蜜中,精进偏多,余非不修,但随力随分。

四地入地心菩萨欲满四地心者,当住于四地修学二事:一者依于三地增上慧学,进修四地无生法忍,起四地道种智;此四地增上慧学所应修者,谓依三地谷响观,现观真谛三品心及安立谛十六品心。现观真谛三品心,谓内遣有情假、内遣诸法假、遍遣一切有情诸法假;现观安立谛十六品心,谓现观苦圣谛有四心:苦法智忍心、苦法智心、苦类智忍心、苦类智心;如是现观已,复观集谛四品心,灭谛、道谛亦各四品心,——现观已,成就四地无生法忍增上慧学。二者随缘修集法施功德,示现化身,于他方世界广度诸有情。

四地住地心菩萨修如是二事圆满时,即得成就"犹如水月"现观;以此缘故,微细烦恼不复现行,除二种愚痴,随顺因缘而度有情,不乐取证无余涅槃。

犹如水月者,谓四地住心菩萨,依别教无生法忍慧,现观四圣谛十六品心,非如通教菩萨及二乘无学纯依"蕴处界空"观四圣谛,以是缘故能除通教菩萨及二乘无学之法爱,能现观四圣谛十六品心法皆依自心藏识而起灭故,故除所知障中一分法爱愚痴。亦以无生法忍慧,现观三地满心所得意生身,亦现观四地中为诸有情所变化身于诸世界示教利喜,彼诸化身非有心非无心,如水中月映现诸方;以此现观故,能除等至境界贪爱,能常入等持境界现起办事静虑,利乐有情。

微细烦恼障者,谓所知障中一分意识相应法爱、法慢及等至境界之寂静耽爱。此二种愚痴,依四地无生法忍慧及水月现观成就而除,微细烦恼已灭,成四地满心,转入五地心。

【问题讨论】

一、菩萨摩诃萨第三地清净已,欲入第四焰慧地,当修十法明门。请问是哪十法明门?

二、菩萨住于焰慧地,能以十种智成熟诸法,得彼内法生如来家。请问是哪十种智?

三、四地菩萨于四摄法中,何者偏多?于十波罗蜜中,何波罗蜜偏多?

四、四地入地心欲满四地心者,应修学二事,二事为何?

五、四地满心菩萨可得何种现观?其意涵如何?

六、何谓四地菩萨所断之"微细烦恼障"?

第四目　五　　地

《华严经》卷三十六"十地品"第二十六之三云:"……佛子!菩萨摩诃萨第四地所行道善圆满已,欲入第五难胜地。当以十种平等清净心趣入。何等为十?所谓于过去佛法平等清净心,未来佛法平等清净心,现在佛法平等清净心,戒平等清净心,心平等清净心,除见疑悔平等清净心,道非道智平等清净心,修行智见平等清净心,于一切菩提分法上上观察平等清净心,教化一切众生平等清净心,菩萨摩诃萨以此十种平等清净心,得入菩萨第五地。"

何谓菩萨摩诃萨住此第五地?"菩萨摩诃萨住此第五地已,以善修菩提分法故,善净深心故,复转求上胜道故,随顺真如故,愿力所持故,于一切众生慈愍不舍故,积集福智助道故,精勤修习不息故,出生善巧方便故,观察照明上上地故,受如来护念故,念智力所持故,得不退转心。佛子!此菩萨摩诃萨如实知:此是苦圣谛,此是苦集圣谛,此是苦灭圣谛,此是苦灭道圣谛。善知俗谛,善知第一义谛,善知相谛,善知差别谛,善知成立谛,善知事谛,善知生谛,善知尽无生谛,善知入道智谛,善知一切菩萨地次第成就谛,乃至善知如来智成就谛。此菩萨随众生心乐令欢喜故,知俗谛;通达一实相故,知第一义谛;觉法自相共相故,知相谛;了诸法分位差别故,知差别谛;善分别蕴、界、处故,知成立谛;觉身心苦恼故,知事谛;觉诸趣生相续故,知生谛;一切热恼毕竟灭故,知尽无生智谛;出生无二故,知入道智谛;正觉一切行相故,善知一切菩萨地,次第相续成就,乃至如来智成就谛。……佛子!菩萨摩诃萨住此第五难胜地,名为念者,不忘诸法故;名为智者,能善决了故;名为有趣者,知经意趣次第连合故;名为惭愧者,自护护他故;名为坚固者,不舍戒行故;名为觉者,能观是处非处故;名为随智者,不随于他故;名为随慧者,善知义非义句差别故;名为神通者,善修禅定故;名为方便善巧者,能随世行故;名为无厌足者,善集福德故;名为不休息者,常求智慧故;名为不疲倦者,集大慈悲故;名为为他勤修者,欲令一切众生入涅槃故;名为勤求不懈者,求如来力无畏不共法故;名为发意能行者,成就庄严佛土故;名为勤修种种善业者,能具足相好故;名为常勤修习者,求庄严佛身、语、意故。……佛子!此菩萨摩诃萨为利益众生故,世间技艺靡不该习;所谓文字、算数、图书、印玺、地水火风,种种诸论咸所通达。又善方药,疗治诸病:颠狂、干消、鬼魅蛊毒,悉能除断。文笔、赞咏、歌舞、妓乐、戏笑、谈说,悉善其事。国城、村邑、宫宅、园苑、泉流、陂池、草树、花药,凡所布列,咸得其宜。金银、摩尼、真珠、琉璃、螺贝、璧玉、珊瑚等藏,悉知其处,出以示人。日、月、星宿、鸟鸣、地震、夜梦吉凶、身相休咎,咸善观察,一无错谬。持戒入禅,神通无量。……菩萨住此地,多作兜率陀天王,于诸众生所作自在,摧伏一切外道邪见,能令众生住实谛中。布施、爱语、利行、同事,如是一切诸所作业,皆不离念佛、不离念法、不离念僧,乃至不离念具足一切种、一切智智。复作是念:'我当于众生中为首、为胜、为殊胜,为妙、为微妙,为上、为无上,乃至为一切智智依止者。'此菩萨若发勤精进,于一念顷得千亿三昧,见千亿佛,知千亿佛神力,能动千亿佛世界,乃至示现千亿身,一一身示千亿菩萨以为眷属,若以菩萨殊胜愿力,自在示现,过于此数,百劫、千劫,乃至百千亿那由他劫,不能数知。"

　　五地入地心菩萨欲满足五地功德者,当修三事:一者依四地满足之无生法忍慧,再作观行,现观一切法皆自心藏识所现,生死即涅槃,烦恼即菩提,非二亦非一,不应如彼定性二乘无学之厌离生死而取涅槃,当求佛地无住处涅槃,能广益自他故;由是现观,断除下乘般涅槃爱。二者随缘施与诸方世界有情无畏及与正法。三者于观行中及法施、无畏施中,观察所施一切法皆是自心藏识"变化所成";观察有情所受一切法施,利乐充满,然彼所受法施而现之般若慧,亦是彼自心藏识变化所成;复观察自身为利乐有情故,于诸世界示现化身,其实亦是自心藏识变化所成。菩萨如是现观,即得通达七真如,证得无差别真如——生死涅槃实无差别。以是现观故,不起一向欲背生死而趣涅槃之作意,继续迈向成佛之道,成五地满心,转入六地心。

【问题讨论】

一、菩萨摩诃萨第四地所行道善圆满已,欲入第五难胜地,当以十种平等心趣入。请问是哪十种平等心?

二、菩萨摩诃萨住于第五地,能善知无量圣谛,请略述之。

三、五地菩萨为利益众生故,世间技艺靡不该习,请略述五地菩萨所通达之法相。

四、五地入地心菩萨欲满五地功德者,当修何等三事?

五、能证"生死涅槃无差别"境界的,是哪一地菩萨?

六、五地菩萨于四摄法中,一切诸所作业,悉皆不离何者?

第五目 六　　地

《华严经》卷三十七"十地品"第二十六之四云:"佛子!菩萨摩诃萨已具足第五地,欲入第六现前地,当观察十平等法。何等为十?所谓一切法无相故平等,无体故平等,无生故平等,无成故平等,本来清净故平等,无戏论故平等,无取舍故平等,寂静故平等,如幻、如梦、如影、如响、如水中月、如镜中像、如焰、如化故平等,有无不二故平等。菩萨如是观一切法自性清净,随顺无违,得入第六现前地。"

何谓菩萨住此第六地?"菩萨住此现前地,得入空三昧、自性空三昧、第一义空三昧、第一空三昧、大空三昧、合空三昧、起空三昧、如实不分别空三昧、不舍离空三昧、离不离空三昧,此菩萨得如是十空三昧门为首,百千空三昧皆悉现前;如是十无相、十无愿三昧门为首,百千无相无愿三昧门皆悉现前。佛子!菩萨住此现前地,复更修习满足不可坏心、决定心、纯善心、甚深心、不退转心、不休息心、广大心、无边心、求智心、方便慧相应心,皆悉圆满。佛子!菩萨以此心顺佛菩提,不惧异论,入诸智地,离二乘道,趣于佛智,诸烦恼魔无能沮坏,住于菩萨智慧光明,于空、无相、无愿法中皆善修习,方便智慧恒共相应,菩提分法常行不舍。佛子!菩萨住此现前地中,得般若波罗蜜行增上,得第三明利顺忍,以于诸法如实相随顺无违故。……菩萨住此地,多作善化天王,所作自在,一切声闻所有问难,无能退屈,能令众生除灭我慢,深入缘起,布施、爱语、利行、同事,如是一切诸所作业,皆不离念佛,乃至不离念具足一切种、一切智智。复作是念:'我当于一切众生中为首、为胜,乃至为一切智智依止者。'此菩萨若勤行精进,于一念顷得百千亿三昧,乃至示现百千亿菩萨以为眷属。若以愿力自在示现过于此数,乃至百千亿那由他劫,不能数知。"

菩萨六地之入地心欲满足六地功德者,当修二事:一者当依无生法忍慧,现观一切有漏法中,十二因缘——有支之现行流转,形成行阴;以观此故,了知皆为自心藏识所现,似有非有,故能断一切有漏杂染诸行。二者依无生法忍慧,于变现意生身或化身至他方此土度化有缘众生时,现观如是诸行虽是无漏法,而不离有为诸相;此诸无漏有为法虽属净相,而多有相,住无相观时少;乃现前观察此诸无漏有为行相亦皆自心藏识所现,似有非有;如是现观故,能断净相执著,名为"已断粗相现行障",此障能障佛地菩提果故。

菩萨如是现观一切相、一切行,皆是自心所现、"似有非有",心得寂静,自然证得灭尽定,非如定性二乘及通教菩萨等俱解脱者之起意修证灭尽定而后证之。菩萨以似有非有之现观故,成满六地心,转入七地。

【问题讨论】

一、菩萨摩诃萨具足第五地、欲入第六现前地,当观察十种平等法。请问是哪十种?

二、菩萨摩诃萨住于第六地,可得哪些三昧?

三、菩萨摩诃萨住于第六地,以十心顺佛菩提,不惧异论。请问是哪十心?

四、六地入地心菩萨欲满足六地功德者,应修何等二事?

五、六地菩萨能断"净相执著",称之为什么?

六、六地菩萨所证灭尽定和定性二乘、通教菩萨等俱解脱者所证,有何不同?

第六目 七 地

《华严经》卷三十七"十地品"第二十六之四云:"佛子!菩萨摩诃萨具足第六地行已,欲入第七远行地,当修十种方便慧起殊胜道。何等为十?所谓虽善修空无相无愿三昧,而慈悲不舍众生;虽得诸佛平等法,而乐常供养佛;虽入观空智门,而勤集福德;虽远离三界,而庄严三界;虽毕竟寂灭诸烦恼焰,而能为一切众生起灭贪、瞋、痴烦恼焰；虽知诸法如幻、如梦、如影、如响、如焰、如化，如水中月，如镜中像，自性无二，而随心作业无量差别；虽知一切国土犹如虚空，而能以清净妙行庄严佛土；虽知诸佛法身，本性无身，而以相好庄严其身；虽知诸佛音声，性空寂灭不可言说，而能随一切众生出种种差别清净音声；虽随诸佛了知三世唯是一念，而随众生意解分别，以种种相、种种时、种种劫数而修诸行。菩萨以如是十种方便慧，起殊胜行，从第六地入第七地；入已，此行常现在前，名为住第七远行地。"

何谓菩萨摩诃萨住远行地？"佛子！菩萨摩诃萨住此第七地已，入无量众生界，入无量诸佛教化众生业，入无量世界网，入无量诸佛清净国土，入无量种种差别法，入无量诸佛现觉智，入无量劫数，入无量诸佛觉了三世智，入无量众生差别信解，入无量诸佛示现种种名色身，入无量众生欲乐诸根差别，入无量诸佛语言音声，令众生欢喜。入无量众生种种心行，入无量诸佛了知广大智，入无量声闻乘信解，入无量诸佛说智道令信解，入无量辟支佛所成就，入无量诸佛说甚深智慧门令趣入，入无量诸菩萨方便行，入无量诸佛所说大乘集成事，令菩萨得入。此菩萨作是念：'如是无量如来境界，乃至于百千亿那由他劫不能得知，我悉应以无功用、无分别心成就圆满。'佛子！此菩萨以深智慧如是观察，常勤修习方便慧，起殊胜道，安住不动，无有一念休息废舍，行住坐卧乃至睡梦，未曾暂与盖障相应，常不舍于如是想念。此菩萨于念念中，常能具足十波罗蜜。……佛子！此十波罗蜜，菩萨于念念中皆得具足，如是四摄四持，三十七品，三解脱门，略说乃至一切菩提分法，于念念中皆悉圆满。……佛子！从初地至七地，所行诸行皆舍离烦恼业，以回向无上菩提故，分得平等道故，然未名为超烦恼行。佛子！譬如转轮圣王，乘天象宝游四天下，知有贫穷困苦之人，而不为彼众患所染，然未名为超过人位。若舍王身生于梵世，乘天宫殿，见千世界，游千世界，示现梵天光明威德，尔乃名为超过人位。佛子！菩萨亦复如是，始从初地至于七地，乘波罗蜜乘，游行世间，知诸世间烦恼过患，以乘正道故，不为烦恼过失所染，然未名为超烦恼行。若舍一切有功用行，从第七地入第八地，乘菩萨清净乘，游行世间，知烦恼过失，不为所染，尔乃名为超烦恼行，以得一切尽超过故。佛子！此第七地菩萨，尽超过多贪等诸烦恼众，住此地不名有烦恼者、不名无烦恼者。何以故？一切烦恼不现行故。……此地菩萨于念念中，具足修习方便智力及一切菩提分法，转胜圆满。佛子！菩萨住此地，入菩萨善观择三昧、善择义三昧、最胜慧三昧、分别义藏三昧、如实分别义三昧、善住坚固根三昧、智慧神通门三昧、法界业三昧、如来胜利三昧、种种义藏生死涅槃门三昧，入如是等具足大智神通门百万三昧，净治此地。是菩萨得此三昧，善治净方便慧故，大悲力故，超过二乘地，得观察智慧地。……佛子！此菩萨得如是三昧智力，以大方便，虽示现生死而恒住涅槃；虽眷属围绕而常乐远离，虽以愿力三界受生而不为世法所染；虽常寂灭，以方便力而还炽然。虽然不烧，虽随顺佛智，而示入声闻辟支佛地；虽得佛境界藏，而示住魔境界；虽超魔道，而现行魔法；虽示同外道行，而不舍佛法；虽示随顺一切世间，而常行一切出世间法；所有一切庄严之事，出过一切天、龙、夜叉、乾闼婆、阿修罗、迦楼罗、紧那罗、摩睺罗伽、人及非人、帝释、梵王、四天王等之所有者，而不舍离乐法之心。佛子！菩萨成就如是智慧，住远行地……。菩萨住此地，多作自在天王，善为众生说证智法，令其证入。布施、爱语、利行、同事，如是一切诸所作业，皆不离念佛乃至不离念具足一切种、一切智智。复作是念：'我当于一切众生中为首、为胜，乃至为一切智智依止者。'此菩萨若发勤精进，于一念顷得百千亿那由他三昧，乃至示现百千亿那由他菩萨以为眷属。若以菩萨殊胜愿力，自在示现过于此数，乃至百千亿那由他劫不能数知。"

七地入地心菩萨，欲满足七地功德，当修二事：一者依无生法忍慧，重观一切有漏无漏诸有为行中、十二因缘之一一有支中，流转门之种种生灭细相及还灭门中之种种生灭细相；以见六地所观仍未具足细相观，相对于此地而言，所观仍粗糙故。复次当观六地心中，尚起作意加行纯求无相观；以勤求无相观故，堕于有求作意，则不能满足七地极寂静之功德，故修观行，于一一支还灭之细相及灭相，起远离加行作意故无所著；由是之故，七地满心菩萨心地寂静、极寂静，"念念之中皆可随入灭尽定"。

如是菩萨心境极寂灭故，往往欲取涅槃，中辍修学佛菩提道；故于此菩萨即将入灭度前，佛予摄受，授予"引发如来无量妙智三昧"，由斯转入八地。

【问题讨论】

一、菩萨摩诃萨具足第六地，欲入第七远行地，当修十种方便慧。请问是哪十种方便慧？

二、几地菩萨于念念中常能具足十波罗蜜？

三、何地菩萨游行世间，知烦恼过失，不为烦恼所染，可名之为"超烦恼行者"？

四、菩萨成就何种智慧，能住于远行地？

五、七地入地心菩萨，欲满足七地功德者，应修何等二事？

六、可念念之中随入灭尽定者,是哪一地的菩萨?

第七目 八　　地

《华严经》卷三十八"十地品"第二十六之五云:"佛子!菩萨摩诃萨于七地中,善修习方便慧,善清净诸道,善集助道法;大愿力所摄,如来力所加,自善力所持,常念如来力无所畏、不共佛法,善清净深心思觉,能成就福德智慧。大慈大悲不舍众生,入无量智道,入一切法本来无生、无起、无相、无成、无坏、无尽、无转,无性为性,初、中、后际皆悉平等。无分别如如智之所入处,离一切心、意、识分别想,无所取著,犹如虚空,入一切法如虚空性,是名得无生法忍。佛子!菩萨成就此忍,即时得入第八不动地,为深行菩萨,难可知,无差别。离一切相、一切想、一切执著,无量无边,一切声闻辟支佛所不能及,离诸■诤,寂灭现前。譬如比丘具足神通,得心自在,次第乃至入灭尽定,一切动心忆想分别,悉皆止息;此菩萨摩诃萨亦复如是,住不动地,即舍一切功用行,得无功用法,身、口、意业念务皆息,住于报行。譬如有人梦中见身堕在大河,为欲渡故,发大勇猛,施大方便;以大勇猛施方便故,即便觉悟;既觉悟已,所作皆息。菩萨亦尔,见众生身在四流中,为救度故,发大勇猛,起大精进;以勇猛精进故,至不动地。既至此已,一切功用靡不皆息,二行相行,悉不现前。佛子!如生梵世,欲界烦恼皆不现前,住不动地亦复如是,一切心、意、识行皆不现前;此菩萨摩诃萨,菩萨心、佛心、菩提心、涅槃心尚不现起,况复起于世间之心。"

何谓菩萨摩诃萨住此第八地?"佛子!菩萨住此第八地,以大方便善巧智所起无功用觉慧,观一切智智所行境。所谓观世间成,观世间坏;由此业集故成,由此业尽故坏;几时成,几时坏,几时成住,几时坏住,皆如实知。又知地界小相、大相、无量相、差别相;知水火风界小相、大相、无量相、差别相;知微尘细相、差别相、无量差别相,随何世界中所有微尘聚及微尘差别相,皆如实知;随何世界中所有地水火风界各若干微尘,所有宝物若干微尘,众生身若干微尘,国土身若干微尘,皆如实知。知众生大身小身,各若干微尘成;知地狱身、畜生身、饿鬼身、阿修罗身、天身、人身,各若干微尘成,得如是知微尘差别智。又知欲界、色界、无色界成,知欲界、色界、无色界坏,知欲界、色界、无色界小相、大相、无量相、差别相,得如是观三界差别智。佛子!此菩萨复起智明,教化众生;所谓善知众生身差别,善分别众生身,善观察所生处,随其所应而为现身教化成熟。此菩萨于一三千大千世界，随众生身信解差别，以智光明普现受生。……佛子！此菩萨远离一切身想分别，住于平等；此菩萨知众生身、国土身、业报身、声闻身、独觉身、菩萨身、如来身、智身、法身、虚空身；此菩萨知诸众生心之所乐，能以众生身作自身，亦作国土身、业报身，乃至虚空身。又知众生心之所乐，能以国土身作自身，亦作众生身、业报身，乃至虚空身。……佛子！菩萨成就如是身智已，得命自在、心自在、财自在、业自在、生自在、愿自在、解自在、如意自在、智自在、法自在，得此十自在故，则为不思议智者、无量智者、广大智者、无能坏智者。此菩萨如是入已，如是成就已，得毕竟无过失身业、无过失语业、无过失意业，身、语、意业随智慧行，般若波罗蜜增上，大悲为首，方便善巧，善能分别，善起大愿，佛力所护，常勤修习利众生智，普住无边差别世界。佛子！举要言之，菩萨住此不动地，身、语、意业诸有所作，皆能积集一切佛法。佛子！菩萨住此地，得善住深心力，一切烦恼不行故；得善住胜心力，不离于道故；得善住大悲力，不舍利益众生故；得善住大慈力，救护一切世间故；得善住陀罗尼力，不忘于法故；得善住辩才力，善观察分别一切法故；得善住神通力，普往无边世界故；得善住大愿力，不舍一切菩萨所作故；得善住波罗蜜力，成就一切佛法故；得如来护念力，一切种一切智智现前故；此菩萨得如是智力，能现一切诸所作事，于诸事中无有过咎。佛子！此菩萨智地名为不动地，无能沮坏故；名为不转地，智慧无退故；名为难得地，一切世间无能测故；名为童真地，离一切过失故；名为生地，随乐自在故；名为成地，更无所作故；名为究竟地，智慧决定故；名为变化地，随愿成就故；名为力持地，他不能动故；名为无功用地，先已成就故。佛子！菩萨成就如是智慧，入佛境界，佛功德照，顺佛威仪，佛境现前，常为如来之所护念。……此地菩萨所有善根亦复如是，一切二乘，乃至第七地菩萨所有善根无能及者；以住此地大智光明，普灭众生烦恼黑暗，善能开阐智慧门故。佛子！譬如千世界主大梵天王，能普运慈心，普放光明，满千世界，此地菩萨亦复如是，能放光明照百万佛刹微尘数世界，令诸众生灭烦恼火而得清凉。此菩萨十波罗蜜中，愿波罗蜜增上，余波罗蜜非不修行，但随力随分，是名略说诸菩萨摩诃萨第八不动地；若广说者，经无量劫不可穷尽。……"

八地入地心菩萨欲成满八地功德者，须令无相观一切时中任运现起；所成就无相观不需加行，得于一切时皆得任运现起。以此功德，于相于土任意变现；若起作意欲变，随意变现，不需如七地之尚须加行；以此缘故，于变现相土之一切修道，对此菩萨俱无功用，已得任运自在变现故。

八地菩萨由此缘故断三种愚痴：一者于无相观之微细愚痴已断，此谓七地之纯无相观虽恒相续,要由意识之加行方能如是相续不断;然八地中不需加行,任运相续,故于无相观之微细愚痴已经断除。二者断除作与所作功用之微细愚痴,由是功德任运变现种种相、种种土;此谓别教七地虽能变现相土,要由加行然后乃现;八地但由心起作意,任运而现,不须加行。三者断除于相自在愚痴,此由断除前二愚痴,故断此愚;断此愚故,证得"如实觉知诸法相意生身",于相于土自在变现。此八地菩萨一切意识相应之细烦恼障永不现行,意识相应一切相土所知障亦悉永灭,无有随眠,成满地心。此菩萨犹有意根相应之细所知障在,故须转入九地修道。

【问题讨论】

一、菩萨摩诃萨修学哪些法门得以入第八不动地?

二、"一切心意识皆不现前"是哪一地菩萨的境界?

三、八地菩萨可得十种自在,请问是哪十种自在?

四、七地菩萨与八地菩萨皆能"于相于土自在",两者有何不同?

五、八地菩萨可断三种愚痴,请问是哪三种?

六、哪一地菩萨"一切意识相应之细烦恼障永不现行,意识相应一切相土所知障亦悉永灭,无有随眠"?

第八目 九 地

《华严经》卷三十八"十地品"第二十六之五云:"佛子!菩萨摩诃萨以如是无量智思量观察,欲更求转胜寂灭解脱,复修习如来智慧,入如来秘密法,观察不思议大智性,净诸陀罗尼三昧门,具广大神通,入差别世界,修力、无畏、不共法,随诸佛转法轮,不舍大悲本愿力,得入菩萨第九善慧地。"

何谓菩萨摩诃萨住此第九地?"佛子!菩萨摩诃萨住此善慧地、如实知善不善无记法行、有漏无漏法行、世间出世间法行、思议不思议法行、定不定法行、声闻独觉法行、菩萨行法行、如来地法行、有为法行、无为法行。此菩萨以如是智慧,如实知众生心稠林、烦恼稠林、业稠林、根稠林、解稠林、性稠林、乐欲稠林、随眠稠林、受生稠林、习气相续稠林、三聚差别稠林。此菩萨如实知众生心种种相,所谓杂起相、速转相、坏不坏相、无形质相、无边际相、清净相、垢无垢相、缚不缚相、幻所作相、随诸趣生相,如是百千万亿乃至无量,皆如实知。又知诸烦恼种种相,所谓久远随行相、无边引起相、俱生不舍相、眠起一义相、与心相应不相应相、随趣受生而住相、三界差别相、爱见痴慢如箭深入过患相、三业因缘不绝相,略说乃至八万四千,皆如实知。又知诸业种种相,所谓善不善无记相、有表示无表示相、与心同生不离相、因自性刹那坏而次第集果不失相、有报无报相、受黑黑等众报相、如田无量相、凡圣差别相、现受生受后受相、乘非乘定不定相,略说乃至八万四千,皆如实知。……菩萨随顺如是智慧,名住善慧地。住此地已,了知众生诸行差别,教化调伏令得解脱。佛子!此菩萨善能演说声闻乘法、独觉乘法、菩萨乘法、如来地法,一切行处,智随行故,能随众生根、性、欲、解,所行有异,诸聚差别,亦随受生、烦恼眠缚、诸业习气而为说法,令生信解,增益智慧,各于其乘而得解脱。佛子!菩萨住此善慧地,作大法师,具法师行,善能守护如来法藏,以无量善巧智,起四无碍辩,用菩萨言辞而演说法,此菩萨常随四无碍智转,无暂舍离。何等为四?所谓法无碍智、义无碍智、辞无碍智、乐说无碍智。此菩萨以法无碍智,知诸法自相;义无碍智,知诸法别相;辞无碍智,无错谬说;乐说无碍智,无断尽说。复次以法无碍智,知诸法自性;义无碍智,知诸法生灭;辞无碍智,安立一切法不断说;乐说无碍智,随所安立,不可坏无边说。……复次法无碍智,知一切如来语、力无所畏、不共佛法、大慈大悲、辩才方便、转法轮、一切智智随证;义无碍智,知如来随八万四千众生心行根解差别音声;辞无碍智,随一切众生行,以如来音声差别说;乐说无碍智,随众生信解,以如来智清净行圆满说。佛子!菩萨住第九地,得如是善巧无碍智,得如来妙法藏,作大法师,得义陀罗尼、法陀罗尼、智陀罗尼、光照陀罗尼、善慧陀罗尼、众财陀罗尼、威德陀罗尼、无碍门陀罗尼、无边际陀罗尼、种种义陀罗尼,如是等百万阿僧祇陀罗尼门皆得圆满,以百万阿僧祇善巧音声辩才门而演说法。此菩萨得如是百万阿僧祇陀罗尼门已,于无量佛所,一一佛前悉以如是百万阿僧祇陀罗尼门听闻正法,闻已不忘,以无量差别门为他演说。此菩萨初见于佛,头顶礼敬,即于佛所得无量法门;此所得法门,非彼闻持诸大声闻于百千劫所能领受。此菩萨得如是陀罗尼、如是无碍智,坐于法座而说于法,大千世界满中众生,随其心乐差别为说,唯除诸佛及受职菩萨,其余众会威德光明无能与比。……此菩萨假使三千大千世界所有众生,咸至其前,一一皆以无量言音而兴问难,一一问难各各不同,菩萨于一念顷悉能领受,仍以一音普为解释,令随心乐各得欢喜。如是乃至不可说世界所有众生,一刹那间,一一皆以无量言音而兴问难,一一问难各各不同,菩萨于一念顷悉能领受,亦以一音普为解释,各随心乐令得欢喜。乃至不可说、不可说世界满中众生,菩萨皆能随其心乐,随根随解而为说法,承佛神力广作佛事,普为一切作所依怙。……菩萨住此第九地,昼夜专勤更无余念,唯入佛境界,亲近如来,入诸菩萨甚深解脱常在三昧,恒见诸佛未曾舍离。一一劫中见无量佛、无量百佛、无量千佛乃至无量百千亿那由他佛,恭敬尊重承事供养。于诸佛所种种问难,得说法陀罗尼,所有善根,转更明净。……此菩萨十波罗蜜中,力波罗蜜最胜,余波罗蜜非不修行,但随力随分。佛子!是名略说菩萨摩诃萨第九善慧地,若广说者,于无量劫亦不能尽。"

菩萨入九地心已,当须除断八地中意根相应细所知障现行,谓八地菩萨寂灭安乐,自知不久成佛,乐修己利,于利乐有情诸事不欲勤行,障碍九地应修之四无碍。今入九地,当为成满九地心故,起利乐有情之意乐,修习四无碍,除断意根相应之一分细所知障。

九地菩萨为利乐有情故,当修四事:一者法无碍,亦名总持无碍、陀罗尼无碍;此谓于一法中能总持一切法,于一一法中皆能总持声闻法、缘觉法、大乘通教法、大乘别教法,是名法无碍。二者义无碍,谓于总持无量法中,一一皆具无碍解,于一一义中,皆各能开示一切义,是名义无碍。三者辞无碍,谓于总持法之一切义,能藉种种言音开显实义,辗转解释,于表义名言无所障碍,乃至扬眉謦屈伸俯仰,悉皆能令众生解意,是名辞无碍。四者乐说无碍,谓辩才自在也。此菩萨当修七辩:迅辩、应辩、捷辩、无疏谬辩、无断无尽辩、演说丰义味辩、一切世界最胜妙辩;如是辩才自在,复加法、义、辞无碍,及勤行利乐之意乐,成就乐说无碍。此四无碍,须依诸佛修学方得成满。

九地菩萨以成就此四无碍故,意根俱生一分细所知障随之断除,永不现行,随即证得"种类生无作行意生身",无量化身种类变化,无所限制,随意自在,成就力波罗蜜,故名大力菩萨;一切外道人天,不能障碍此菩萨利乐有情。此菩萨如是功德成就,满足九地心,转入十地。

【问题讨论】

一、菩萨摩诃萨住于第九地,能如实知哪些"法行"?

二、菩萨摩诃萨住于第九地,能如实知众生哪些"稠林"?

三、九地菩萨能以无量善巧智,起四无碍辩,是哪四种无碍辩?请略述之。

四、九地菩萨得善巧无碍智,得如来妙法藏,作大法师,可得无量陀罗门,请略述之。

五、何地菩萨当"除断意根相应之一分细所知障"？

六、九地菩萨为利乐有情故，当修四事，请问是哪四事？

第九目 十 地

《华严经》卷三十九"十地品"第二十六之六云："佛子！菩萨摩诃萨从初地乃至第九地，以如是无量智慧观察觉了已，善思维修习，善满足白法，集无边助道法，增长大福德智慧，广行大悲，知世界差别，入众生界稠林，入如来所行处，随顺如来寂灭行，常观察如来力、无所畏、不共佛法，名为'得一切种、一切智智受职位'。佛子！菩萨摩诃萨以如是智慧入受职地已，即得菩萨离垢三昧、入法界差别三昧、庄严道场三昧、一切种华光三昧、海藏三昧、海印三昧、虚空界广大三昧、观一切法自性三昧、知一切众生心行三昧，一切佛皆现前三昧，如是等百万阿僧祇三昧皆现在前。菩萨于此一切三昧，若入、若起，皆得善巧，亦善了知一切三昧所作差别；其最后三昧，名'受一切智胜职位'，此三昧现在前时，有大宝莲华忽然出生，其华广大，量等百万三千大千世界，以众妙宝间错庄严，超过一切世间境界。……尔时诸佛及诸菩萨，知某世界中某菩萨摩诃萨，能行如是广大之行，到受职位；佛子！是时十方无量无边乃至九地诸菩萨众，皆来围绕，恭敬供养，一心观察；正观察时，其诸菩萨即各获得十千三昧。当尔之时，十方所有受职菩萨，皆于金刚庄严臆德相中，出大光明，名'能坏魔怨'，百万阿僧祇光明以为眷属，普照十方，现于无量神通变化。作是事已，而来入此菩萨摩诃萨金刚庄严臆德相中；其光入已，令此菩萨所有智慧、势力增长，过百千倍。尔时十方一切诸佛，从眉间出清净光明，名'增益一切智神通'，无数光明以为眷属，普照十方一切世界，右绕十匝，示现如来广大自在，开悟无量百千亿那由他诸菩萨众。……当尔之时，此菩萨得先所未得百万三昧，各为已得受职之位入佛境界，具足十力，堕在佛数。佛子！如转轮圣王所生太子，母是正后，身相具足；其转轮王令此太子坐白象宝妙金之座，张大网幔，建大幢幡，然香散花，奏诸音乐，取四大海水置金瓶内，王执此瓶灌太子顶，是时即名受王职位，堕在灌顶刹利王数；即能具足行十善道，亦得名为转轮圣王。菩萨受职亦复如是，诸佛智水灌其顶故，名为受职；具足如来十种力故，堕在佛数；佛子！是名菩萨受大智职。菩萨以此大智职故，能行无量百千万亿那由他难行之行，增长无量智慧功德，名为安住法云地。"

何谓菩萨摩诃萨住此法云地？"佛子！菩萨摩诃萨住此法云地，如实知欲界集、色界集、无色界集,世界集、法界集、有为界集、无为界集;众生界集、识界集、虚空界集、涅槃界集。此菩萨如实知诸见烦恼行集、知世界成坏集、知声闻行集、辟支佛行集、菩萨行集,如来力无所畏色身法身集,一切种、一切智智集,示得菩提转法轮集,入一切法分别决定智集;举要言之,以一切智知一切集。佛子!此菩萨摩诃萨以如是上上觉慧,如实知众生业化、烦恼化、诸见化、世界化、法界化、声闻化、辟支佛化、菩萨化、如来化、一切分别无分别化,如是等皆如实知。又如实知佛持、法持、僧持、业持、烦恼持、时持、愿持、供养持、行持、劫持、智持,如是等皆如实知。又如实知诸佛如来入微细智,所谓修行微细智、命终微细智、受生微细智、出家微细智、现神通微细智、成正觉微细智……菩萨摩诃萨住此地,即得菩萨不思议解脱、无障碍解脱、净观察解脱、普照明解脱、如来藏解脱、随顺无碍轮解脱、通达三世解脱、法界藏解脱、解脱光明轮解脱、无余境界解脱,此十为首。有无量百千阿僧祇解脱门,皆于此第十地中得,如是乃至无量百千阿僧祇三昧门、无量百千阿僧祇陀罗尼门、无量百千阿僧祇神通门,皆悉成就。佛子!此菩萨摩诃萨通达如是智慧,随顺无量菩提,成就善巧念力;十方无量诸佛,所有无量大法明、大法照、大法雨,于一念顷皆能安、能受、能摄、能持。譬如娑伽罗龙王所霪大雨,唯除大海,余一切处皆不能安、不能受、不能摄、不能持;如来秘密藏,大法明、大法照、大法雨亦复如是,唯除第十地菩萨,余一切众生、声闻、独觉乃至第九地菩萨,皆不能安、不能受、不能摄、不能持。……此地菩萨以自愿力,起大悲云,震大法雷,通明无畏以为电光,福德智慧而为密云,现种种身,周旋往返,于一念顷,普遍十方百千亿那由他世界微尘数国土,演说大法,摧伏魔怨;复过此数,于无量百千亿那由他世界微尘数国土,随诸众生心之所乐,霪甘露雨,灭除一切众惑尘焰,是故此地名为法云。佛子!此地菩萨于一世界,从兜率天下,乃至涅槃,随所应度众生心而现佛事,若二若三乃至如上微尘数国土;复过于此,乃至无量百千亿那由他世界微尘数国土,皆亦如是,是故此地名为法云。……此地菩萨智慧光明,能令众生乃至入于一切智,余智光明无能如是。佛子!譬如摩醯首罗天王光明,能令众生身心清凉,一切光明所不能及;此地菩萨智慧光明亦复如是,能令众生皆得清凉,乃至住于一切智智。一切声闻、辟支佛乃至第九地菩萨智慧光明悉不能及。佛子!此菩萨摩诃萨已能安住如是智慧,诸佛世尊复更为说三世智、法界差别智、遍一切世界智、照一切世界智、慈念一切众生智。举要言之,乃至为说得一切智智。此菩萨十波罗蜜中,智波罗蜜最为增上,余波罗蜜非不修行。佛子!是名'略说菩萨摩诃萨第十法云地';若广说者,假使无量阿僧劫,亦不能尽。"

十地初心亦有障,谓因所知障中一分俱生障碍,令十地入地心菩萨于诸法尚未完全自在,令大法智云不现起,亦令大法智云所含藏功德不现,复令大法智云所能现起事业不现。是故十地必须修断此一分所知障愚痴,令大法智云及所含藏、所现起事业得能现行。此一分所知障愚痴有二种无明:一者悟入微细秘密无明及其随眠,由此无明及随眠故,障碍大法智云令不现行,亦由此无明及随眠故,令大法智云所含藏功德不能现行。二者大神通无明及其随眠。此二无明及其随眠断除,即成满地心,十方诸佛各皆伸手而放宝光,遥灌此菩萨顶,成受职菩萨,入等觉地,绍补佛位。

大法智云之"大"者谓真如,是一切法之根本故,生一切法故;大法智云者,谓十地满心菩萨缘于真如之智,如云广博,现起无尽。大法智云所含藏者,谓具足一切总持门及三昧门。大法智云所起事业者,谓十地大神通境。此大法智云及所含藏与所起事业,于十地满心,诸佛灌顶时悉皆成就。

【问题讨论】

一、菩萨住于第十法云地时有何殊胜功德?请略述之。

二、何地菩萨名为"菩萨受大智职"?

三、为何十地称为法云地?

四、十地菩萨欲成满十地心,应断一分所知障愚痴,此愚痴有"二种无明"。请问是哪两种无明?

五、何谓"大法智云"?

第十目 等 觉

等觉菩萨欲成妙觉如来者,当修三事:一者圆成等觉地无生法忍,二者修集极广大福德,三者顿断极微细俱生烦恼障。等觉地无生法忍谓圆满一切种智,此谓等觉菩萨入地心中,尚有一切所知境中之极微细执著无明,由此所知境中极微细执著无明,令一切种智不能圆满,故须断除;此须于一切所知境中缘境观察而除断之,百劫方能完成。二者菩萨将证无上正等正觉而福德未足,三十二相八十随形好犹未究竟圆满、究竟殊胜,当以百劫修诸相好:无一时非舍身时,无一处非舍命处;如是百劫修集福德,为佛教、为众生作一切施,于外财内财皆无吝惜。

如是百劫于一切所知境中,断除所知障中极微细执著愚痴及修集福德满足已,成最后身菩萨,住兜率天观察世间时节因缘;众生法缘若熟时,即降神母胎,人间受生,长大出家,示现修行,最后一夜顿断久远劫来故意所留一分极微细烦恼障,及顿断最后一分极微细所知障,金刚喻定现前,究竟成佛,"住于"无住处涅槃,四种圆寂成满,利益有情永无尽期,是名大慈、大悲、大雄、大力无上正等正觉——十号(十号谓:如来、应供、正遍知、明行足、善逝、世间解、无上士、调御丈夫、天人师、佛、世尊)具足之人天导师。

【问题讨论】

一、等觉菩萨欲成妙觉如来者,当修三事,请问是哪三事?
二、等觉菩萨于入地心中尚须断除何等之无明?
三、等觉菩萨如何以百劫修诸相好?
四、最后身菩萨是如何成就十号具足的人天导师?
五、佛是十号具足的人天导师,请问是哪十号?

第三章　佛菩提修证之枢纽——明心、见性

上来已略叙三乘佛法之梗要，亦已概述声闻解脱道与大乘佛菩提道之修行与道之次第，行者于阅后应深自思维：今生有缘得遇大乘佛法，非得遇阿罗汉法，若仅停留在随众念佛、打坐、当义工、放生、救济众生、办法会、盖道场、办学校乃至办"学术研讨会"等活动，而于真正学佛之义理——亲证生命实相如来藏——发起实相般若智慧一事，竟然不闻、不知、不解，岂非抱憾多劫之事。因此修学佛法应有目标，订下目标之后，即应依所订次第目标，全神贯注、全力以赴；千万不可漫无目标，到处逛道场凑热闹，浪费宝贵的生命与时光。精进学佛者，目标大约有两类：一者为求生诸佛净土，二者为求明心、见性、解脱生死、行菩萨道。若能订下目标，勇猛精进，一生道业即可迅速增长、成就。

欲求往生极乐世界或诸佛净土者，可请阅净土宗诸祖所著语录等书。而本章则是对欲求实证佛菩提，发菩提心、行菩萨道之一切大心学佛者而言。

若有佛子发大心，欲行菩萨道、欲行自度度他之菩萨行，愿生生世世勤行不辍，乃至成就究竟佛果者，则应先求大乘见道。菩萨见道即是开悟，开悟即是明心，所谓明心就是明自真心、明一切有情真心、明三世一切十方诸佛之真心，明心之后当因缘成熟便能眼见佛性。明心不退者必定同时能断三缚结（我见、疑见、戒禁取见），永不入三恶道。复能依见道功德，深入教典修学种智，以四悉檀为方便，将自心所悟，以种种善巧方便言辞譬喻，为众解说、接引后学。由于亲证实相，于实相有真实之体验，因此脚跟着地、心中笃定，渐能通达佛法诸正理；说法时，则能以生命实相如来藏法义为主轴贯串诸法，横说竖说自在无碍。众生若具足善根，坚定信心，依之精勤修学，亦能因之断结得度，乃至以所悟见地广度有缘众生，不致以一盲引众盲、相将入火坑，如此生生世世自度度他，方名真菩萨行。

然而，求明心见性修证佛菩提道，皆非小根小器、聪明尚慢者所能致之。禅宗初祖达摩大师曾谓："诸佛无上妙道，旷劫精勤、难行能行，非忍而忍。岂以小德小智，轻心慢心、欲冀真乘，徒劳勤苦。"是故，行者欲求明心、见性、修证佛菩提

道,当先除慢。古德云:"慢如高山,雨水不停;卑如江海,万川归集。"如果总是固执地抱持着自以为是的心态,不肯虚心求教于真善知识,往往会和善知识当面错过;一旦错失,不知要待多少劫之后,才能再度值遇真善知识,再得真善知识的摄受和教导。因此,欲求真正佛菩提法道之行者,首须除慢心,受持三归五戒,修菩萨六度万行,心存谦恭,不轻慢一切人;摒除权威崇拜、学术崇拜之心态,不迷信大道场、大"名"师,以至诚恳切之心,寻求真正之善知识,建立正确之佛法及禅法知见,锻炼参禅功夫之善巧方便法门。假使能成就动中定力,信心就能具足;有信心、具备功夫,又能培植明心见性所需之福德资粮,要求明心见性,只待缘熟即能成办,一切发大心之菩萨不可不知此中之关节也。

【问题讨论】
一、精进学佛者,其学佛目标大致有哪些?请说明之。
二、欲发大心、行菩萨道之佛子,当务之急是什么?
三、如何是"真菩萨行"?
四、欲求真正佛菩提之法道者,最重要的事是什么?
五、为何佛菩提的修证枢纽在明心见性?请略述你的看法。
六、请谈谈你个人的学佛目标,要如何修行才能达成你的目标呢?

第一节 求悟般若前应注意事项

第一目 修集福德资粮

菩萨入道正途,即是明心、见性;欲求明心见性需培植福德,筹集见道资粮。欲培植福德、筹集资粮者,首需归命三宝、供养三宝。所谓三宝,即是佛、法、僧三宝。至诚归依三宝、供养三宝,必获无量无边之利益,并能得到佛、菩萨之加持和摄受。若有人欲求明心见性,而不归命三宝、不供养三宝,而言能得之者,无有是处。原因无他,皆因明心见性乃释迦世尊及诸佛菩萨成佛之钥;若不信有三宝,不依止三宝,不至诚恳切供养三宝者,焉能获得成佛入道之宝钥?是故一切佛子若欲入大乘见道,欲明心见性者,首应皈依三宝、供养三宝。

归命三宝、供养三宝已,次需广结善缘,修三福净业:孝养父母,奉事师长,慈心不杀，行十善业，行三种布施。世尊于经典中，常开示众生："于父母所，少作不善，获大苦报；少作供养，得福无量。当作是学，应勤尽心，奉养父母。"《杂宝藏经》卷一）"夫善之极者，莫大于孝。恶之大者，其唯害亲乎。长幼相事，天当之，岂况亲哉。"（《佛说未生冤经》）"世间一切善男女，恩重父母如丘山，应当孝敬恒在心，知恩报恩是圣道。……若人至心供养佛，复有精勤修孝养，如是二人福无异，三世受报亦无穷。"（《大乘本生心地观经》卷三"报恩品"）由此可知，孝养父母乃是一切佛弟子都必需躬身实践之首要之务，乃至世尊亦曾告诫阿难："吾前世为子仁孝，为君慈育，为民奉敬，自致得成为三界尊。"（《菩萨子经》）亦即世尊在过去无量世中孝顺父母，奉养父母，而获致"三界至尊——成佛"之果报。三界至尊之佛，对父母尚且如是恭敬奉养，何况一介凡夫。欲求明心见性，能不为乎？

奉事师长：当"给侍所须、礼敬供养、尊重戴仰。师有教敕，敬顺无违；从师闻法，善持不忘"。欲于正法中见道得法，皆得仰赖师长之教诲与摄受；悟后之进修，亦须师长摄受与教导，因此于师长所，应虔诚恭敬；对师长之训诲皆能信受奉行、如法修学，则不为慢心所障，修道易有成就。

慈心不杀：佛云："人于世间，慈心不杀生，从不杀得五福。何等五？一者寿命增长，二者身安隐，三者不为兵刃虎狼毒虫所伤害，四者得生天，天上寿无极；五者从天上来下生世间，则长寿。今见有百岁者，皆故世宿命不杀所致。乐死不如苦生，如是分明，慎莫犯杀。"（《佛说分别善恶所起经》）慈心不杀，是为断后有之业种；菩萨从大悲中生，生生世世常住世间行菩萨道，自度度他，不应与众生先结恶缘；如果杀心不除，多行杀业，难免未来世的五阴受杀的果报，相互欺凌，互相食啖，互相遮障，无法顺利学佛，何况欲求成佛之道——明心与见性之大法呢？是故，一切真修菩萨道者，当慈心不杀。

行十善业：菩萨需明自本心、见自本性，生生世世不畏生死，在世间与诸同修同行共事，才能成就究竟佛道；因此在漫长的修道成佛过程中，必须要有许多助缘，以减少修道过程中的障碍，方能渐次圆满佛菩提的修证，所以应勤修十善业。所谓十善业即是十恶业的相反，十恶业为：身三业，杀生、偷盗、邪淫（在家是指邪淫，出家是指行淫）；口四业，妄语、两舌、绮语、恶口；意三业，贪、恚、痴（无明）。若能于此十恶业不犯，反而积极护生，不断修正自己身、口、意的行为以利益众生，即为修十善业。《菩萨优婆塞戒经》卷一中佛云："菩萨摩诃萨修一一相，以百福德而为围绕，……常于无量劫中，为诸众生作大利益，至心勤作一切善业，是故如来成就具足无量功德，是三十二相，即是大悲之果报也。"修十善业，果报无量无边,从学佛之初始,迨至成佛,皆复如是。

复行三种布施。布施有三种:一为财物布施,斟酌自己的财力,随缘、随分、随力作财物布施。二为无畏布施,随因缘量力施与众生无畏、无有恐惧,凡有需要帮助者,尽量圆满有缘众生之所愿。三为佛法布施,以自己所熏习修持之佛法知见,随缘接引有缘之众生,使其得以减轻世间烦恼众苦之逼迫,于生命真实义理得有不同层次的了知,不再总是劳劳碌碌、哀哀怨怨、浑浑噩噩过一生。

世尊于《大般涅槃经》卷十五"梵行品"开示众生布施时应有之心行和态度,可供一切学佛者作为行布施行之指南。佛云:"善男子!菩萨摩诃萨行布施时,于诸众生慈心平等,犹如子想。又行施时,于诸众生起悲愍心,譬如父母,瞻视病子。行施之时其心欢喜,犹如父母见子病愈;既施之后其心放舍,犹如父母见子长大,能自在活。"如是三种布施,于学佛过程中,皆应努力行之,广结众生缘,一则可以迅速累积福德资粮,再则可于因地即能广度众生,作为未来成就佛国净土之基础。

以上所述之修集福德、广结众生缘,皆是证悟之重要道粮,得因此福德资粮之具足因缘而值遇真善知识,以此作为参究大乘禅之见道与修道助缘。虽云福德很重要,但亦切莫执著福德所将导致之后世乐报,被福德耽误而无法获得解脱;所修所集之福德,皆当全部回向求证道种智及一切智。当福德因缘具足、善缘充分时,即能得到真善知识之摄受与教导,逐步帮助我们建立正确的修行知见,锻炼修证该具备的功夫,今生克期取证指日可待,终可不虚此生。

【问题讨论】

一、欲明心见性,为何要修集福德资粮?

二、欲培植福德、筹集资粮,首需做些什么事呢?

三、何谓三福净业?请略述之。

四、十善业的内涵是什么?行十恶业的结果会有什么现象?

五、何谓三种布施?内涵是什么?为什么行布施能增长福德资粮?

六、请仔细思考你明心见性的资粮准备好了吗?不足的是什么?该怎么去补足,以使得自己明心见性的因缘早日成熟?

第二目　建立正确知见

建立正确知见,我们分两部分介绍。第一部分是修行前方便应建立之基础佛法知见,第二部分是应具足动中定力而能开始迈入参究之禅法知见。如果对参禅悟道有正确的知见和观念,又有真善知识之提携和教导,欲悟明心性,其实并不是件困难的事。最担心的是因福德不具而不能值遇真善知识,若能值遇真善知识,又恐慢心遮障,于真善知识所教导之正理无法信受,轻易嫌谤,就像《楞严经》中大势至菩萨所说的:"如是二人,若逢不逢,或见非见。"令人徒叹奈何!接下来分两部分作叙说。

第一部分:基础佛法知见

欲参禅悟道,宜先亲近善知识,闻法阅经建立佛法基本知见。所谓善知识,是指过去现在诸佛、三藏十二部经、大乘菩萨僧及其著作。行者可听闻善知识之开示,或请阅善知识所著解说佛法基本知见之书籍,如五蕴、六根、六尘、六识、十二入、十八界、四圣谛、七觉支、八正道、十二因缘、因缘果报、缘起性空、四念处、四依(依义不依语,依智不依识,依法不依人,依了义经不依不了义经)等等,此皆属于基础佛法。行者欲求参禅悟明心性,于基础佛法知见必须详实了解,尤其是五蕴十八界之理、识蕴如何虚妄等法更当数数修习,反复观行,于后时参禅中当得大受用,避开认妄为真,误以意识的变相认作真如心如来藏。次者,当熏习阿赖耶识、如来藏、生命实相等知见,于法界实相唯识义理有相当之认识,乃至对于成佛二主要道之解脱道与佛菩提道应有全面性的了解。如此建立基础佛法知见之后,再研读大乘了义经典,譬如《金刚经》、《心经》、《法华经》、《楞严经》、《大般涅槃经》、《大方广如来藏经》、《佛说不增不减经》、《央掘魔罗经》等,这些经典亦都是善知识。

除研读上述经典之外,亦应听闻真善知识说法,摄取明心、见性有关之知见,真善知识者即大乘胜义僧及其著作。佛法浩瀚无边,对于明心、见性较无直接相关者,如为人悉檀、对治悉檀、世界悉檀,初学者应作选择性之听取,待明心见性之后再深入法海广阅经论。行者于听闻或阅读善知识著作后,皆应于静处如理作意反复思维,如此当可因解知经典或善知识开示后而产生信仰,坚定信心,加强悟明心性之决心。

第二部分:禅法知见

于佛法基础知见具足,并具备动中参禅功夫之后,对于参禅之知见亦应当渐次摄取,以使破参明心因缘早日成熟。有关参禅相关知见,可归纳略分为四大项:一为求悟者应具备之心态,二为参禅时应注意之事项,三为参究之方向,四为参禅之歧路。以下略作说明，以利行者建立正确之禅法知见；详细之内容，应寻觅真善知识亲近修学之。

求悟者应具备之心态，包括建立信心、要有求悟之企图心、要有精进心、要发长远心，摒除私心和诤胜心，远离聪明伶俐心，远离生死心及妄心，并应发大愿心。

明心开悟，首要建立信心。相信自己的过去生、现在生和未来生的因缘不可思议，在过去一劫、两劫、三劫、五劫乃至百千劫中所种下的某一个净业、善业因缘，今生成熟可以开悟。其次是相信"法"不可思议。千万不要误信别人所说"末法时代不可能开悟"之妄语。实际上，"悟"不是一种施设和建立，它至今仍然真实存在，当今之世仍有能使人开悟的禅法存在世间。

复次，还要相信：末法时代，仍有禅师常住世间。这些禅师，有时示现在家相，有时示现出家相，他们已经开悟，也能够帮助众生开悟明心、眼见佛性。历代禅师乘愿再来者，多有其人，只怕众生有眼无珠，只重表相而往往当面错过。

很多人刚开始学禅的时候，非常精进，可是不久就懈怠了，不再参禅而失去了见道的因缘，因此长远心非常重要。除此而外，摒除私心和诤胜心也很重要；也就是说，修禅不只是为自己而修，应该悟了以后也能如法帮助有缘众生一起得法。聪明伶俐心，也是障道的因素；由于有世间智慧，阅读了许多禅学典籍和禅宗公案，说起法来总是头头是道，但始终不肯如实锻炼功夫，没有看话头的能力，所以就会落到意识思维葛藤中，欲求明心则很难，求眼见佛性就更加困难，往往误把一念不生、灵明觉了的意识心当作是真如法身，以自己思维所得能与了义经典所说表相上雷同，就自己印证为悟，从此开始了"自误误人"的"弘法"大业。明心与见性都是大乘菩萨所修之法，"菩萨从大悲中生"，菩萨生生世世无量劫之中，与一切有情众生在一起，为了不忍众生轮回生死忧悲苦恼而常住世间。如果只为了自己要了生脱死，就不是菩萨种性，不可能与明心见性的菩萨法道相应。故菩萨种性之已具或未具，对于证悟如来藏真心，特别是对眼见佛性的亲证，有着绝对紧密的关联。

关于参禅时应注意之事项，属于实修之法门，不属于佛法概论所摄，故此书中不作论说。但亲近善知识——真正的善知识——不是指名气大的人。假如已经多方参访之后，还找不到善知识的话，那就只好痛下决心自己参究。只要知见正确，功夫够好，努力地自己参究，也还是有证悟的因缘。只是自己摸索歧路很多，很辛苦，也很可能方向错误蹉跎一生，所以最好还是能依止真正的善知识修学,不仅明心见性、学差别智、过牢关,乃至修学一切种智进入圣位亦有可能,故仍鼓励大家尽量依止善知识修学禅法,可以事半功倍。

学法最怕的是有慢心而不自知,总是固执己见,不信善知识有能力助自己悟入,又无慧力对自己的错悟加以简择,认妄为真而无力反省,也不愿接受善知识的指正,就成为与禅悟无缘者。尤其学识高,又多闻者,往往会生起慢心而嫌谤说法的善知识;殊不知真正的善知识,并不是表相上能够看得出来的。这个善知识可能只有国小毕业,或者是在卖早点、开计程车,或者是个水电工、木工、水泥工,所以千万别以貌取人,应该仔细恭敬地听听看善知识的说法,不应当因为自己的多闻而生慢,乃至毁谤。

而禅悟的障碍,最主要之处其实是不具备思维观的功夫,心粗糙的缘故,即无法获得一念相应的体验,即使知道真悟者所悟的内容,也知道真实心如来藏的所在了,仍将无法信入而多所怀疑,智慧即无法生起,便与般若实相智慧无缘;乃至有人由于事相上不能遂其私心,就会因为心中的怀疑,进而谤法、谤贤圣,否定善知识教导的真实心,谤为非如来藏,欲另求真心如来藏;这都是由于明闻如来藏所在的密意而缺乏体验,是故般若实智无法发起,自己无力认证真假。是故一念相应的体验至关重要,能否具有一念相应的体验,则与参禅功夫的绵密与否有关。想要参禅的人,必须具有看话头的能力;如果看话头的功夫好,要破参就比较容易。功夫绵密的人,不易被外境所影响,才能有一念相应慧的体验而不会退转于所悟,智慧才会渐次生起;所以参禅人一定得锻炼看话头的功夫,而本书是属于佛法的概论,故不对实修部分加以说明,但必须让大家对于真参实修有所了解,所以提出看话头功夫的主张。

另外,中国禅宗般若禅的实修,不是在修证无念、无心的功夫,看话头的一念相续功夫,也不是修证的标的,而是修证的工具。"无念、离念、无心"的功夫不能使人破参明心,一念不生的境界更不是般若禅证悟的标的或境界;一念不生时就无法生起寻觅真心如来藏的疑情,就会一再与如来藏失之交臂。应有一念相续的看话头功夫,藉此看话头的功夫来时时提起疑情,时时刻刻参寻如来藏的所在,才能有一念相应体验的机会而生起智慧。由此缘故,说一念相续的看话头功夫极为重要,想要明心与见性的实修者,必须修学此一功夫;如果纯修意识心之无念法、离念法,那是外道所修的法,不是菩萨求明心及见性时所应行应修的禅法。

参禅过程中要注意的事项极多,包括参禅的方法、参究的方向、参究的内容等，都应该亲近真善知识修学，以免误会而产生严重的偏差，却仍然不自知。若是自以为悟而出世弘法，将会造成以盲导盲、自误误人的严重恶业，这是修学大乘佛法者必须特别注意的事项；这些琐细事项，都应于亲近善知识奉事修学中，善趣正趣、向"法""次法"，在顺行正法行、次法行中进成其道，才有可能真正悟入而不发生误会。在"趣'法''次法'"中的"法"即是解脱道与佛菩提道；其中的"次法"即是能趣向解脱道与佛菩提道的相关条件，如：福德之修集、性障之修除、慢心之降伏、定力之锻炼、信心之建立等。

《地持论》云："菩萨求法当于何求？当于一切五明处求。"五明即是内明、医方明、因明、声明、工业明，而菩萨五明中的根本是内明，而内明是指对于自心的真实了知，不是对生灭性而无常住性的意识心的了知，意识心是外心，世世意识心都是向外贪缘的，不断向外攀缘六尘而不能远离六尘安住于内；既使实证离念灵知的境界，也永远只是外心境界，不能与内明智慧相应。

内明的实证，有三乘的不同。声闻道的内明，是依照四圣谛的知见，藉着八正道的方法，以四念处观（观身不净、观受是苦、观心无常、观法无我）为指导，用七觉支的方法下手来修行而得到慧解脱，能取证涅槃，称为声闻道。除了慧解脱之外，另一种声闻道称为俱解脱，亦即除了慧解脱之外，兼修九次第定而证得灭受想定，这样就可成为俱解脱的阿罗汉，可以自由选择入涅槃的时间，不必待缘生死，这时已经确实明白无我，已经亲证空的道理，所以这也属于内明。第二种是缘觉道的内明，是从因缘无常的观行来修的，从十二因缘观来修，称为缘觉法；在无佛住世的时候，有缘觉出现于世间而觉悟，所以又称为独觉。缘觉已经破除了世间执著的无明，不向外去寻求，而向心内来探究，所以也是内明。

第三种是菩萨所证的内明。菩萨道是求明心与见性，念佛三昧或从禅宗的行门入手。菩萨修行的通途是先求明心见性，通达般若总相及别相的智慧以后，才进入正式修行的过程。未悟之前所修学的六度万行大部分是属于资粮位，只是在筹集见道所需的福德资粮而已；少数人能进入加行位而断我见及参究般若禅，求悟如来藏。明心后才正式进入见道位，开始内门广修六度万行；直到通达了般若的总相智与别相智以后，才进入初地心中，此后才算是正式进入修道位，地地转进而迈向佛地。

所谓菩萨，是因为自己已经觉悟，再来度人觉悟，所以称为菩萨，又叫做觉有情。大乘菩萨的入道初门是以明心、见性为常道，以修定、修观为辅助。到了三地时再具足修证四禅八定、四无量心等三昧与五神通，所以菩萨的入道初门应该修学禅法求明心见性。而声闻法的入道初门则是修四念处观,观察五蕴身心的无常、苦、无我、空无自性;此外,扫除虚妄想、观察色身的不净与机械性等,也都是声闻道的入道初门。而缘觉法的入道初门则是从因缘观来审察身心的无常、世界的无常、从十二因缘来审察三世身心的无常下手,这是缘觉法的入道初门,但声闻法或缘觉法并不是菩萨法。如果以声闻法或缘觉法作为禅法的话,穷无量劫亦不能明心见性,也无法成佛,因为这不是菩萨道入道初门的通途和常道。如果有人发愿生生世世度众却只修学声闻、缘觉法,而当能取无余涅槃却永世不取无余涅槃,结果生生世世不断在人间受生度众,虽可成为菩萨种性的声闻或缘觉圣者,却永远无法修学菩萨正道、永远无法踏上成佛之路。如果能够辨别这三者的差别,我们就能建立正确的观念,不会错以修福、修定、除烦恼、无常观、四念处观、十二因缘观等法作为入禅正修的法门。不过话虽如此,菩萨于成佛之道中却也不可离开声闻法和缘觉法。这是因为佛是一切智者,菩萨如果不修声闻法和缘觉法,就不可能成为一切智者,也就永远无法成佛,所以声闻法和缘觉法亦是菩萨修学佛法、成就佛道的基础。如同《维摩诘所说经》卷三中维摩诘菩萨所开示:"不与声闻而相违背。"这也就是说:菩萨法必须与声闻法、缘觉法的断我见、断我执法义互不相违背,方是菩萨道修学之正途。

  以上是略说声闻、缘觉的禅修,与菩萨的禅修不同所在,意在显示三乘圣者所证内明的差异。声闻与缘觉的内明,都是以蕴处界的虚妄,作为观行的标的;所证是现观蕴处界的虚妄,实证无我而断我执,得出三界生死。菩萨则不唯以断我见我执作为修证之标的,而是以修证真心如来藏的所在,进而现前观行真心如来藏的本自存在性、本自具有能生万法的自性、本自清净而非修来的清净性、本住涅槃而非修行方得涅槃的自性;由此本来自性清净涅槃的实证与现观,进而修学般若诸经而通达般若,满足习种性、发起性种性、道种性,永伏性障不起如阿罗汉,然后勇发十无尽愿而生起增上意乐,进入初地;最后到达佛地时已断尽烦恼障所摄的我见、我执、我执习气种子,并且断尽所知障所摄的无始无明尘沙惑随眠,如来藏中含藏的一切种子已究竟清净、究竟智慧而不再受熏,种子已不再变异而永易变易生死,故如来藏改名无垢识;此时已发起一切种智,四智圆明而成就佛道了。声闻、缘觉所证的因缘观与四念处观,所得到的解脱证境,菩萨都不作为主修的法要,而是以明心、见性、种智、习气种子断除、无始无明的断除,作为主修;在成佛之过程中,声闻与缘觉所修、所证的断我见、断我执的智慧与证境,都只是修行菩萨道的成佛过程中的副产品,故菩萨证悟的内明,是以明心及眼见佛性作为主修的,不是以声闻、缘觉的禅观为行门的,但却是涵盖了声闻禅与缘觉禅的。而般若禅的实修,其实就是中国禅宗的祖师禅。举要言之,最大不同之所在,二乘禅以断我见及我执为标的,大乘禅则以明心、见性及实证一切种智为标的;二乘禅以证得阿罗汉或辟支佛为最后果报,大乘禅则以成佛为最后果报。

声闻四果阿罗汉舍报便入涅槃,声闻初果舍报便生欲界天,而菩萨初果乃至四果,舍报后都不入涅槃,因为已经证得不生不灭之真如大涅槃故,一念慧相应故,眼见真如之本无生灭,是故不畏生死,常住世间自度度他,乃至勤求佛道,成究竟佛。若有行者依声闻动中禅之修法而断结得声闻果者,仍劝请发起菩萨大心,续修祖师禅,求明心、见性,如此一则可以常住世间度众而不生畏惧,另则可累积福慧资粮,勤修一切种智,圆满佛菩提果。如是正理,一切禅子不可不知,在仔细思维之后,方能迈向正确而光明的成佛之路,不会再误以二乘禅作为大乘禅,专门修习成阿罗汉或成辟支佛的二乘禅以后,却认为是在修习大乘成佛之道;否则,学佛的结果将会成为学阿罗汉、学辟支佛,就不是真的在学佛了。

此外,目前的中国佛教界,对学佛的内容多已误会,专以学阿罗汉、学辟支佛而作为学佛;并且还有一个大问题,就是误会二乘禅的法义与行门,所以对二乘圣人所修的法义与行门也严重误会,错将意识境界作为二乘禅圣者实证的涅槃,这是目前中国海峡两岸及南洋佛教普遍存在的现象,也是学佛人或学二乘者所应注意的地方。由此也可证明亲近真善知识的重要。

再者,了知禅与定的不同,也是学佛时极重要的概念:菩萨六度中的第五度禅定,是指四禅八定而不是指禅宗的禅。修定对参禅而言很重要,但是修定只是参禅的方便而不是方法。所谓修定,是用数息、持咒、观想或者观照念的起处等扫除妄想的离念法或无念法,让心止于一境,妄想不生,这些都是修定,不是修禅;修定是修福业,成就者所得果报是生禅定天或四空天,修定者却无法靠着修定之福业而证般若智慧。若要证悟般若智慧,则必须在具足参禅种种条件及建立正确的参禅知见之后,依参禅之方法生起疑情,于时节因缘成熟时打破疑情而一念相应时才能证得。如果参禅者离念或无念,就无法生起疑情;而没有疑情就不可能究明真心如来藏的所在,则永远不可能开悟。而参禅者本身必须具备一定程度的定力,能够离开语言文字而作思维观,必须有一个思维的作用,有一个疑情在,才有因缘证悟,所以修无念法或离念法的禅定是无法证悟的。

以定为禅就会障碍开悟,《大宝积经》卷五十二云:"若有乐定修相应行诸菩萨等,未曾听闻大菩萨藏微妙法门,又不听闻圣法律教,但于三摩地中生知足想,当知是人以慢力故起增上慢,我说是人不能解脱生老病死愁叹忧苦诸热恼等,既不脱诸热恼等苦,岂得脱彼五门生死,为之沉溺流转不息。是诸众生实非解脱而便自谓我已解脱,实非离苦而便自谓出离众苦。"这种人将会在生死海中沉溺流转不息。这样的众生实际上并没有解脱而却自己以为得到解脱,实际上还没有出离众苦而却自己以为已经离开了苦海。

事实上,修定即使能修到坐脱立亡,仍然还不能解脱;即使能够随时舍报,但是舍报后又到哪里去了呢?或者是色界天乃至无色界天。天福享尽依旧下堕,还是在三界之中,仍然无法了脱生死,因为没有断我见,也没有般若实智的一念相应慧故。修定所得的是定境,参禅所得的是证知第八识如来藏的所在而发起般若智慧,与定境无关。是故,一切大心之佛子,在初禅之前就应力求开悟,因为初禅以后,二禅开始全部都偏在断烦恼的功夫上,如果断除了烦恼就难以参禅,因为容易落入一念不生之中,落在定境里面,而参禅却必须在一切烦恼因缘中参究,离开了一切的烦恼因缘就无法参禅。所以出家修行大乘法的目的,不是在求证定境,也不是要先断除世间法贪著的烦恼或语言文字妄想的烦恼,《维摩诘所说经》卷二中文殊师利菩萨言:"一切烦恼为如来种,譬如不下巨海,不能得无价宝珠;如是不入烦恼大海,则不能得一切智宝。"意思是说:在一切烦恼现行而不是一念不生定境中,我们才有办法体证真如与眼见佛性,体证真如与佛性之后,将来就不会退入声闻缘觉法之中,将来必定会成就佛道。所以说一切烦恼为如来种。接着又说,如果不进入烦恼的大海,就无法证得一切智宝——真如、佛性。如果把修定当作参禅,把一切的境缘、烦恼都放下,那就没有办法明心、见性,永远都进不了菩萨见道位中,无法实修佛法,故千万不能以定为禅。

修学禅宗的般若禅,对于心意识也应有所了解,《阿毗昙心论经》卷一:"心、意、识,义一异名。"在二乘法中,心、意、识都是指意识心,只是从不同的方向来说这个意识心:心是过去的意识觉知心,意是指未来的意识觉知心,识是指现前正在识知六尘的觉知心。也有许多小乘论师指称"未来名心,过去名意,现在名识",但这是有过失的,因为过去的意识心曾经出现过,可以称之为心,并且已经灭去不复存有作意,因此不能称之为意;而未来的意识心还没有存在及出现过,并且未来的意识心,于现在将会有作意存在,应名为意。而在大乘法中说的心是指第八识如来藏,意是指第七识意根——末那识,识是指第六意识。禅宗在六祖开始大弘的时期,正是俱舍宗兴盛弘传的时代,学佛人对于"心意识"的了解,都是指三世的意识觉知心;禅宗真悟祖师为了想要使参禅人远离意识境界,所以教人要"离心意识参",也就是离开过去、现在、未来的意识觉知心而参;这在大乘法尚未大弘的时代,是正确的开示。但二乘法中与大乘法中所说的"心意识"三字,意义是不相同的,不可混为一谈;这是在不了解古时与今世的时空背景差异的情况下才有的混淆,是必须为大乘菩萨行者加以说明的。

又,二乘法中的修行目的,是要在舍报时将七识妄心(眼、耳、鼻、舌、身、意等六识及意根)灭除,入无余涅槃。但在大乘法中是永远不许灭除这七识心的,反而要保留这七识心来净化第八识含藏的七识相应染污法种,具足证得第八识执藏的一切种子,成就一切种子的智慧而成佛。所以修学大乘法者,必须建立正确知见:所有正常的人类,都有八识心王,是要以妄心七识心来证知第八识清净心的所在,然后转依第八识的本来自性清净涅槃,而不是要把妄心意识觉知心转变成真心第八识;因为前七识永远都是妄心,不可能经由修行而转变成第八识如来藏。若有大师教导说:"学佛人应该去妄识而存真心,去烦恼而证菩提。"就是不懂佛法的人。这样修行,不论是他们自己或是随学者,永远都没有证悟的机会。故说八识心王知见的建立——不得少于八识亦不得多于八识——是学佛人最重要的知见。若与此正见相违,不但无法实证大乘禅,也绝对无法实证二乘禅的证悟。

《佛果圜悟禅师碧岩录》卷七中克勤圜悟大师开示:"(此事)虽然无拣择,到这里,却要具眼拣择。"意思是说:所悟的这个真心虽然是无分别的,可是到了参禅的地步,却得要具备慧眼来分别、筛选、选择,否则是无法开悟般若禅的。真如真心是无分别心,但是要找这个无分别心,却要用有分别的妄心才能找得到。因此,参禅的时候"心、意、识"固然是妄,但是却不能不要;没有了心、意、识这个妄心的作用,就无法开悟。所以,我们参究的方向应该远离心、意、识,但是参究的过程却必须用心、意、识作为工具来参禅。如果离开心、意、识这个工具,我们就无法去找到这个无分别心,也就无法明心开悟,更无法眼见佛性,一切真修佛法者,于此不可不知。

此外,般若禅的开悟境界是不可思也不可议的,如人饮水冷暖自知。悟的境界可以说、可以听,但是说出来的已经不是悟境了。别人说的是别人的事情,自己没有悟入的话,听人家讲悟的境界,也没有办法、没有能力去辨别是真是假,以思维揣摩想像来理解无分别境界,往往误将意识心入定而不能分别的境界认作是真心第八识的无分别境界,因此而把意识住于定境而不分别的境界当成追求的目标,成为以定为禅的凡夫,永远都与般若的证悟无缘。所以大乘禅的见道,不是在意识心自己的无分别上着眼,而是应以意识心的能分别自性,来求证第八识的无分别自性、本来涅槃性、本来清净性;如是悟后,既有第八识的无分别性、清净性、涅槃性存在,也有意识因为证得第八识而生起了无分别智,来现观涅槃的实际及法界的真相;所以大乘禅不以灭除妄心七识为行门,也不以七识妄心安住于不分别诸法的无妄想境界,作为行门与标的。这是一切大乘行者都应该注意的极重要知见。

至于实修宗门禅——般若禅——而求悟的菩萨们,也应该了解参禅过程中有许多歧路,但这是属于实修的部分,不属于概论的范围,故此处略而不说。其中有极多的错会与歧路,都是应亲近善知识修学及指导的。

大乘佛法的密意——第八识如来藏的所在——诸佛、诸大菩萨都是不明传的,都是个别观察因缘成熟者施以机锋而悟,都不以文字语言明说,所以又称为教外别传。在了义经典里面,关于真如佛性,世尊和诸大菩萨说得非常多,但学人仍然是无法真的读懂密意;意思是说,禅不可以明说,一定要修行者自己去参究、自己去体会。故禅宗祖师常讲:"向上一路千圣不传。学者劳形,如猿捉影。"但不可因为自己证不到第八识所在,就毁谤说没有第八识的存在,否则将会成就破坏三乘菩提的大恶业。

经教名相是表相的正法,经教的名相如同罗盘,指向佛陀所悟的真如心与佛性,能使人依之修行而证得真如心、眼见佛性,所以通常都以经教名相来代表佛的正法。但也只是代表,真实的正法是藉着经教名相所显示出来的方向与理路,去参禅寻觅真如与佛性,这才是经教弘传与存在的目的。经教所说一切佛法,主要是帮助有缘人去明白本心、眼见佛性,亲自获得功德受用。

【问题讨论】

一、欲求明心见性,该具备的基础佛法知见有哪些?

二、欲求开悟者,应具备哪些心态?请略述之。

三、三乘入道初门,有何差别?请略述之。

四、声闻禅与祖师禅有何差异?请略述之。

五、禅与定有何不同?请略述之。

六、在禅门里面,"离心意识参"的真正意涵是什么?

七、大乘法的修行,为何不许灭除七识心?

第三目　简择真正之善知识

　　修学佛法，善知识非常重要。能值遇真正的善知识，才可能帮我们建立起正确的佛法知见；然而善知识漫山遍野，到底谁才是真正的善知识呢？要如何辨别真假善知识？"善知识"一词，自六祖以来即被滥用，《六祖坛经》中六祖惠能大师甚至称呼一切听受他开示之大众为善知识。然而真正的善知识其实是唯有佛门中七住位以上，已得位不退者方可称之，未悟者只能是一般初机学人的善知识；对于久学求悟的学人来说，则必须是已悟者才是善知识。所以一切七住位以上的菩萨都是真正的善知识。

　　此诸菩萨已亲证藏识阿赖耶，已住于实相智慧中；或复证得道种智而入初地，或复次第渐修而入三地、五地乃至九地；皆能为人开示大乘实相法义，宣说般若，令人证入，是故名为善知识。若是未悟错悟之人，强不知以为知，误导众生以不正确的方法修学佛法者名为假名善知识。例如，以定为禅，教令广大徒众修除意识觉知心中的妄想，妄以不触五尘境之觉知心为真如心者；或如错认解脱道为成佛之道者，或认为常行布施、减轻众生在世间法之痛苦就是佛道之修行，或如错认意识心的种种变相境界作为真心者，或想要将妄心意识修行转变成真心如来藏者……此等皆名为假名善知识；非唯误陷众生于大妄语业中，自己未来无量世亦将领受地狱尤重纯苦，自他俱害，故亦名恶知识。

　　七住位以上菩萨则能以其亲证实相之功德和智慧，能令人悟入法界实相般若，渐生智慧，远离不如理作意所生之六十二外道见，亦能令大乘行者断除我见，同时证得二乘法的见道功德，故名"善知识"。

　　从修学佛法的立场，我们列出下列十种条件作为禅子选择善知识之参考；而这十个条件要完全具足当然非常不容易，只能以其具足的多寡来衡量。今生能否遇到真正的善知识，取决于过去无量生中修学正法的净因、解脱因、福德因，以及今生的助缘，而得遇到不同的善知识。所谓的善知识，亲遇不易；大乘行者应有下列十个正见：

　　第一，不会破坏佛子求悟般若禅之信心者，并愿意助成佛子悟明心性者，方是真实善知识。第二，能教授修禅之知见，而无错误者。如是善知识能使行者远离错误知见，即能有悟入般若正理的机会。第三，愿使随学者能有定期亲近咨询之机会者，譬如每周一次、每月一次，或至少每年一次，能使行者亲近修学、解惑释疑。第四,有善巧方便能建立行者参禅之功夫,随学者亲近修学而能发起参禅应有的看话头功夫方得名为善知识。第五,已悟明真心,并亲见佛性而不退失者;他能依自己所悟的见地来说,均符合了义经的意旨,而不是依经解经、依文解义。以宗门而言,依经解经、依文解义并非真善知识,故云:"依文解义,三世佛怨;离经一字,即同魔说。"第六,有大愿心,已发愿帮助佛子究明心性者。第七,能指导禅子悟后起修者,并非徒以明心为已足;并且有禅定功夫,也通达经教,能教导悟后起修的方向及禅定功夫;也能帮助已悟的弟子善修解脱道、佛菩提道,通达无碍者,这样的善知识,是可遇而不可求,极难值遇。第八,遇真善知识,应当承事修学,不可生起世间表相之知见来障碍自己。第九,能不惮劳苦,举办短期精进共修,帮助禅子们明心见性者,方是真正善知识。第十,寻觅真善知识时,并非行脚参方;行脚参方是开悟以后的事,譬如明心以后,很久仍然看不见佛性;或者说见性很久以后,始终到不了牢关,更不可能过牢关;因此暂时向师父告假,去参问诸方善知识,或者由师父指令去参访某位善知识,或遍参诸善知识,这才是禅门中的行脚参方,这些都是指悟后的事。

　　亲近真正的善知识,对于学佛人是最重要的事;若无真善知识帮助,都只能在外门广修六度万行,没机会证悟般若,更不可能进入内门修学。则所说的学佛,都成空言而无意义。故善知识对真正求悟般若的人来说,极为重要。《华严经》卷六十三云:"善知识者难可得见,难可得闻,难可出现,难可奉事,难得亲近,难得承接,难可逢值,难得共居,难令喜悦,难得随逐。"又云:"依善知识,事善知识,敬善知识,由善知识见一切智;于善知识不生违逆;于善知识心无谄诳;于善知识心常随顺;于善知识起慈母想,舍离一切无益法故;于善知识起慈父想,出生一切诸善法故。"卷六十五复云:"善知识教,犹如春日,生长一切善法根苗;善知识教,犹如满月,凡所照及皆使清凉;善知识教,如夏雪山,能除一切诸兽热渴;善知识教,如芳池日,能开一切善心莲华。"由上可知,善知识对于修道者而言,是何其重要。

　　但是寻觅善知识时,不可从表相上来看,《佛果圜悟禅师碧岩录》卷二中香林远禅师云:"大凡行脚参寻知识,要带眼行,须分缁素,看浅深始得。"这意思是说,大致上来说,行脚参方寻访善知识要带着慧眼行走。在禅门悟了的人,就叫做开眼的人;也就是说,悟了之后,能够分清楚当面之人是属黑衣还是白衣,才能够出去行脚参方。所谓出家人,即是禅门里开悟的人;如果悟了,身穿白衣也是出家人。可是未悟者尚无慧眼,又如何能判断所遇者是否为已悟的真正善知识?假使还没有破参明心,就无法分辨诸方善知识之淆讹,往往被人笼罩了也不自知。至于初学禅,寻觅善知识则不可等闲,务必要虔诚恭敬,合掌一心来求;不可故作聪明状,欲以轻心慢心来求教于善知识,必不可得。

遇到善知识时,我们向他请益完毕之后,应该详细思维,此善知识所说是善或不善?如果说得对,我们就跟他学;假使还有疑问,就应该再问清楚,如果觉得很相契合,我们就跟他学,如果不契合就离开,另外再寻找善知识。所以寻找善知识之前,一定先要多闻熏习,多阅读经典、论典,才能生起少分的简择力。除此以外,也会由于过去多生所修集的福慧因缘不同,而得到不同层次之善知识。所以亲遇善知识之前,多闻熏习与修集福德,也是极重要的事项。

禅者若想得遇真善知识,当常发菩萨清净大愿。因为菩萨以大悲善巧方便,在各种不同世间里,要度化各种不同菩萨种性的众生,所以示现种种形相;有时也示现有过失,好像凡夫众生一样,跟众生一起生活,一起做事,度化这些众生。这都是菩萨的清净愿力,才做得到。我们欲求真善知识,也应当发菩萨清净大愿,才能和菩萨的愿力相应,得以值遇善知识,并能得到他的教导。

发了菩萨清净大愿之后,再发愿:"愿我今生求佛圆觉,寻觅善知识时不遇外道,不遇仅能教授人天善法之师,不遇定性声闻及缘觉法之师。"这个愿非常重要,能使我们常得值遇大乘菩萨,不会总是遇到教我们人天善法或声闻法、缘觉法的师父。此外,也不可以随着人云亦云,轻率去毁谤善知识,或转述毁谤善知识的谣言。如果人云亦云而不慎毁谤真正的善知识,就是毁谤正法,后果将会非常严重,也会障道。有的人并没有看过真善知识的著作,也没有听过善知识说法或开示,听人家说某某人是邪魔外道,就信以为真,跟着毁谤,造作了地狱恶业,犹洋洋自得,以护法之心行毁法之实,是可怜悯者。

【问题讨论】

一、如何是真正之善知识?如何是恶知识?恶知识对我们的修道有何影响?

二、依"宗门"而言,如何是真正之善知识?依"教门"而言,如何才是真善知识?

三、善知识对修道而言,有何重要性?

四、如何判别真、假善知识?

五、如果有缘值遇真善知识,你当如何把握机会?又以什么心态接受真善知识之教导？

六、应该怎样发愿，才能世世值遇真善知识？

第二节　宗门与教门之关联

《楞伽经》卷三，佛云："自宗通者，谓修行者离自心现种种妄想，谓不堕一异、俱不俱品，超度一切心、意、意识，自觉圣境界，离因成见相。一切外道、声闻、缘觉堕二边者所不能知，我说是名自宗通法。"意即修行者亲证自心阿赖耶识已，现观阿赖耶识之本来自性清净涅槃，亦现观阿赖耶识藉缘能生万法，与蕴处界一切万法非一非异，与蕴处界及一切万法非俱非不俱，现前领受阿赖耶心、意根末那及意识等体性，不堕一异、俱不俱等邪见中。复由亲自现前领受自心阿赖耶识之性净涅槃，是故不唯远离未证者对"自心所现"所起诸法之种种虚妄计度臆想，亦于所证心意识三性不生执著而超度之，住于自觉圣智境界之中；对于错悟凡夫及诸外道所说，种种成就蕴处界法之因，如是邪见相皆悉远离。如此菩萨所住自觉圣智境界，乃是一切外道、一切声闻、一切缘觉之未证入中道实相，而堕于一异、俱不俱二边之人所不能知，佛说是名自宗通法。

明心这一关很重要，悟得真的时候，会时时去观照有一个我在觉受，有一个我在觉观，有一个我在分别一切善恶美丑，有一个我在领纳一切的境界，不管领纳的是污秽的，还是清净的境界，不管领会的是世间的，乃至寂灭的境界，这观照领纳的心，全部都是妄，没有一个我存在，而能领会真实的无我。解脱的功德，就在真实的无我见地中出生。如果没有真的把真如弄清楚，就会落在一个"我"之中；虽然不再以色身为我，但却会以能知能觉，或者能够觉照，能够领纳的心为我，那就不能获得真实的解脱功德。真正明白本心之后，阅读经典就会觉得很亲切，尤其是阅读般若经典更是会感到亲切无比，从此在阅读佛陀所宣说的般若经典时，再也不会感到茫然不知其义。在此时，参禅者才真正懂得般若经典中的真实意涵。在没有明心开悟之前，读经时往往自以为懂，其实是不懂的。明心之后，才知道修道的路怎么走，所以明心这一关很重要，是以后见性和牢关的基础。

由此而知，宗通所通的宗门密意，其实就是教门中所说的真如心——第八识如来藏——所显示的自性清净心；这个真心如来藏的自性清净，而含藏着七识心相应的染污种子；必须悟后进修，净除了清净心中所含藏的七识心染污种子以后,才能显发佛地无量及大威势的种种功德。第二及第三转法轮诸经所说的般若实相智慧,以及诸地菩萨应进修的一切种智——唯识增上慧学——的道理与实证,都是在说明成佛宗通所证的内容,所以宗门与教门是不可丝毫分离的:宗通所证是教门所说的内容,教门所说是宗通所证的内容。故说"宗不离教、教不离宗",这才是修学大乘菩萨道的佛法者皆应遵奉的圭臬。所以宗通与说通,是不应分家的;佛陀通宗以后,说出来的正是成佛时所证悟的内容,记载下来就成为教门;后人经由教门的深研而理解证悟的理路以后,当然可以获得利益而证悟;然后再依教门的开示而步步迈向佛地,所以说"宗不离教,教不离宗"。如果有人主张宗门所悟不必同于教门所说,那一定是悟错者自圆其说的错误说法。

【问题讨论】

一、如何是佛所说之"自宗通法"?

二、明心之后,会有哪些解脱功德出生?

三、宗通所说的宗门密意是什么?

四、请说明为何"宗不离教,教不离宗"?

五、如果主张"宗门所悟不必同于教门所说"会产生哪些过失?

第四篇　三乘菩提之异同

《菩萨优婆塞戒经》卷一"三种菩提品"第五云：善生言："世尊！如佛所说菩萨二种：一者在家，二者出家；菩提三种：一者声闻菩提，二者缘觉菩提，三者诸佛菩提；若得菩提，名为佛者，何以故声闻辟支佛人不名为佛？若觉法性名为佛者，声闻缘觉亦觉法性，以何缘故不名为佛？若一切智名为佛者，声闻缘觉亦一切智，复以何故不名为佛？言一切者即是四谛。"佛言："善男子！菩提有三种：一者从闻而得，二者从思维得，三者从修而得。声闻之人从闻得故不名为佛。辟支佛人从思维已，少分觉故名辟支佛。如来无师，不依闻思，从修而得，觉悟一切，是故名佛。善男子！了知法性故名为佛。法性二种：一者总相，二者别相。声闻之人，总相知故，不名为佛。辟支佛人同知总相，不从闻故，名辟支佛，不名为佛。如来世尊，总相别相一切觉了，不依闻思，无师独悟，从修而得，故名为佛。善男子！如来世尊，缘智具足；声闻缘觉，虽知四谛，缘智不具，以是义故，不得名佛；如来世尊，缘智具足，故得名佛。善男子！如恒河水，三兽俱渡：兔马香象；兔不至底，浮水而过，马或至底，或不至底，象则尽底。恒河水者，即是十二因缘河也；声闻渡时，犹如彼兔；缘觉渡时，犹如彼马；如来渡时，犹如香象，是故如来得名为佛。声闻缘觉，虽断烦恼，不断习气；如来能拔一切烦恼习气根原，故名为佛。

"善男子！疑有二种：一烦恼疑，二无记疑。二乘之人，断烦恼疑，不断无记；如来悉断如是二疑，是故名佛。善男子！声闻之人厌于多闻，缘觉之人厌于思维，佛于是二，心无疲厌，故名为佛。善男子！譬如净物置之净器，表里俱净；声闻缘觉智虽清净，而器不净；如来不尔，智器俱净，是故名佛。善男子！净有二种：一者智净，二者行净。声闻缘觉虽有净智，行不清净；如来世尊智行俱净，是故名佛。善男子！声闻缘觉其行有边，如来世尊其行无边，是故名佛。

"善男子！如来世尊,能于一念破坏二障：一者智障,二者解脱障,是故名佛。如来具足智因智果,是故名佛。善男子！如来出言无二无谬,亦无虚妄,智慧无碍,乐说亦尔,具足因智、时智、相智；无有覆藏,不须守护,无能说过。悉知一切众生烦恼,起结因缘,灭结因缘；世间八法所不能污,有大怜愍救拔苦恼,具足十力、四无所畏、大悲三念,身心二力,悉皆满足。云何身力具足？善男子！三十三天有一大城,名曰善见；其城纵广满十万里,宫室百万,诸天一千六十六万六千六百六十有六。夏三月时,释提桓因欲往波利质多林欢娱受乐,由乾陀山有一香象,名伊罗钵那,具足七头,帝释发念,象知即来。善见城中,所有诸天,处其头上旋行而往。其林去城五十由延,是象身力出胜一切香象身力；正使和合如是香象一万八千,其力唯敌佛一节力,是故身力出胜一切众生之力。世界无边,众生亦尔,如来心力亦复无边,是故如来独得名佛,非二乘人名为佛也。以是义故,名无上师,名大丈夫、人中香象、师子、龙王、调御示导,名大船师,名大医师、大牛之王、人中牛王；名净莲花、无师独觉,为诸众生之眼目也。是大施主,是大沙门、大婆罗门,寂静持戒勤行精进,到于彼岸获得解脱；善男子！声闻缘觉,虽有菩提,都无是事；是故名佛。善男子！菩萨有二种：一者在家、二者出家,出家菩萨分别如是三种菩提是不为难,在家分别是乃为难。何以故？在家之人,多恶因缘所缠绕故。"

由这一段世尊的开示,可以明白显示佛的法教中,的确有声闻菩提、缘觉菩提、佛菩提等三乘菩提的存在与差异。声闻阿罗汉、缘觉辟支佛虽然同样都证悟了菩提,但为什么二乘人不能称之为佛？声闻、缘觉也都同样觉悟到法性,又是什么缘故而不可以名之为佛？以一切智的角度而言,证得一切智者可以名之为佛,但为什么声闻阿罗汉与缘觉辟支佛都证得一切智,却不可以称之为佛呢？可见二乘法和大乘法的确有许多不同之处。

二乘法和大乘法最大的不同点,就在于解脱道和佛菩提道的不同。因为二乘法,不论是声闻阿罗汉所证,或者是缘觉辟支佛所证,他们所证的都是属于解脱道而已,不牵涉到法界实相的法。但是大乘菩提则不只是要学解脱道,也同时要取证法界实相心如来藏,先前观察到万法都以如来藏为体,都是从如来藏心中直接、间接、辗转出生的,这就是佛菩提道与二乘解脱道最大不同之所在。如来藏又名阿赖耶识,又名异熟识、无垢识,禅宗祖师说为真如,是诸法的实相；缘起性空不能显示诸法的真实相,因为缘起性空是依蕴处界而有的,而蕴处界则是依如来藏而有的,所以缘起性空其实仍是辗转依于如来藏而建立起的,所以不是真实相。二乘人只懂蕴处界空相，只懂得断我见我执，对实相不懂，所以不懂佛菩提；而菩萨修证成佛之道时，二乘圣人所证的蕴处界空相智也会伴随着佛菩提的证量而出现，所以菩萨也懂得二乘菩提，而二乘圣人不懂菩萨修证的佛菩提，这是三乘菩提最大的差异所在。

二乘人也觉悟法性，但他们觉悟的是蕴处界法，也就是五蕴的"蕴"、十二处的"处"、十八界的"界"，都是自性空、无自性，都是生灭法，都是藉缘生起而必定会坏灭；他们觉悟的是蕴处界缘起性空的法相，他们只知道蕴处界等法生灭之缘，但却不知蕴处界等法生灭之真实因，也不明白法界中的真实相。所以，能够觉悟蕴处界等法缘起性空的法性，仍不能称之为佛、菩萨，还需要觉悟法界实相才能称之为实义菩萨，对一切法性全部具足了知，究竟无余，具足圆满了才能称之为佛。

所谓一切智，即是于一切内法内名，能知能解；于一切外法外名，亦能知能解，是名一切智，即声闻、缘觉之智也；这只是解脱智的十智而已，只是解脱道的亲证而已，并不牵涉到法界实相以及佛菩提道所讲的无生法。所以，二乘人虽然证得一切智具足，但也只是解脱道的修证而已，这是从四圣谛上面来说的；而大乘法中的四圣谛不同于二乘之所说，虽然有相同的部分，但也有更胜妙的部分，则非二乘圣人所能知之。

二乘菩提与大乘菩提除了有这些基本的差异之外，我们后面会将三乘之间的异同处一一剖析，以使长久以来佛教界对于三乘菩提之分际及淆讹处莫衷一是的现象得以厘清，以帮助佛弟子们建立三乘菩提的正知见，转易错误的认知。例如，有许多人认为解脱道即是佛菩提道，而以为只要把烦恼障修除而长住世间不入涅槃，即是菩萨道的修行。这种误会正是因为当今末法时代的大师们对于三乘菩提的真正内涵一无所悉，导致佛子皆不知有一个生命的实相——涅槃本际的如来藏——真实存在而可被大乘菩萨亲证，而是一切世间、出世间万法生起之根源。

即使近十年来已经有人经教导相信实相心的存在，却多半认妄为真，误以意识心的种种变相作为常住的真如心；如此欲求实相，转求转远，三界轮回终无了期；求证大乘佛菩提果，更无机缘。是故，一切佛子们对于三乘菩提之内涵及同异之处，当有全盘性的了解，方不致于误入歧途而仍不自知，欲求解脱而徒增系缚，欲求成佛而始终走错路头、跟错善知识，乃至造下谤佛、谤法、谤胜义僧的大恶业，下堕三涂。

【问题讨论】
一、声闻阿罗汉、缘觉辟支佛虽然都同样证悟菩提,为什么不能称之为佛?
二、二乘法和大乘法最大的不同点是什么?
三、二乘人觉悟的法性,内涵是什么?和大乘法的法性有什么不同?
四、你认为解脱道就是佛菩提道吗?如果解脱道就是佛菩提道,会有哪些过失?
五、为什么修行需要了解三乘菩提之异同,原因何在?
六、请用"譬喻"来说明三乘之不同。

第一章 三乘菩提之共道——解脱道

第一节 三乘菩提解脱道之别异

一般人初学佛时,总是认为佛法不外是四圣谛、八正道、十二因缘;只要这些了解了,佛法就全部都懂了。但其实这些法只是解脱道的局部内涵而已,况且修证解脱道并不等于修证佛菩提道,解脱道其实是涵盖在佛菩提道中,只是成佛之道中有关解脱三界生死的法道而已。解脱道的修证圆满能使人成阿罗汉,并不能使人成就佛果,必需解脱道和佛菩提道二者都具足圆满才能成就佛果。所谓"佛法",即是成佛之法;但是世尊为了接引畏惧生死轮回而急切想要解脱分段生死轮回的人,从佛法中把出离三界分段生死的方法先抽出来讲,先让有缘的众生可以亲自证实出三界生死苦的可能,才能对久远方能成就的佛菩提道生起大信心;因此先教导众生出离三界生死的方法,就称为解脱道,也就是声闻菩提,乃是众生断我见我执烦恼而取证解脱果的修行法门。

当众生证得解脱果,实证二乘菩提之后,就会相信世尊所说的法是真实可证的法,真的可以出离三界生死,因此就信受世尊所说的法教。由于这个信受,所以佛继续宣讲如何成佛的正理,大家就会真的相信,并愿意发起大心迈向成佛之道;这就是大乘佛法的正理,也是唯一佛道的正法。所以真正的成佛之道,必需具足佛菩提道和解脱道,才可名为"成佛之道"。如果有人落入断灭空,否定第八识的存在,而说一切法缘起性空,那就变成断灭见,不但和佛菩提道不能相应,也和声闻菩提的解脱道不能相应。

另外,有很多人误会佛法,以为修学禅定,不停地打坐,如此就可以出离三界,就可以解脱;但是实际上,声闻菩提和缘觉菩提的解脱道都是由于声闻的菩提慧和缘觉的菩提慧而出三界的,并不是由于禅定而出三界。也就是说声闻佛法、缘觉佛法都是要靠智慧才能出离三界的生死轮回;可是他们出了三界的生死轮回,仍然不晓得佛菩提是什么,仍然不知道大乘菩萨所证的法界实相,也就是不知道真如与佛性是什么,但菩萨一样可以证得声闻、缘觉菩提而出三界,所以解脱道是三乘与共的。

解脱道的真正意涵,就是可以使众生出离三界生死轮回,不再受无明和业力的牵制,不再流转于三界六道之中,免除了不断受生而后又再死亡,受种种生老病死的痛苦。行者以二乘菩提的法义,去如实观行,就可以证得解脱果,出离三界的生死。

第一目　二乘解脱道之两种涅槃

二乘的解脱道,说的是有余依与无余依涅槃。所谓无余依涅槃的修证,主要是在五蕴、十二处、十八界、六入上面来说。五蕴是色、受、想、行、识,十二处是六根与六尘,六根与六尘相触,就会产生六识,于是就产生了六种的入,也就是色、声、香、味、触、法进入我们觉知心中,六入的现象就出现了。六根、六尘、六识合称为十八界法。在《阿含经》四大部中,佛说这十八界、十二处、五蕴、六入的法都是虚妄性。在小乘法中,佛说这十八界法是空相,说缘起性空。为什么说空相?因为这十八界法都是藉缘所生起的,都是无常败坏之法,都不是永恒不坏之法,所以叫做无常。无常所以是苦,无常所以是空,无常、苦、空所以无我,因为存在一世就坏掉了。十八界中只有一个意根是可以去到未来世的,其余十七界都是虚妄幻灭之法,只有一生;但这个意根却不是自然而有,它是由第八识所出生的;第八识被称为阿赖耶识,佛说是无余涅槃的本际。

声闻人解脱道的修行,是从行、住、坐、卧当中去如实地观察五蕴、十二处、十八界是苦、无常、无我、空;如实了知色身非我、非我所,色身是无常、空;如实的了知见闻觉知的心——识蕴——是无常、空,是变异法;如实了知受、想、行蕴是藉色蕴与识蕴六识和合运作而生起的,所以他们断了我见。我见断了之后,再把对自我的执著修除掉,成为阿罗汉,成为断我执的圣者;由于三界的贪爱断尽了,舍报时就不再受生入胎,蕴处界就全部消失不见了,这叫做无余依涅槃,简称无余涅槃,这样就是解脱果修证完成。

阿罗汉的三界烦恼断尽,舍报可以出离三界;但在他尚未舍报前,他仍要随缘随分去度众生。在他入无余依涅槃之前,仍然要受寒风、热苦、饥饿、痛痒、色受想识蕴的行苦等,可是对他而言,这已不是大苦,所以名为"微苦所依";因为还有这种轻微的苦作为在人间的所依,所以叫做有余依涅槃;舍报时把十八界舍尽了,这些苦也就舍了,就是无余依涅槃,这就是二乘所证得的解脱。

阿罗汉与利根阿那含圣者，舍报后可以入无余依涅槃，而其入无余依涅槃的状况又可分为现般涅槃与中般涅槃两种。所谓现般涅槃，是说慧解脱阿罗汉、俱解脱阿罗汉，在舍寿以后七识自愿消灭，不再出现中阴身，只剩下阿含佛法中所说的"名色因、名色本"的第八识如来藏独存，这就是无余涅槃。也就是说，"五阴我、十八界我"完全不存在了，真实的无我。"我"不存在以后，剩下第八识——涅槃的实际——离见闻觉知而独存；从来都不做主，从来都不思量，从来不对六尘生起觉知，从来都不自觉有自己的存在。如果没有意根起了我执而拉着，就不会再去投胎；意根的我执断尽了以后，舍报时做主思量的意根自愿消灭了，就不会再出现中阴身；意根不会再出现，意识也就跟着不再出现，这样叫做"现般涅槃"，意即：在舍寿的现下、当下入般涅槃。

也有极少数慧解脱阿罗汉，解脱证境不是很坚固，即是退转的阿罗汉一类圣人，有时退回三果人中；此时其证果同于证量最好的三果人一般，舍报时忽然在意根中生起一分微细的我执，未能当下断除；他虽然想入无余依涅槃，但是舍报之后不知不觉间，就会感生到即将生往色界的中阴身；等到中阴身出现时，他想："我怎么没有入无余依涅槃？怎么我又出现了？"这时赶快把自己最后剩下的那一分"我执——我慢"断尽，就不会再有第二次的中阴身出现。这第一次的中阴身要等到第七天才能消灭，才能入无余依涅槃，这种解脱不坚固的时解脱阿罗汉涅槃，与三果人中证量最好的圣人一样，入涅槃时都被称为"中般涅槃"。

除了中般涅槃与现般涅槃之外，还有一种称为"上流处处般涅槃"，这也是另一种解脱。这是指未到四果的三果声闻行者中证量最差的圣者，他得再受后有，但是受后有之后，他也可以解脱。所谓"上流"就是往上层境界去投生，而往生上去并不是一定去到那里证解脱，例如，有的人在中阴身出现以后，生到五不还天的下四天中去；生到那里之后，赶紧修禅定；证得禅定之后，断除了所剩下的一分微细我执，提前舍寿而取涅槃，这也是解脱。这种在人间舍寿时，得再受后有之天身，而不是不受后有，他受了中阴身的后有——五不还天的后有——然后在天界舍报时取涅槃，称作"生般涅槃"，属于"上流般涅槃"的一种。

另外还有一种人，他在中阴身出现之后，生到五不还天的下四天中，在这时候，他虽然真的把最后一分我执断尽，但因禅定修得不好，所以要一直等到色界天身坏掉，等于人间的许多劫之后才能入无余涅槃，这也称为"生般涅槃"的解脱，也是"上流般涅槃"的一种。有的人则是生到五不还天之后，仍然未能断尽我执，依禅定而修，证得四空定，再次第往生到四空天中，于最后一天舍报时才断尽我执,才能取证无余涅槃。若是初果与二果人,则是必须往返欲界一次或多次以后,才能成为阿罗汉而取证涅槃,这就是"转世般涅槃",与三果人中证量最差的"上流处处般涅槃"不同。所以,"不受后有"和"解脱",是有所不同的;这也就是"现般涅槃"和"上流处处般涅槃"的差别所在,其差别之关键在于是否再受三界后有。

缘觉辟支佛也是同样具有二乘菩提之解脱果——有余依涅槃与无余依涅槃。他和声闻人最大的差别在于,声闻人是依佛而闻、而修、而证,而缘觉是依自观察思维,于五蕴十八界中作十二因缘观,观察此起故彼起,此灭故彼灭;世间一切诸法皆是缘起缘灭,体性是空,实证三界诸法皆是缘起性空,断尽我执。辟支佛以现观缘起性空及十二因缘而得缘觉菩提,舍报能入无余依涅槃。

修学声闻、缘觉法而成就阿罗汉、辟支佛果者虽皆能入无余涅槃、不受后有,但仍然不能亲证涅槃本际——如来藏。这是因为阿罗汉、辟支佛在入无余涅槃前不知菩萨明心的般若智慧内容究竟是什么、不能了知大乘菩萨所证真如的本来自性清净涅槃,也就是涅槃本际的实际内容;另一方面,当阿罗汉、辟支佛灭尽五蕴十八界入无余涅槃后,他们的"觉知心我"已经完全消灭,所以也没有能够体验涅槃本际的心体可以了了分明涅槃之本际。因此独修声闻、缘觉法的人自始至终都无法触及法界实相之空性。唯有修学大乘佛菩提道,依禅法悟明真心如来藏的菩萨才得亲证涅槃之本际。虽然如此,声闻人因信佛语,知有涅槃本际,亦知无余涅槃中非同断灭,而异于断见外道。缘觉由十二因缘之推求,亦知有如来藏涅槃本际。但独修声闻、缘觉法而得解脱的圣者皆未能证得如来藏,仍未能生大乘无生智。《胜鬘师子吼一乘大方便方广经》卷一:"胜鬘夫人说是难解之法问于佛时,佛即随喜:'如是如是,自性清净心而有染污难可了知,有二法难可了知,谓自性清净心,难可了知。彼心为烦恼所染亦难了知。如此二法,汝及成就大法菩萨摩诃萨乃能听受,诸余声闻唯信佛语。'"《大宝积经》卷七十五中佛云:"此法乃是过去未来现在诸佛菩提,能超一切世间自在,能除一切渴爱,降伏我慢灭除罪过,一切诸法而得平等,彼非凡夫地,一切声闻所不能到,一切辟支佛非其境界,一切菩萨之所修行,一切诸佛之所证得。"此两段经文均在说明——自性清净心——真实如来藏,乃是一切菩萨之所修行,独修声闻、缘觉法者皆无法亲证。

【问题讨论】

一、佛世尊于世间说法四十九年,为何先说解脱道?原因何在?

二、何谓"佛法"？何谓"成佛之道"？

三、解脱道的真正意涵是什么？

四、何谓有余依涅槃？

五、何谓无余依涅槃？

六、何谓"现般涅槃"？何谓"中般涅槃"？何谓"上流处处般涅槃"？

第二目　大乘解脱道之四种涅槃

大乘的解脱有四种涅槃："本来自性清净涅槃"，共二乘的"有余涅槃"和"无余涅槃"，加上只有佛地才有的"无住处涅槃"，这是大乘所修证的四种涅槃解脱。菩萨于七住位明心时证得本来自性清净涅槃，并能安忍而不退转，往上进修，直至初地，能够证得慧解脱的有余涅槃而不证。七住位菩萨于破参明心时，他就明白什么是"本来自性清净涅槃"，他可以亲眼看见自己的真如心——第八识如来藏——的自性是本来清净的，不是修行以后才清净的，而自己本来就是涅槃。

而什么叫做涅槃呢？涅槃者不生、不灭；涅槃者不常、不断；涅槃者不垢、不净；涅槃者不来、不去；涅槃者不取、不舍；涅槃者不增、不减；涅槃者不一、不异，这就是涅槃。这是菩萨所证的涅槃，是离二边的涅槃，与声闻人断除我执、灭除自我的涅槃不同；当菩萨悟了第八识，他看见自己的真如心第八识是不生不灭、不常不断、不一不异、不取不舍、不垢不净、不来不去，也同时看见一切有情的第八识真如心皆和自己一样，都是本来自性清净涅槃；而声闻圣者入无余涅槃后，其实也是第八识独存的本来自性清净涅槃。这个涅槃性并不是修行以后才有，而是本来就有；但是这个本来自性清净涅槃又不是不修大乘法就能亲证体验，必须修学禅宗的般若禅，悟了第八识以后才能证得，所以说这个本来自性清净涅槃非修而得，非不修而得，这就是不落两边的中道，即是不共二乘的本来自性清净涅槃；而一切的阿罗汉们也都具有本来自性清净涅槃，可是他们却无法证得。

大乘法的第四种涅槃是佛地的"无住处涅槃"。无住处涅槃悉依自心藏识而言，也就是说佛地的第八识已断尽分段生死之现行，并断尽烦恼障之种子随眠，永离变易生死；也断尽无始无明一切随眠，智慧究竟圆明，使第八识改名为无垢识，又叫做佛地的真如心；亦即于一切境界、于一切法、于一切有情中，悉皆真实而如如。如是之佛地真如，由断尽分段生死及变易生死之证量故，能尽未来际永不住生死中；由断尽无始无明随眠故，现观一切法唯是自心真如所显，现观一切无为法亦是自心真如所显,涅槃即是无垢识之真如性,本已涅槃而无生无死,故不必入住无余涅槃中;由于如是亲证故,所以诸佛永不入住无余涅槃境界中;如是不住分段生死,不住变易生死,亦不住无余涅槃中,所以称为"无住处涅槃"。

大乘的这四种涅槃,其中的有余涅槃和无余涅槃是共二乘的,本来自性清净涅槃和无住处涅槃则是不共二乘,是二乘人所不知道的不可思议解脱。大乘的解脱果兼具人无我和法无我,所证得的人无我是蕴处界缘起性空和如来藏的本来自性清净涅槃,是双具蕴处界空相与如来藏空性的。大乘菩萨从七住位开始,在还没有证得有余涅槃和无余涅槃时,就已证有余涅槃和无余涅槃中本际,而二乘圣人虽能证有余、无余涅槃却不懂涅槃的真义;大乘菩萨明心后,就知道涅槃是所显得而不是所生得,不是二乘圣人所认知的"本来没有,后来才出生"的,不是经由修道后才生出来的,而是本来就有的。虽然如此,还是得经由追随真善知识参禅修行,方有证悟的因缘,所以又说涅槃"非修而得,非不修而得"。

【问题讨论】

一、大乘的解脱有几种涅槃?

二、何谓"本来自性清净涅槃"?

三、何谓"涅槃"?

四、何谓佛地的"无住处涅槃"?

五、大乘的解脱道和二乘解脱道差别何在?

六、为什么说涅槃是"非修而得,非不修而得"?道理何在?

第二节　二乘无学不证涅槃

对于佛法似懂非懂的人也许要问:"涅槃既然本来就有,为什么要修行以后才能证得?又为什么说二乘人没有证得涅槃?"这问得好像也有道理,希望下面的回答能解决长期以来,佛门四众对于涅槃的疑惑。

首先我们先来说明什么是无余涅槃。这要从八识心王来说明,大家就容易了解了。八识心王是:眼识、耳识、鼻识、舌识、身识、意识、末那识、阿赖耶识。先说明前六识:眼识能见、耳识能闻、鼻识能嗅、舌识能尝、身识能触、意识能知能觉,具有能见、能闻乃至能觉、能知之自性,换句话说,六入之性即是识阴六识的自性。然而光是有六识能见闻觉知,若没有人做主的话,能做得了什么呢?所以还得要有一个人来作主。就好像一架摄影机扫描来扫描去,通过电线把讯号传到电视荧幕上,这样一天到晚扫来扫去,没有一个人去理会它到底看到了什么,也没有人告诉它接下来应该做什么?就这样一直扫描下去,没有任何意义,它只是映照而不能做什么。所以必须要有个能做主的人来照管,那就是要有个人在荧幕上看,当扫描到需要的影像时将它存档留下。这个能作主的就是第七识意根——末那识;也就是说,一天到晚在作主的就是有情的意根。以上七个识都是从如来藏——阿赖耶识心体——生出来的;当我们破参明心时,就是找到阿赖耶识之所在;而是真实的存在,不管你有没有破参,一直都在。

由于前七识都是从阿赖耶识中出生的,所以只要透过见道,不管是二乘的见道或是大乘的见道,只要把对自我的执著消除掉,不要再执著自己,认同无我,并且依十八界——现前观察自我非实,都是虚妄法,假合而有,就可以如实的证知"无我",并且了解到:就是因为有蕴处界"我",才会轮回生死;如果没有我,就没有轮回生死,这样就可以证得"人无我"。到了舍报临终时,不要再去投胎,要让蕴处界的全部"我"消失掉,才不会有轮回。对自我的执著断除了,舍报之后色身坏了、心跳停了、呼吸停了,这个第八识真如心渐渐离开身体而不会出生中阴身,不会再去投胎,这时候就不再有蕴处界自我,我就消失掉了;只剩下背后的如来藏独存,而没有见闻觉知,也不会返思自己是否存在,也不会思量与做主,不再出生中阴身故不再出现见闻觉知,就这样消失于三界了;无形无色而不再于三界中出现,这就是无余涅槃,故涅槃就是第八识独存的境界。

还没有入涅槃时,是如此的自住涅槃中;入了涅槃时也还是那样,对而言并没有入或不入涅槃的问题存在,有入涅槃或不入涅槃问题的是七识心。有情正在轮回生死,其实是有情被我执牵引而拉着去受生,所以轮回生死,不是导致有情在轮回生死。正因为有情舍不掉见闻觉知的自我,不肯让做主的自我消灭掉,所以引导出生中阴身而投胎,再度有生死;正因为过去世的意识与意根舍不下自己,所以死了以后会出生中阴身,让见闻觉知心及做主心(意根)的种子不断流注出来,又出现了中阴身,又去投胎,所以才有今世的生死。虽然有情一直都有生死,但是在出生有情的生死之中自己却没有生死;来投胎时并没有死,有情出生时跟着出生,可是并没有出生,因为是本来就在的,不是后来才有的,所以是无生。所以说,本来就是不生不死,本来就是涅槃;本来就是寂灭,离见闻觉知而不作主,故说本来就在涅槃中。

所谓"取涅槃",只是方便说,说阿罗汉死了取涅槃,其实阿罗汉哪有取涅槃?阿罗汉死了,阿罗汉消失掉了,是如来藏独存而不去投胎,称为取无余涅槃;可是也没有取涅槃,因为本来就是涅槃,涅槃是依不再出生蕴处界而说为无余涅槃的,所以说没有去取涅槃;取涅槃是方便说,是阿罗汉消失掉而变成真实的无我,这叫做涅槃。当阿罗汉的轮回消失掉以后,剩下不生不死,这叫做涅槃;由于本来就不生不死,所以叫做涅槃。正因为从来不生故永不断灭,所以阿罗汉才能够把自我的执著修除以后,只剩下成为无余涅槃,而本来就在涅槃中。所以涅槃不是修来的,涅槃只是在自我的执著修除掉以后——第八识本际——独自存在;而如来藏的涅槃是本来就存在,不是修行以后才有的,所以涅槃是"所显得"。众生正在轮回生死,照样不生不死;阿罗汉死了不再出生,照样不生不死。对祂而言,取涅槃或轮回生死都无所谓:是众生有所谓,而无所谓。

这意思是说,本来自性清净涅槃是"所显得",而不是"所生得";有余依涅槃和无余依涅槃,同样也是"所显得"而不是"所生得"。可是若不透过修行,却又无法得,所以这三种涅槃都是"非修所得、非不修得",照样是中道。到了成佛时的无住处涅槃,其实也是本来就有,众生在轮回生死中安住,照样无住。当菩萨一直修到种子的变易生死全部断尽,就叫做"无住处涅槃",可是这个涅槃并不是修来的,也不是不修而得,因为是本来就具足这种功能,所以还是中道。因此涅槃是中道之法:涅槃不是死了才叫涅槃,而是还没有死的时候就已经是涅槃性了。

当佛弟子了解无余涅槃之后,再来看看二乘无学阿罗汉、辟支佛有没有证入无余涅槃呢?结果是没有。因为他们的七识是能入的心,可是入涅槃其实是七识消失了,还有谁能入涅槃呢?当然已没有人能入。他们虽然知道"我"断尽之后没有执著,"我"死后可以入涅槃,但他们不知道无余涅槃中的实际到底是怎么回事。因为涅槃就是阿赖耶识心体的自住境界,那时阿赖耶识改名叫做异熟识,通称为第九识,但本质仍是原来的第八识。可是这个识到底是怎么回事?祂的体性如何呢?阿罗汉们都不知道,所以也就无法了解:当"我"断灭之后剩下异熟识独住涅槃时,究竟是什么境界?他们活在人间时是无法确实了知的,死后的他们也不存在了,也没有人能了知无余涅槃中的实际。所以,世尊只好告诉他们"涅槃寂静",因为涅槃里面没有六尘、没有六识自性见闻觉知,也无人作主、没有我及我所,涅槃就是阿赖耶识——异熟识。

因此,二乘圣人如果不回小向大,不证得真如心异熟识,就无法了解什么是无余涅槃的本际?也就不晓得在无余涅槃当中究竟是怎么一回事?阿罗汉们也不晓得阿赖耶识,所以他们虽证得解脱,却没证得涅槃;因为无余涅槃之中无有所证,无有人能证;因为"我"已经消失掉了——七转识灭尽了——哪还有我能证涅槃?而剩下独一的——如来藏——也不会自觉住在涅槃中,不会自觉"现在是涅槃";没有见闻觉知,也不会返观自己;所以说,阿罗汉"证得解脱而不证涅槃",这个道理,必须明心后才能真正明白;明心前只能靠思维而理解,不能现观涅槃中的本际。

而大乘菩萨法不一样,入地菩萨们能证有余、无余涅槃而不证,留着无色界惑而润受生爱,继续在人间示现轮回生死,与众生同事利行而自度度他,直到成佛;虽然菩萨们都不取证无余涅槃,却也可以说已经证得无余涅槃,因为无余涅槃里面的境界已经如实了知、亲证,只是不取无余涅槃而已。是故,菩萨在入无余涅槃之前,就已证知涅槃的本际、实相,所以说菩萨"证得解脱也证得涅槃",这非二乘无学之所能知。

【问题讨论】

一、涅槃既然本来就有,为什么要修行以后才能证得?

二、为什么说是你拉着"如来藏"轮回生死,原因何在?

三、涅槃为什么是"所显得"而不是"所生得"?请说明其原因。

四、对"谁"而言,取涅槃或轮回生死都无所谓?

五、二乘无学为什么"不证涅槃",原因何在?

六、为什么说菩萨"证得解脱也证得涅槃",原因何在?

第二章　三乘菩提之不共道——
　　　　大乘独有之佛菩提道

前面一章，我们已经概略说明了三乘菩提在解脱道上的异同，知道解脱道的修证，主要是在出离三界的生死轮回，是三乘菩提的共道。而三乘菩提也有不共道的部分，那就是大乘独有的佛菩提道。佛菩提道的意涵是——证知一切法界体性的真实相，证知一切法界的根源，生起法界体性智，这就称为佛菩提道的见道。佛菩提的智慧，可以概分为三个部分：第一部分是般若的总相智，第二部分是般若的别相智，第三部分是般若的一切种智。

总相智和别相智是有所差别的，总相智是"般若智慧的总相"，是初见道——真见道——所获得的根本无分别智；别相智是"般若智慧的别相"，是真见道以后进修般若诸经而获得的后得无分别智，是相见道位所获得的智慧；这前后二种见道所得的无分别，就依此而分为根本智与后得智。若无根本智，就无后来进修所得后得智；根本智粗浅，却是后得智的所依；后得智深妙，却必须依止粗浅的根本智才能生起；但这二智都是从我们对真实心——第八识如来藏——的现观而引生的智慧，来说总相与别相、根本与后得。而一切种智则是讲我们的第八识里面，所含藏的一切种子证知的智慧；"种子"又名为"界"，又名"功能差别"；了知如来藏中所含藏的一切种子的智慧，就称为实证一切种智者；在一切种智还没有具足的时候，就称为道种智，也就是地上菩萨的无生法忍般若智慧。

证得真心的人，刚开始找到如来藏的那一刹那，以及其后的几天、几个月中所发起的智慧，都叫做"总相智"，属于"根本无分别智"：知道这个识就是真心了，可以现前领受、观察、操作，但是只知道一个总体的概略情形。而这个真心还有很多的功能、体性，初悟菩萨仍然不晓得，所以证得真如心第八识时，仍然只是总相智而已，仍处于真见道位中，尚未生起"后得无分别智"。悟后还得要长期观察：究竟的自体性还有哪些？功能又有多少？

如此观察一段时间以后，发觉这一个真心果然是自性清净心，却又含藏着众生的七识染污种子。当有情众生在贪恚痴中打滚时，和有情同在一起，可是从来不起贪恚痴,所以说叫做"自性清净心";并且现观的自性清净,从来不染污,从来不起念,却又含藏了众生七识心的染污种子,导致不断地有染污种子出现在七识心上面。又观察这个真实心,含藏了种种世间法与出世间法的种子,乃至四圣谛、八正道、十二因缘、缘起性空等一切佛法,都是从如来藏这个真心所出生、所显示。经过这样确实的体验,就是已经发起了般若慧的"别相智"。

在佛菩提道中,"总相智"称为"根本无分别智","别相智"称为"后得无分别智"。根本无分别智是说,证得这个第八识的时候,那是进入佛菩提道真正修行的开始,也就是开始进入内门广修菩萨六度万行了。这根本无分别智,只是一个总相;虽然只知道总相,但这个总相智却是佛菩提般若慧的根本。因为接下去的别相智,以及证得别相智以后要学的一切种智,都是从这个总相智开始进修的,都是以总相智为根本才能进修的;而总相智的获得,却是从这个第八识心体的证得开始产生的,因为总相智的般若智慧,是进修佛菩提智的根本,所以称为根本无分别智。

如果没有证得第八识心体,就无法发起般若智慧的总相智,更无法修学别相智,后得的无分别智就无法渐渐出现。那它为什么叫做根本无分别智呢?这是因为这第八识是无分别智的根本,经由证得第八识之后,才能够产生根本无分别智;有了根本无分别智,才能获得后得的无分别智。而后得的无分别智里面,第一个阶段要修学的就是别相智,也就是般若诸经所讲的般若;有了别相智以后,才容易进修一切种智。

事实上,别相智涵盖了一切种智,但一切种智特别是指真心所含藏的八种心识之一切种子的智慧,因为胜妙深奥,所以别立一切种智名。第八识真心如来藏不但含藏我们六识见闻觉知的功能——种子,也含藏着时时思量、处处做主的意根心的种子,而且含藏着其他许许多多的种子。由于这些种子的存在,所以众生才能够有种种的功能差别出现,这些功能的差别又叫做界。界就是种子,所以"法界"就是诸法的种子,就是诸法的功能差别;所以了知这些种子的修行过程,就是修证一切种智的过程。离开如来藏,就没有种子可证;否定如来藏,就不可能有如来藏的亲证及其含藏一切种子的证知,当然也绝无可能成就佛道的。

阿罗汉证得解脱果的极果,却不能证得佛菩提道;如果回心大乘,不做决定性的声闻罗汉,一旦破参明心了,就不再是声闻阿罗汉了,他就转入大乘而成为证悟的菩萨,就不会在舍报时取证无余依涅槃。假使有阿罗汉,不知回心大乘法,然因心生大悲,不忍自己单独灭度生死,想要救众生出离生死苦,因此而发心愿意再受生死苦,此人即名大乘通教菩萨,已非定性声闻阿罗汉。

　　求证禅宗的开悟明心之前,必须先发起四宏誓愿,接着广修菩萨六度万行,这就是佛菩提道修行的第一个阶段;有了外门广修六度万行,才能有见道的资粮,才能遇到证悟佛菩提的法门与真善知识,才能进修四加行而断我见,才能建立"真如心常住"的大乘正见;建立了真如心常住的正见以后,才能信受奉持禅宗求悟如来藏真心的理论与行门,才能证悟如来藏而发起般若实相智慧;所以开悟明心而证得第八识如来藏,就是大乘佛菩提的见道,是大乘佛法修学的内明之道,也就是佛菩提道的根本;是故佛菩提道的修证,必须从证悟第八识真心作为根本,才能进修佛菩提道。换句话说,如果没有经过禅宗的破参阶段——没有找到如来藏,就无法进修佛菩提智;这是因为完全不知道十八界的根源在哪里,也不知道法界根源的第八识实相心的体性,就无法生起般若智慧,当然不能进修大乘佛法。所以修证佛菩提道的第一个法门,就是禅宗的开悟明心——证得第八识如来藏。

　　禅宗的开悟明心,在唯识增上慧学中,称之为"真见道"。"真"的意思是说:这个见道是真正的般若智慧的见道。又相对于后来进修般若诸经的别相智,相对于进修入地所需的一切种智而增进般若实相智慧的"相见道",说之为"真见道"。因为,后来为了进入初地而进修的别相智和一切种智的熏修,都是以这个真见道作基础才能进修的;而进修的内涵都是如来藏含藏的无量体性的法相,都是如来藏所含藏的种种"界"的法相,所以称为"相见道"。由于明心开悟的见道,有别于后来的相见道,所以特别立名为真见道。

　　学人经过禅宗的证悟之后,接下来要修学般若诸经的别相智。般若系列的经典,主要有《大品摩诃般若经》、《小品摩诃般若经》以及浓缩而成的《金刚般若波罗蜜多经》,乃至再浓缩而成的《心经》,都是属于进修般若别相智的经典。般若慧的别相智,是属于般若系列的经典所宣说的法,都是在第二转法轮时期宣说的。为什么说般若系列的经典所宣说的法,并不属于一切种智呢?这是因为它只说到般若慧的别相——只说自心如来藏的自体性及其所生蕴处界的虚妄,而没有说到自心如来藏所含藏的一切种子——界——功能差别;只是从别相上来说如来藏自心的体性,所以才会不断的出现"所谓佛法即非佛法,是名佛法。所谓阿罗汉即非阿罗汉,是名阿罗汉"等类似的语句。这些说法,都是为了让我们通达般若的别相智,所以说般若系列的经典是在讲别相智。

　　第三个佛菩提智的修证内容,就是进修第三转法轮的唯识方广诸经;如来藏系的全部经典都属于唯识方广系列的经典，属于第三转法轮时期一切种智所涵盖的范围之内。第三转法轮时期的一切种智的经典，最有名的有三部，一部是《胜鬘经》，一部是《楞伽经》，一部是《解深密经》，其余还有《金刚三昧经》《如来藏经》《无上依经》等，律部则有《菩萨璎珞本业经》《菩萨优婆塞戒经》。但以《胜鬘经》《楞伽经》《解深密经》这三部经典为最主要。

这些经典所说的，包括了真心所含藏一切种子的功能差别，都是属于佛菩提道第三阶段所进修的；也是禅宗的明心开悟者，通达别相智之后，想要进入初地时必须要通达的，所以达摩祖师来到中土密传了教外别传的祖师禅密意以后，就以《楞伽经》来为二祖慧可大师印证，并且教他以此经所说来进修。通达了《胜鬘经》《楞伽经》《解深密经》，才能进入初地，这是属于般若智慧的一切种智；对一切种智有了部分的证知，就是初地菩萨的无生法忍的成就，名为道种智；此只需加修入地所需的广大福德，永伏性障如阿罗汉——至少具备了三果人的解脱德，再加上增上意乐——于佛前勇发十无尽愿，就成为真正的初地入地心菩萨了。如是继续次第进修，地地增上，到最后对于一切种智已经究竟了知、究竟无余，并且在等觉位中，以百劫时间加修了无量福德时，才能成就佛道、成究竟佛。

所以佛菩提道修证的法门，就是——无量福德的积集、求悟真心的正知见、禅宗的开悟，般若诸经的别相智熏习、二乘菩提断除分段生死现行的烦恼障之修断，以及断尽烦恼障的习气种子随眠，最后则是唯识诸经一切种智的熏习亲证之圆满。这就是大乘佛菩提道的内涵，这才是真正的成佛之道，也是大乘菩提之所以胜妙的道理，不是四阿含诸经所说的解脱道修习就能使人成佛的。

【问题讨论】

一、佛菩提道的意涵是什么？可分为哪些部分？

二、为什么总相智又称为"根本无分别智"？总相智和别相智有什么差别？

三、何谓"定性声闻阿罗汉"？何谓"大乘通教菩萨"？

四、何谓"真见道"？何谓"相见道"？

五、大乘菩提为什么才是真正的成佛之道？

第三章　三乘圣人证德差别之所在

第一节　悟道因缘之不同

所谓声闻菩提是因为他们从闻而得，所以叫做声闻；因为诸阿罗汉都没办法自己证悟四圣谛、八正道等法，必须要亲从佛世尊听闻正法之后，才能取证四圣谛、八正道；由于他们是从闻而得，所以称为声闻。另一种菩提是由思维而得；所谓思维就是说他们从某一因缘去体会到，然后自己思维，而不是从别人那里听法而得来的，如是从缘而悟者，称为缘觉菩提；由于辟支佛悟入缘觉法时，不是从他而闻才能悟入的，所以也被称为独觉。第三种人证悟菩提时并不是听来的，也不是自己思维得来的，而是因为过去无量世以来不断地修道，在最后一世证悟成佛，这叫做从修而得，不从他人、也不是单从因缘观察而得的，而是兼具佛菩提的具足亲证，所以称为佛陀，也是独觉。佛陀成佛前称为菩萨，菩萨则是生生世世从佛受学，在最后一世示现为凡夫，从凡夫地而出家修道，一世之中独自顿悟成佛，具足二乘菩提与佛菩提。

声闻人既然是从别人听闻而来，当然不能称之为佛；因为诸佛在最后生都是无师独悟，自己参究而自己证悟。诸佛证悟之后，声闻人才去跟随而听闻，即使所悟相同，也将永远不可能超过诸佛，这是永远不能推翻的道理，更何况所悟不同于佛。所以禅门有一句话说："见与师齐，减师半德。"这意思是说：随师修学而悟的人，见地如果能与他的师父相齐等的话，他悟后所得到的功德将只有师父的一半。因此，诸佛都是自参自悟而成佛的，阿罗汉或菩萨是跟随诸佛听闻正法以后才悟入的，功德当然远不及诸佛，怎么可能超过诸佛或同于诸佛呢？那当然不能称之为佛。假使有人宣称他的证量超过释迦佛，那个人一定是悟错了！一定连真见道的证量都没有。真正证悟的菩萨们，都会知道自己远不如诸佛，所以证量越高的菩萨，对上地菩萨越恭敬，对诸佛当然就更恭敬了！

在佛法中，从闻而得的声闻罗汉，已经比独立思维观察而得的缘觉圣人差了一大截，如何能比从修而得的诸佛超胜呢？所以从佛而得的声闻人，永远都不可能超胜于诸佛。由此缘故,释迦佛入灭后,没有一位大阿罗汉敢绍继佛位而自称成佛;而藏传佛教里尚未断我见的凡夫祖师,竟然被认定或自称比释迦佛的证量更高,当然是一件笑话;因为他们都是从闻而得的,并且是闻法以后连我见都断不了的,同样是认取意法为缘生的意识为真如心、常住心,仍然是常见外道凡夫无异。而辟支佛即使不是从闻而得,是自己藉缘思维而得,但是他们所证的解脱,仍然不是究竟,只能出离三界生死,但是对涅槃解脱中的境界却仍无法了知,所以只是少分觉悟;因为是少分觉悟,所以才叫做辟支佛。如来则是无师自通,不是跟随别人听闻正法以后,再来思维、再来证悟,所以是无师自通、从修而得,所以称为如来。

  释迦牟尼佛于两千五百多年前在人间示现时,故意示现为凡夫一样的身份,故意示现往世所修的一切法皆已忘失,然后在人间一世成佛,来鼓励众生。世尊成就究竟佛道时,就是觉悟一切,就在最后眼见佛性的那一刹那,一切都了知了,所以叫做成佛。事实上,佛在菩提树下思维因缘观时,就已经从十因缘观思索到,意根与六识心(名色之名)之上必然有另一个入胎识存在,名色必定是由那个识出生的,确定名色不是无因无缘而自己出生自己的,然后回头检查十因缘观是否正确。检查无误以后,接着推究那个识为何会出生名色而导致众生的生死痛苦?就知道那个第八识是藉无明种子而出生了名色;就以智慧观察无明之所从来,就理会出四圣谛来破除无明。但是这样仍然无法成佛,所以还得要进一步探讨那个识在何处,才能了知法界的实相及无余涅槃中的本际,所以探讨这个识的所在时,在初夜以手按地,了知万法由此识生,魔只是其中万法之一,由此而降伏四魔,终于明心了;这时虽然已得妙观察智及平等性智的上品智,也有了大圆镜智,但还没有成所作智,还不是觉悟一切;还得要到夜后分,天将明时,东方的火星刚出来,那时一念相应眼见佛性,成所作智出现,此时才叫做觉悟一切,这样才叫做见性成佛。以上所述为三乘圣人悟道因缘之不同差别所在。

【问题讨论】

一、三乘圣人悟道因缘有何差别?

二、禅门中说:"见与师齐,减师半德。"是什么意思?

三、阿罗汉、辟支佛,为什么不能称之为佛?

四、佛在二千五百多年前于人间示现,为什么要故意示现为凡夫?原因何在?

五、佛成就究竟佛道时,就是觉悟一切。请略述佛最后一夜成佛的过程。

六、声闻人和辟支佛人的解脱有何差别?

第二节　智慧内涵之不同

三乘圣人对于所证智慧的内涵,有非常大的差异,能够具足了知法性者就称为佛,对于法性没有具足了知就不能称为佛。法性有两种,第一种是总相上的法性,第二种则是别相上的法性。声闻人在解脱道上只知道总相,也就是把自我灭尽了——我见断尽、我执断尽,不会再受生了就是解脱;舍寿后把五蕴我、十八界我全都灭尽而不再出生,就成为无余涅槃。这是只有知道解脱与涅槃的总相,不知道涅槃的别相,不具足知法性,所以就不能称之为佛。下品的涅槃解脱只是懂得蕴处界缘起性空的无常、无我,所以:"我是无常,觉知心也无常,做主的心也是无常,生死都是从无明而来,灭了无明就可以灭了自己,自己全部灭掉以后就是无余涅槃。"这样证得解脱果,只是解脱果中的下品人,不能涉及因缘观,所以不知道涅槃中有一个本际常住不灭,要由佛告知"无余涅槃中有本际不灭,故非断灭",信佛语故,不惧入涅槃以后成为断灭,故成阿罗汉,是下品解脱。

辟支佛同样只知道总相,他也知道把我见我执断尽,把自我灭除了就是无余涅槃,就没有三界我、五蕴我、十八界我,也没有我所了,这就是出三界的涅槃境界。辟支佛由因缘观而自行推知名色之前一定有一个识,能出生意根与前六识及色身,而不由佛闻,所以不惧入涅槃以后成为断灭,不由佛闻而得解脱,所以名为独觉;但是无余涅槃中的内容,仍然是不知道的。所以,辟支佛也只知道涅槃的总相,而不知道别相;不过由于不是从别人那里听来的,是自己去思维、整理,因此通达了十因缘与十二因缘,成为中品解脱;但因为法界万法的根源究竟在何处?那个出生意根、出生六识心及色身的识,是如何出生万法的?那个识中究竟含藏了什么种子?辟支佛仍然全无所知,所以不知法性的全部,不能成佛。

但是上上品的涅槃解脱,是对十二因缘的细节都能够全部了知,也知道十二因缘之所从来的那个本识,证解法界的实相而有了般若中道智慧,并且证解了那个识中的一切种子,生起一切种智而且具足了,使得种子都不再变异而没有变易生死了,才能叫做上上品的涅槃解脱,这是诸佛的境界。菩萨是分证诸佛的境界,也能在修学佛菩提道的过程中逐步了知二乘圣人的下品、中品解脱。菩萨的解脱境界及内涵不是二乘圣人所能猜测思维的,虽然已经是微妙殊胜、广大无量,但因为菩萨还没具足证知法性,所以名为菩萨,不名为佛。

这是说，缘觉也知道解脱的总相，只不过他们不是从别人那里听来的，而是自己思维得来的，所以名为辟支佛，不名为声闻，但仍然不能称之为佛；因为他们对法性的种种别相仍然没有通达，更没有究竟。可是诸佛世尊就不一样，解脱、涅槃、诸法法性都已究竟了知：四圣谛、十因缘、十二因缘，乃至因缘法背后的实相，要怎么样才能有因缘法？为何先要有十因缘才能够有十二因缘法？如果没有这个第八识如来藏，又哪里会有因缘法呢？这些别相都具足知道。可是缘觉只知道十因缘法、十二因缘法，而因缘法背后的实相都不知道，所以他们只知道因缘法的总相，不具足了知法性。声闻人就更差了，得要闻佛说因缘法以后才会知道，乃至还要为他们细说四圣谛、八正道，也都是从佛听闻而知的，更不知法性。

八正道是实现四圣谛的方法，可是四圣谛讲的缘起缘灭，如果有人问他们："缘起是无因而起吗？缘灭是无因而灭吗？我执种子是无因而有的吗？我执种子是藏在哪里呢？"他们都无法回答。而且他们所知的四圣谛，比因缘法更粗糙。四圣谛、八正道、三十七道品的背后是什么呢？其实正是法界实相——如来藏；依这个实相才有缘起缘灭、十因缘法与十二因缘法、四圣谛、八正道等法，若没有这个法界实相——如来藏，这种种法就全部变成无因而生了。确实而且究竟了知这些实相，无一遗漏，才是究竟了知一切总相、别相的法性，所以诸如来世尊同样证得解脱，对于总相、别相全部都了知无遗，而且不是从别人那里听来以后再去思维而知的，是没有师长教导而自己开悟的，所以称为佛陀；菩萨如是修学，次第迈向佛地；声闻缘觉不学法界万法的法性，所以不能迈向佛地，只能舍报后入无余涅槃，故非成佛之道。

因此，诸法法性的总相与别相都必须具足亲证，才能称为佛。所谓别相，指的是第二转法轮和第三转法轮的经典所说的般若及种智妙法，第二转法轮诸经讲的是般若实相智慧，第三转法轮诸经其实也是般若，但是因为太胜妙深奥，所以另立一个名称，称为一切种智，就是大乘法中的诸地菩萨所修增上慧学，也就是一般所说的唯识学——真实唯识与虚妄唯识二门具足的一切种智妙法，因此诸法法性的别相有二个部分。唯识学必须具足两门——真实唯识与虚妄唯识，才是真正的唯识学。有人专研虚妄唯识而宣称懂得唯识学，那是以偏概全的残缺唯识学；他们否定了真实唯识门以后，所说的虚妄唯识法义，也将会跟着产生严重的偏差而无法补救，必须从头修学真实唯识门以后，再将他们原有虚妄唯识门法义全面大翻修，才能符合增上慧学中所说的虚妄唯识门的正义。真实唯识讲的是第八识的真实法性、如如法性、涅槃法性、解脱法性，也就是第八识能出生万法的真实不虚法性,却同时显示自身的真如性及解脱性、涅槃性;虚妄唯识讲的则是七转识——眼识、耳识乃至意识与意根等七识——的虚妄性、生灭性,也就是讲七识心的依他起性及遍计执性。如果不懂唯识学有这二门,就是不懂唯识学的人;如果没有亲证第八识如来藏真相识,即是大乘法中尚未见道的凡夫。唯有证知这个法界中的事实真相以后,才会有实相般若智慧,才能生起中道智慧的现观,也才能依之进修而在未来无量世以后究竟证知缘起法的法性。

【问题讨论】

一、能够具足了知法性的圣者是谁?

二、法性有几种?声闻人和辟支佛所亲证解脱道的法性有何不同?

三、何谓"上上品的涅槃解脱"?这是谁的境界?

四、"四圣谛"、"八正道"、"三十七道品"的背后是什么?

五、所谓"法性的别相"指的是什么?

六、何谓"真实唯识"?何谓"虚妄唯识"?

第三节 缘智具足之深浅差异

所谓缘智,是属一切种智所摄,是说诸法以什么为缘而生起的?也就是法界实相的智慧:在法界实相中,诸法是怎么运作的?诸法中的如来藏又是如何运作的?如来藏中的各类种子是如何流注的?对于法界实相究竟了知到最究竟的地步,就是一切缘生法的智慧具足圆满了。这可不是只有谈五蕴、十八界的虚妄,不是只论我见与我执的断除,不是只求证解脱、入无余涅槃而已,而是要进而探究阴界入、山河大地、心所法等万法的由来,以及万法法源的如来藏中所有的一切功能,这都是在三界中种种因缘所生法中才能体验具足的,是要藉世间万法为缘才能具足修证与体验的,所以这智慧称为缘智;因为如来藏的所有功能种子,都得要从万法的因缘中去观察才能实证,必须藉缘而证,所以叫做缘智。

这个缘智全部具足证知了,就成为如来世尊。而声闻只知道四谛、八正之法,只能从四谛上面去证解脱果,所以他们的缘智都不具足;也就是说对于一切种智完全不懂,所以不能称为佛。缘觉也是一样,缘智都不具足,所以也不能称之为佛;只有诸佛如来缘智具足,所以称之为佛。声闻、缘觉虽然知道四圣谛,但是四圣谛只是能够让人出离三界而已；然而出三界的境界法，只是化城而不是究竟佛城，所以不能出生缘智，不懂法界实相，都因为缘智不具足而不能成佛，只能成为声闻罗汉而出三界生死，所以他们的解脱慧是不具足的。

佛的究竟庄严城，与二乘涅槃的化城相差很大。如《法华经》说：佛道的路很遥远，声闻人走到一半时就设个化城让他们暂时安歇，身心休息而长养了悲勇之心以后，再教导他们往前走。实际上，声闻解脱的化城，在佛道上说，根本还不到一半，事实上是相差太远了。我们想想看：阿罗汉如果回小向大，他们的解脱果虽然有八地入地心的功德，却没有初地心的分断习气种子功德；若是从佛菩提果来看，他们回心转入大乘别教法中，最多只不过是六住满心位而已，证悟后也只是七住心，此后还有十住、十行、十回向、十地、等觉地等着他实修，所以阿罗汉的解脱证境，距离佛地实在太遥远了。

如果从另一个角度来说，假使他们没有先修足布施波罗蜜，还是不能满足初住位功德的；等到布施波罗蜜满足了，持戒波罗蜜就没有问题，精进波罗蜜也没有问题，如此顶多也只有三住位而已。如果是俱解脱的阿罗汉，禅定波罗蜜也没有问题，忍辱当然也没有问题，但是般若这一关就跳不过去了，所以他就要停在六住位中熏习般若中道的法义，求悟如来藏的所在。因此他们回心大乘以后，必需要回到初住位中补修布施波罗蜜，圆满了证悟所需的福德以后，才有办法熏习般若，也才会有办法证悟如来藏而出生般若实相智慧。但是证悟后也只是七住位而已，离成佛的宝城还远得很！即使能眼见佛性，也不过是十住位，也只是完成第一阿僧劫的三分之一而已，所以《法华经》讲是一半的路途，是客气的说法，是顾全声闻圣人面子的说法。因此说，声闻法中的四圣谛、八正道，讲的只是很粗浅的法性，只是解脱智的总相智而已；他们的缘智都未生起，当然不能称之为佛。而诸佛世尊则是各方面都具足，般若的别相智及一切种智都具足圆满了——缘智具足了——所以称之为佛。

在《菩萨优婆塞戒经》卷一中佛言："如恒河水，三兽俱渡，兔马香象。兔不至底，浮水而过；马或至底，或不至底；象则尽底。恒河水者，即是十二因缘河也；声闻渡时，犹如彼兔；缘觉渡时，犹如彼马；如来渡时，犹如香象。是故如来得名为佛。声闻缘觉虽断烦恼不断习气，如来能拔一切烦恼习气根原，故名为佛。"譬如在恒河中有三种野兽都可以渡过：兔子、马、大象。兔子过恒河时，它是整个过程全部浮着水面游过去，根本就触不到恒河的河底；马则是刚下水不久时还可以踩在河底，但是下河不久以后就踩不到底了；如果是大象，它是从头到尾都踩在恒河的水底走过去的,所以它了知恒河中底部的全部情况。恒河譬喻十二因缘河,它一直流着:无明缘行、行缘识、识缘名色、名色缘六入、六入缘触、触缘受、受缘爱、爱缘取、取缘有、有缘生、生缘老死,老死之后还是被无明笼罩,下辈子又重新开始,永无止境,所以叫做因缘之河。因缘法分为十因缘与十二因缘,十因缘法有时简称为九因缘;十二因缘法,有时为了不同的众生而增说为十五因缘、十六因缘不等,但这不是正说,而是为人悉檀的方便说;一般都只说十因缘与十二因缘,以这两个因缘法为主干。

虽然四阿含中的说法有一些差异,都只是观机逗教的差别,统统都要回归到十因缘与十二因缘法。可是菩萨所了知的因缘法和缘觉不同,声闻人虽然也闻佛说法而了知十因缘与十二因缘,但是他们能了知的,只能到四圣谛、八正道及所闻的因缘法为止,关于因缘法的细相可就完全不知道了,因此说声闻人渡恒河水——渡因缘河时——就像那只兔子一样;而辟支佛对因缘法虽然是自悟自觉的,却仍然不知道因缘法的全部法性细相,只了知一小部分——知道有名色所缘的第八识——但是不能证得,所以缘觉渡过因缘河时就像那只马一样,有时至底、有时不至底。诸佛渡因缘河时犹如大象一样,因为究竟齐底,全部了知,所以如来能称之为佛。

【问题讨论】

一、何谓"缘智"?谁才能缘智都具足?

二、"四圣谛"的修证,可以使人成佛吗?为什么?

三、佛的"化城喻"指的是什么?

四、阿罗汉如果回小向大,他应如何才能进修佛道呢?

五、佛世尊用一个譬喻说明三乘缘觉之深浅差别,请略述之。

六、为何称十二因缘为"因缘之河"呢?

第四节　烦恼断除之不同

声闻人和缘觉人虽然能断烦恼,但是他们所断的见、思二惑烦恼,只是断现行而不能断习气种子。断现行的意思是说,不会再因怒而骂人,不会再因贪而去偷盗,不会再因我见我执而去受生等等,这些只是断现行,但是仍然会有贪及我见、我执等习气存在。譬如慧解脱的阿罗汉与辟支佛,如果他们静坐进入初禅中,一只蜈蚣爬到他的脚上来,他们觉得痒,心中一动,看一下是什么?"蜈蚣!"接着他的们身体就会不自主地突然一振而甩掉蜈蚣,不经意识思维就立即振脚甩掉。这表示我执的现行虽然断尽了,可是我执的习气种子还在。如果是诸佛,根本就不管这个事情,蚂蚁归蚂蚁,蜈蚣归蜈蚣,看了也不会自动地振脚甩掉,因为我执的习气种子已经断尽了。这就是习气种子有断和无断的差别。

《大方便佛报恩经》卷六:"昔有一鸽,为鹰所逐,入舍利弗影,战惧不解;移入佛影,泰然无怖,大海可移,此鸽无动。所以尔者,佛有大慈大悲,舍利弗无大慈悲;佛习气尽,舍利弗习气未尽;佛三阿僧祇劫修菩萨行,舍利弗六十劫中修习苦行,以是因缘,鸽入舍利弗影犹有怖畏,入佛影中而无怖也。"阿罗汉的习气种子还没有断除,所以鸽子飞到阿罗汉身边来逃避老鹰时,还是会害怕:"他会不会突然把我踩死?"它又飞到佛的影子下面,心中就很安然而不害怕。因为它的如来藏和佛的如来藏相应时,知道不会有任何危险,所以就没有任何的畏惧,因为佛陀的最微细杀习种子已经全部断尽,没有丝毫的杀习种子随眠了!阿罗汉却还有这种习气种子随眠在如来藏里面,所以鸽子的直觉中还是会有所畏惧。

同样的道理,毕陵尊者仍有慢的余习未尽,这也是大家耳熟能详的佛教历史典故(注:《大智度论》卷八十四:"如毕陵伽婆蹉阿罗汉,五百世生婆罗门中习轻蔑心故,虽得阿罗汉犹语恒水神言:'小婢!止流!'恒神瞋恚,诣佛陈诉,佛教忏悔,犹称'小婢'。如是等身、口业烦恼习气,二乘不尽,佛无如是事")。然而诸佛就一定不会有余习存在,因为诸佛能够拔除一切烦恼习气的根源,所以才能称之为佛;而二乘人所断烦恼,只是从分段生死的现行来说,不是从种子习气的断除来说;由于他们的种子习气还在,所以说他们的解脱仍不究竟,仍不能了知解脱与涅槃法性的别相。

【问题讨论】

一、声闻人和缘觉人所断的烦恼,是断现行?还是断习气种子?

二、何谓"断现行"?

三、何谓"断习气种子"?

四、鸽子飞到佛的影子下面,为什么不害怕?

五、二乘人所证的解脱,是究竟?还是不究竟?

六、佛在烦恼障的断除上,和二乘人有何不同?

第四章　二乘菩提与大乘菩提之境界差别

第一节　断疑之不同

大乘菩提和二乘菩提的亲证者，除了有上一章所述的四种差别之外，另外还有五种境界的差别。第一种差别是断疑的不同。疑有两种：第一种是烦恼疑，第二种是无记疑。"烦恼疑"的意思是说，解脱道上所应断除的疑，亦即是烦恼障所含摄的疑：如何是真正的解脱？对解脱的意涵，心中很清楚地了知而没有怀疑，这就是第一种疑的断除。

在《菩萨优婆塞戒经》卷一中佛言："疑有二种：一烦恼疑，二无记疑。二乘之人断烦恼疑，不断无记。如来悉断如是二疑，是故名佛。"第一种疑有许多不同的层次，《阿含经》中常常提到：初果人所断三缚结中的第二个结"疑见"是说"于诸方大师不疑"。有人解释为"如果对诸方大师有信心而不怀疑，就是断疑结"，这真是误会到极点。佛所说"于诸方大师不疑"的意思是说："诸方大师有没有断我见、断疑见、断戒禁取见而证得解脱果？每一位初果人都能清楚的判断出来，并且对自己的判断是否正确，不会有所怀疑；对于所有大师有无断除我见，都看得很清楚，对自己所作的判定不会怀疑是否判断错了。"所以，一切初果人，不管是否已成为一方大师，只要听闻大师开示解脱道，就会知道大师们有没有断三结，对自己的判断之正确性心中不会有所怀疑，这才是真正的断疑见，所以不是对大师们所说的法义信受而不怀疑！但是这个疑见的断除，只是断烦恼障上的疑，也只是初果人所断的疑，属于解脱道的见所断惑，还不是解脱道的修所断惑，更不是断无记疑，而是属于烦恼疑。

什么是"无记疑"呢？"无记"就是讲异熟性，异熟性全部都是无记性，没有有记性。也就是说，所知障中所断的疑惑，都是无关善性或恶性的；这些疑惑都是属于对无漏性的有为法有所不知，但这些也都是无记性的疑惑，这就是异熟愚。假使对于异熟果报中如来藏所有无记性无漏有为法的种子都了知了，就是断尽无记疑了,就是成佛了。因此,对异熟性的无关善恶果报的无漏有为法有所不知,就是无记疑;也就是对于异熟果报及异熟性有所不知的意思,是故异熟是纯无记性的。异熟法是一个现象,只是种子流注的流程与功德,非关善恶性。善恶性是依于七转识在世间法上的取舍才有的,所以异熟是讲异熟生、异熟灭、异熟果中的种种异熟体性。

什么是异熟呢?异熟有变异而熟、异时而熟、异地而熟、异类而熟等之不同。所谓"变异而熟",譬如今世护持正法,来世可以获得可爱的异熟果及出世间法果报(出世间果报可能会在这一生就获得了,所以有很多人护持正法,当世就得到证悟佛菩提的果报;但也有人要在未来世中才获得证悟,即是异时、异地、异类而熟);所以护持正法所将得到的并不只是佛菩提道证悟的果报而已,还有有为法上的可爱异熟果报,会在未来世中很长时间不断地现前受用;譬如未来多世生得庄严、生得健壮、广有资财,这就是证悟菩萨在未来世有为法中的可爱异熟果报。这些可爱的异熟果报,你不能要求现在世就获得。就像我们在银行存款,若是三年整存整付的定期存款,得要在三年期满才能领到本金与全部利息。如果是每个月提领利息,也得等一个月时间到了才领得到利息,不能刚存款就要立即领取利息,而本金仍然要到期满时才能领到,即是异时而熟的意思。

假如我们布施食物给一条狗,它今世没有能力回报你,但你在未来世可以得到百倍之报。因此深信因果者,必不要求此世得到果报,只问耕耘,不问收获,尽量努力去布施,努力去护持正法,努力去利益众生,等到来世异时、异地、异类而熟时,果报无量无边,这才是最划算的想法。例如,护持正法将会获得无量的可爱异熟果报,但不能现在就得到,要等到舍寿时因果本息结算完毕,到下一辈子才会回报,这叫做变异而熟。可是下一辈子你在哪里受报呢?不一定会在人间,也许去另一个星球受生而获报,也许生到欲界天而受报,也许去极乐世界受报;不是在当世就得到果报,而是移到未来生中受报,这称为"异时而熟"。如果今生造作谤佛、谤法、谤僧的大恶业,果报也不是当世得到,必须在寿命终了时,转生地狱、恶鬼、畜生道辗转受报,如此造业和得果不是同样是人类者,成为"异类而熟"。

异熟的意思也是指"异地而熟",即不是在原来造业的地方受报。就算来世还是生在同一个地球,但你今生在台湾种下护法的大福德种子,下一世可能生到大陆去受福报,或者生到美国去受报,这叫做异地而熟。如果我们现在以人类之身护持正法,未来生却生在欲界天或者往生到西方极乐世界,变成另外一个完全不同的五阴来受可爱的有为法果报，这也是变异而熟。即使下辈子仍然当人，但下辈子的色身不同于这辈子，姓名不同、觉知心也不同，这也称为变异而熟。由此可以了知，护法植福的种子存在如来藏中，这些种子的增长、成熟、外缘的具足，都是有变易性的；所造的业因与后来的果报，固然是有善恶性的，但是变异而熟的事相本身并没有善恶性，所以叫做无记。对于变异而熟的原理无所知，即是无记愚；对于变异而熟的原理怀疑不信，即是无记疑。

众生七转识现起与存在的变异过程中，也许行善、也许造恶而有善恶法的种子存在如来藏心中，但是这些种子变异而熟的事相本身却是无记性的，配合无漏有为法而不断在运作着；在这个无记性的异熟法中，有许多的种子在里面，比如初地的犹如镜像、二地的犹如光影、三地的犹如谷响、四地的如水中月、五地的变化所成、六地的似有非有等一切种智中的现观胜法，不是未入地的佛弟子们所能证知，但这些妙法都已含藏在异熟识里面，都属于异熟法种，这些种子（功能）都是无记性的，无关善恶。同样，一切种智完全没有善恶性，这些异熟种子也都是无记的；这类无记性的异熟种子诸法，在还没有证得之前，心中始终会有疑，乃至修到等觉位时都还有部分的疑惑；除非像观世音菩萨一样，成佛以后倒驾慈航来协助释迦牟尼佛弘化——因为世尊在五浊恶世度化刚强众生非常的不容易，所以需要帮忙。假使不是倒驾慈航来扮演等觉菩萨的身份，即使已经成为等觉菩萨了，也还是断不尽这种无记疑的，要到究竟成佛才能断尽。

因此，这个无记疑是非常广泛的、非常深细的，不但是二乘圣人无法想像，乃至亲证佛菩提智的菩萨们也都尚未完全断尽，所以疑的层次有许多深浅差别不同。二乘圣人只断烦恼障的疑，他们没办法断无记性的疑，乃至只是打破无记疑，就已经做不到了。而如来这二种疑都已全部断尽，所以才可以称之为佛。

【问题讨论】

一、"疑"有哪两种？

二、何谓"烦恼疑"？

三、"于诸方大师不疑"的真正意思是什么？

四、何谓"无记疑"？

五、何谓"异熟"？可分为哪几种？请略述之。

六、等觉菩萨还有无记疑吗？

七、二乘圣人对这两种疑的断除和佛有何不同？

第二节　思维之不同

佛在《菩萨优婆塞戒经》卷一说："声闻之人厌于多闻,缘觉之人厌于思维。佛于是二,心无疲厌,故名为佛。"一般而言,俱解脱声闻人如果没有人请他说法,他们多半会在午斋、经行后就打坐进入灭尽定中,等到明天早上太阳晒到身体时,他才出定下山去托钵;托钵回来吃完了,把钵洗净了,经行一会儿消食,他又打坐入灭尽定去了。因为声闻人的目的只是要解脱生死,又因为声闻法的解脱证境粗浅而容易了知与亲证,所以声闻人的心性只喜乐如此,这与佛菩提的究竟解脱实相道理完全不相应。声闻人常常会想:"我已经能出离三界有为生死了,还要思维无记性的异熟生死做什么?还要修学甚深的般若与种智做什么?能出三界就是我最终的目标了。"因此他们觉得没必要再深入探究。他们又觉得:"我既然已经解脱了,还需要再听别人说些什么?说得再妙也只能让我出三界而已,而我已经能出离三界生死了。"所以,有时候舍利弗尊者、富楼那尊者讲解脱道时,有的阿罗汉就不来听了,除非是世尊亲口所说。所以他们厌于多闻及思维,听都不愿意听,要深入思维就更谈不上了。所以阿罗汉们一旦托钵回来,食物消化了,就入灭尽定去了,大多厌于思维。

然而佛对于多闻和思维这两个法,从无量世修学菩萨道以来,一向乐于多闻思维,不曾厌恶。菩萨即使已修到八地,读《大藏经》时仍会觉得津津有味,因为经中有一些密意,在五地之前仍然读不懂,现在终于懂了,所以仍然是有差别的。如果有人说:"你悟了之后,全部的经典都应该读懂才对,如果还有不懂的地方,那就是悟错了。"说这种话的人,一定是大妄语者。因为所有经典都读得懂的人其实只有佛,即使等觉菩萨都无法全部通达。假使能全部读懂,只能说"第二转法轮的般若经典全部读懂",因为第三转法轮的唯识经典,是让我们修到佛地之前的依止,怎么可能在初悟之时就全部都懂?除非是佛说法错了,应该是一悟即至佛地才对,不该有悟后的十行、十回向、十地、等觉等法应修;若是佛没有说错法,实有五十二位阶的修证过程,当然不可能在初悟之时就全部都懂。所以悟了以后只是七住位菩萨,对于第三转法轮经典,仍然没有办法全部都懂,这是绝对正常的。

但如果悟后连《心经》、《金刚经》都还读不懂,那一定是悟错了。因为《心经》、《金刚经》只是讲总相智、别相智,还没有说到一切种智,所以悟后一定会懂得《心经》等般若系的经典。明心之后,读懂《六祖坛经》也是正常的,因为《六祖坛经》只说到般若的总相智、别相智,还没有说到一切种智,最多只是引用而已。但是第三转法轮的唯识经典,悟了以后一定不可能全部都读懂;所以如果只是明心,就说能读懂全部的经典,那一定是不懂佛法的人,真懂佛法的人都不敢这样说。所以真悟的人,悟后要随真善知识学习第三转法轮诸经所说的唯识增上慧学。但是千万不要跟随尚未通达的人乱学,以免走错路头,深种错误的知见在如来藏中,未来无量世仍难以救拔;然而不幸的是,不曾通达第三转法轮经典却自以为通达的大师,是时时处处都普遍存在着的。

讨厌思维的人是缘觉乘人。缘觉之人为什么讨厌思维?因为他们无非是想要证得因缘观而出离三界,眼前既已证得因缘观,可以出三界了,他们又不想成佛,何必再思维更深的佛法?无论他们再怎么思维、再怎么细观,也只是已经证得的出三界生死的境界而已,所以他们讨厌思维,不愿意再深入思维。但是菩萨却不一样,菩萨在修学佛道的过程中,永远是心无疲厌的;因为一切种智的法义无量无边、深广无比,除非已经成佛了,否则永远都思维不尽;可是如果单靠自己思维,又能思维多少妙法呢?这都得要靠善知识帮助与启发,才能从许多面向再深入思维,进而发起诸地种种现观的境界。所以菩萨对于闻、思二法心无疲厌,最后才能成为究竟佛;二乘圣人不乐长远的思维,所以不是佛。

【问题讨论】

一、声闻人的主要目的是什么?

二、声闻人为什么厌于多闻、厌于思维?

三、菩萨对于多闻思维,和声闻人有何不同?

四、初悟之时,是否就能读懂全部的经典?原因何在?

五、谁才能读懂全部的经典?

六、缘觉人为什么厌于思维?

第三节 智、器清净之不同

在《菩萨优婆塞戒经》卷一中佛言:"譬如净物置之净器,表里俱净。声闻缘觉智虽清净而器不净。如来不尔,智器俱净,是故名佛。"譬如清净的食物放在清净的容器里面,外面的容器是清净的,里面的食物也是清净的。声闻、缘觉的解脱智虽然是清净的,但他们的根器却是不清净的,这就好像食净而器皿不净一般。然而菩萨修到究竟位而成佛时是表里俱净的,不仅佛陀的佛菩提智是清净无染的,佛陀心中也无任何染污的习气种子。相对而言,二乘人只有法净而仍有极多习气种子存在他们心中,无法断除净尽。

是故,成佛是修学大乘法最后、最究竟的成就,此时一定是表里俱净的;而证得二乘菩提的声闻、缘觉圣者之解脱智虽然也是清净的,但是声闻、缘觉圣者的根器仍然是不清净的,因为二乘菩提所发起的解脱智慧虽然是清净的,而能使二乘圣人出离三界分段生死轮回,可是他们的第八识心体中,仍然还有种子不清净,所以说器不净。然而诸佛如来却不一样,不仅智慧清净,而且出生这些清净智慧的第八识(无垢识)中的所有种子也是究竟清净的,没有任何不净的种子。由于智器俱净,所以名之为佛。

【问题讨论】

一、谁是智、器俱净者?

二、为什么二乘圣人称为智净、器不净?

第四节　行净之不同

佛在《菩萨优婆塞戒经》中开示:"净有二种:一者智净,二者行净。声闻缘觉虽有净智,行不清净。如来世尊智行俱净,是故名佛。"就如同上一节所述,二乘菩提所发起的解脱智慧是清净的,佛陀的佛菩提智更是清净无染的。但是只有修学菩萨道而到达佛地时,身行、口行、意行才能究竟清净无染。然而二乘圣人因为习气种子并没有断尽,所以仍有习气种子随眠,因此只能维持身行清净及口行清净,而意行则无法绝对的清净,所以习气种子仍然会继续不断地出现。他们的心行因为习气种子还存在所以无法达到绝对清净。因此说声闻、缘觉虽然有净智,可是行不清净。而如来世尊则永远不会有一念的不清净心行出现,所以说如来世尊不仅是智慧清净,身、口、意行也都是究竟清净的。二者俱净,所以称之为佛。

至于二乘的智慧只能在广义上说是清净的,如果从更严格而狭义的角度来说,其实他们的智慧仍然不是究竟清净的,而只有佛的智慧才算是真实究竟的清净。为什么二乘圣人的智慧不是真实清净的呢？因为二乘圣人的智慧只能知道世俗谛,也就是只能认知五阴十八界的虚妄不实而得出离三界分段生死轮回的解脱智慧。然而五阴十八界都是三界世俗法,而不涉及实相的智慧；出离三界分段生死的解脱智慧也仍然不涉及实相的智慧,所以说二乘的智慧只能在广义上说是清净的,如果从狭义的角度而言,其实他们的智慧仍然不是完全究竟清净的。

【问题讨论】
一、二乘圣人的智慧,为什么不是真实的清净？
二、佛为什么称为"究竟清净"？

第五节 "其行有边"与"其行无边"之不同

　《菩萨优婆塞戒经》中佛言："声闻缘觉其行有边,如来世尊其行无边,是故名佛。"菩萨修行,必须历经三大阿僧祇劫无量无边的身、口、意行,要历经五十二个阶位的无量无边诸行以后,在具足证知如来藏所含藏的一切种子之后才能成佛。以成就佛道的身、口、意行无量无边,故称之为佛。若行者修学声闻法而证声闻初果后,即使最钝根、最放逸的初果人,在七次人天往返修行后亦得证阿罗汉果；若是利根人则可在一世之中就成就声闻或缘觉的解脱果,以成就解脱道的身、口、意行有量有边,只能名之为阿罗汉或辟支佛,不得名为佛。菩萨在历经三大阿僧祇劫的修行中利益无量无边的众生,乃至成佛之后仍然不舍众生,继续不断利益无量无边的众生,以其度化众生的身、口、意行无量无边,故称之为佛。而证解脱之声闻、缘觉行者若不回向大乘而发愿世世度众,则舍寿之后必取无余涅槃,其利益众生的身、口、意行则只剩此最后一世,其行不能无量无边,所以不同于佛。

　声闻、缘觉利益众生之行有量有边,二乘菩提道之行道也有量有边,由于两者都是有量有边的缘故,所以并非究竟成就佛道。如来世尊为了想要成就究竟的佛道,于成佛前,必须经历三大无量数劫的无量身、口、意行,行无尽的难行之行,忍无尽的难忍之忍,才能成就究竟佛道,所以"其行无边,是故名佛"。由此显示声闻法道的粗浅易证,也显示佛道的深广难证。由此缘故,具足三明六通的大阿罗汉们无法臆测诸地菩萨的证量,更无法臆测诸佛的证境。所以诸地菩萨都不敢在佛陀示现入涅槃后随即绍继佛位,诸大阿罗汉当然更不敢造次而自称成佛,以其行有边而佛陀其行无边之故,以此说明佛与二乘圣人之不同。

以上是说佛乘与二乘圣人有五种差别,也就是在说明二乘菩提与大乘菩提之间的五种差异。学者若能对此章所述详加思维整理,必能于二乘菩提与大乘菩提有更深刻而完整的了解,就不会将解脱道错认为成佛之道,免除被人误导而造成一步错、全盘皆墨的下场。其实,解脱道的法义只是佛菩提中极微少的部分而已,如果以"爪上尘"喻之为解脱道,而佛菩提智则为"大地土",两者相距何止千里,所以欲求佛道者,于此二乘菩提与大乘菩提之异同,不可不深思再三。

【问题讨论】

一、为什么说二乘圣人"其行有边"?

二、佛为什么是"其行无边"?

第五章　一念无明与无始无明之别异

《胜鬘经》"一乘章"第五：胜鬘白佛：……唯有如来得般涅槃，成就无量功德故；阿罗汉、辟支佛成就有量功德，言得涅槃者是佛方便。唯有如来得般涅槃，成就不可思议功德故；阿罗汉、辟支佛成就思议功德，言得涅槃者是佛方便。唯有如来得般涅槃，一切所应断过皆悉断灭，成就第一清净；阿罗汉、辟支佛有余过，非第一清净，言得涅槃者是佛方便。唯有如来得般涅槃，为一切众生之所瞻仰，出过阿罗汉、辟支佛、菩萨境界，是故阿罗汉、辟支佛去涅槃界远；言阿罗汉、辟支佛观察解脱四智，究竟得苏息处者，亦是如来方便、有余、不了义说，何以故？有二种死，何等为二？谓分段死、不思议变易死。分段死者，谓虚伪众生；不思议变易死者，谓阿罗汉、辟支佛、大力菩萨意生身，乃至究竟无上菩提。二种死中，以分段死故，说阿罗汉、辟支佛智我生已尽；得有余果证故，说梵行已立，凡夫人天所不能办。七种学人，先所未作；虚伪烦恼断故，说所作已办。

阿罗汉、辟支佛所断烦恼更不能受后有故，说不受后有，非是一切烦恼，亦非尽一切受生故说不受后有。何以故？有烦恼是阿罗汉、辟支佛所不能断。烦恼有二种，何等为二？谓住地烦恼及起烦恼。住地有四种，何等为四？谓见一处住地、欲爱住地、色爱住地、有爱住地。此四种住地，生一切起烦恼；起者，刹那心刹那相应。世尊！心不相应，无始无明住地。世尊！此四住地力，一切上烦恼依种；比无明住地，算数譬喻所不能及。

世尊！如是，无明住地力，于有爱数四住地，无明住地其力最大。譬如恶魔波旬，于他化自在天，色、力、寿命、眷属、众具，自在殊胜；如是，无明住地力，于有爱数四住地，其力最胜；恒沙等数上烦恼依，亦令四种烦恼久住，阿罗汉、辟支佛智所不能断，唯如来菩提智之所能断；如是，世尊！无明住地最为大力。

世尊！又如取，缘有漏业因而生三有；如是，无明住地缘无漏业因，生阿罗汉、辟支佛、大力菩萨三种意生身；此三地，彼三种意生身生，及无漏业生；依无明住地，有缘，非无缘；是故，三种意生及无漏业，缘无明住地。世尊！如是有爱住地数四住地，不与无明住地业同；无明住地异，离四住地，佛地所断，佛菩提智所断。何以故？阿罗汉、辟支佛断四种住地，无漏不尽，不得自在力，亦不作证；无漏不尽者，即是无明住地。

世尊！阿罗汉、辟支佛、最后身菩萨，为无明住地之所覆障故，于彼彼法不知不觉；以不知见故，所应断者不断、不究竟。以不断故，名有余过解脱，非离一切过解脱；名有余清净，非一切清净；名成就有余功德，非一切功德。以成就有余解脱、有余清净、有余功德故，知有余苦、断有余集、证有余灭、修有余道，是名得少分涅槃；得少分涅槃者，名向涅槃界。若知一切苦、断一切集、证一切灭、修一切道，于无常坏世间，无常病世间，得常住涅槃；于无覆护世间、无依世间，为护为依。何以故？法无优劣故得涅槃，智慧等故得涅槃，解脱等故得涅槃，清净等故得涅槃；是故涅槃一味、等味，谓解脱味。

世尊！若无明住地不断不究竟者，不得一味、等味，谓明解脱味；何以故？无明住地不断不究竟者，过恒沙等所应断法不断不究竟；过恒沙等所应断法不断故，过恒沙等法应得不得、应证不证，是故无明住地积聚，生一切修道断烦恼、上烦恼；彼生心上烦恼、止上烦恼、观上烦恼、禅上烦恼、正受上烦恼、方便上烦恼、智上烦恼、果上烦恼、得上烦恼、力上烦恼、无畏上烦恼。如是过恒沙等上烦恼，如来菩提智所断，一切皆依无明住地之所建立。

一切上烦恼起，皆因无明住地，缘无明住地；世尊！于此起烦恼，刹那心刹那相应。世尊！心不相应无始无明住地，世尊！若复过于恒沙如来菩提智所应断法，一切皆是无明住地所持、所建立。譬如一切种子，皆依地生、建立、增长；若地坏者，彼亦随坏。如是，过恒沙等如来菩提智所应断法，一切皆依无明住地生、建立、增长；若无明住地断者，过恒沙等如来菩提智所应断法皆亦随断。如是，一切烦恼、上烦恼断，过恒沙等如来所得一切诸法通达无碍，一切智见离一切过恶，得一切功德，法王、法主而得自在，登一切法自在之地，如来应等正觉正师子吼：'我生已尽，梵行已立，所作已办，不受后有。'是故，世尊以师子吼，依于了义，一向记说。

由这一段《胜鬘经》中，胜鬘夫人向佛禀白的法义，可以知道阿罗汉、辟支佛的证境，与佛相距甚远，唯有佛是得究竟般涅槃者，阿罗汉、辟支佛所得的涅槃是佛的方便建立，是有余，是不了义说。这其中最大的差别是，佛已断尽分段生死和变易生死，而阿罗汉、辟支佛则仅断分段生死的现行，不断分段生死的异熟种子；对于无始无明更是不知不觉，何况想要断尽变易生死？因此，接下来我们将就引生分段生死的一念无明，与引生变易生死的无始无明，作详细的探究与阐述,以使学人更加了解二乘菩提与大乘菩提之差异,以作为趣向佛菩提之加行与助缘。

【问题讨论】

一、为何说阿罗汉、辟支佛所得的涅槃,是佛方便施设、是有余、是不了义说?

二、一念无明会引生何种生死?无始无明又会引生何种生死?

三、烦恼有哪几种?

四、为什么说"阿罗汉、辟支佛断四种住地,无漏不尽,不得自在力,亦不作证"?所谓"无漏不尽",是指什么?

五、为何说"心不相应无始无明住地"?

六、二乘人所证的涅槃和佛的究竟般涅槃,有何差别?

第一节 略说一念无明

解脱道是大乘菩提和二乘菩提的共道,大乘法的菩萨们也必须实证解脱道。大乘法中的解脱道,在见道的部分,可以和佛菩提的见道一起完成,也可以在佛菩提的见道之前,先完成解脱道的见道;因为佛菩提的见道不退者,即使尚未先断我见,在明心时必定会同时断我见——不以觉知心及做主心为常住不坏我;故在打破无始无明时,我见必定会同时断除。明心者都能现观第八识如来藏的常住性、不可坏性,因为没有一法可以毁坏;同时可以现观意识——各种不同层次的离念灵知心——都是可坏的法性,所以我见一定会同时断除。

解脱道所断的烦恼,在大乘法中名为一念无明。一念无明从哪里来呢?从我见为根本而生。我见与我执无明为什么在大乘法中会被称为一念无明呢?这是因为它有一个现象:在无妄想之中,突然会有一念烦恼产生;由于这一念心动,就导致众生的受生而轮回生死,所以称为一念无明。

在大乘法中,一念无明可分为四种住地烦恼:即"见一处住地"、"欲界爱住地"、"色界爱住地"、"无色界爱住地"(又称有爱住地),其中"见一处住地"属于"见所断烦恼",后三者均属于"修所断烦恼";此四种住地烦恼合称"一念无明",无始劫来一向与世世的见闻觉知心刹那刹那不断相应,能生一切世间法中的烦恼。"见一处住地"是指不明白五蕴空的实相,堕于颠倒见而执著离念灵知的意识心,将五蕴的全部或部分(如离念灵知心)误认为常住不坏法;在大乘法中,如果以世间的颠倒知见来看世间一切法,以及揣摩猜测涅槃实相而产生的错误见解,误认意识心的种种变相境界作为如来藏,也是摄归"见一处住地";这种恶见是由错误的见解而产生,住于恶见一处中故。

所谓"欲界爱住地",是说对于欲界六天和物质世间的色声香味触,以及由这五尘引生的各种法的贪著,而以贪著男女欲为最主要。"色界爱住地",则是指修学禅定的人或修道的人,对于色界天的境界,也就是初禅到四禅境界的贪著。

而所谓的"有爱住地",则是说还有一个"三界有"的心存在而执著不舍,所以不能取证无余涅槃。意即修学禅定之人,断除色界爱烦恼,超过欲界、色界,到了无色界;进入无色界时没有色阴,但是还有四空定中的离念灵知心存在,住于四空定中而无五尘的觉知,所以还有受想行识存在不灭,这受想行识就是未悟者所说的心——能知定境的离念灵知心,以及能做主的意根心;还有这两个心在,就是仍然保有"三界有",所以不能解脱生死,故名有爱住地烦恼。这也是三界中的有,因为离念灵知只能在三界中存在,并且要依意根俱行运作才能存在,而且只能存在于三界中。修行人如果已经没有欲爱、色爱,但是能了知的清净心还在,就是还有三界有,所以称为有爱住地。因此,执著能知能觉而常寂常照的心,便落在意识中,即是落入三界有中,便无法解脱,这就是有爱住地。

一念无明之所从来,乃是由阿赖耶识中所含藏的烦恼种子而生。假使没有断尽一念无明四种住地烦恼,就算修得非想非非想定,舍报后生非想非非想天后经过八万大劫突然又生一念,仍然还要轮回。一念无明是无始有终的,辟支佛和阿罗汉都已断尽一念无明,因此一切三界执著的妄想烦恼永不复起。佛于阿含中云:"阿罗汉者,梵行已立,烦恼已尽,所作已办,不受后有,解脱、解脱知见知如真。"《瑜伽师地论》卷五十弥勒菩萨云:"谓阿罗汉比丘贪欲永断、瞋恚永断,愚痴永断,一切(根本)烦恼皆悉永断,由得毕竟不生法故,是名烦恼寂静。"弥勒菩萨于此论卷五十一中又云:"阿罗汉果诸漏永尽,若已永害,于相续中永无一切染法种子,尚不应起不正思维,况诸烦恼?是故当知由出世道断烦恼者,定无有退。"因此一念无明如果已经究竟断尽,尽此一世就必定永不复起。所以,世尊及弥勒菩萨皆作是说:一念无明是可以断尽的,断已永不复起,是无始有终的。

【问题讨论】

一、为什么大乘法中,解脱道的见道可以和佛菩提的见道同时完成?

二、一念无明从哪里来?

三、一念无明分为四种住地烦恼?略述之。

四、修行人如果已经断除了欲界爱、色界爱,但是能知的清净心还在,这个"能知的清净心"是什么?

五、"一念无明"可以断尽吗?谁可以断尽一念无明?

六、假使没有断尽一念无明,靠禅定功夫,生至非想非非想天,可以出离三界轮回吗?为什么?

第二节　略说无始无明

无始无明和一念无明有什么不同呢?一念无明的现行,会使得众生轮回三界生死。而无始无明的存在,并不妨碍众生出离三界。所以,阿罗汉把"一念无明的现行"断尽以后,就出离三界的分段生死,不再受生于三界中,永住无余涅槃中;可是他的无始无明仍然还没有打破,更不要说断尽了;但是他却照样能够出离分段生死——不再受生于三界中轮转生死。

无始无明的意涵,就是众生不了解法界的真实相,不了解法界中一切万法的根源,不了解法界万法根源的体性,也就是说他没有"法界体性智"。法界可以略分为三界法界、十八法界、十二处法界、六入法界、四圣六凡法界;不管哪一种法界的根源都是第八识,都是从第八识而出生一切的法界;所以一切法界的真实体性,就是第八识心的体性;一切法界的根源,就是众生的第八识心。如果不明白法界根源的真实体性,那就是住在无始无明境界中的人;证得第八识如来藏心的人,就能现观诸法法性的界限与功能,都是由如来藏出生而由如来藏摄受的,这样就是证得法界体性智,这就是打破无始无明。阿罗汉不明白法界的真实相,不明白法界的根源,不明白无余涅槃法界的实际,所以是还没有打破无始无明的圣人;因此在大乘中,虽说阿罗汉是圣人,然却也说他们仍是大乘别教法门中的愚人,在大乘别教中,还是排不到贤位的第七住位。

从无始劫来,众生都不曾相应到无明住地;乃至成为阿罗汉了,也还是不曾相应到这个无明,而这个无明是无始以来就一直存在的,所以名为无始无明。众生常常想："我应该如何修行，才可以不再继续轮回生死？如何才能免受世间的生死苦？"但都从来没想过："法界的真实相是什么？"所以自无始劫以来，众生的心从来不曾跟这个无明相应过，因此才称为"无始无明"。也就是说，从来不曾去探讨我们的五阴十八界是从哪里来的？心里想的都是："怎样离开生死轮回的痛苦？"众生从无始劫以来，虽然都曾努力勤修解脱道，然而却不能证得生死的解脱，而往世勤修解脱道时相应到的烦恼，也都只是一念无明的"起烦恼"，而没有相应到无始无明的"上烦恼"。

而这个使人不能了知法界体性的无明，从无始以来就存在着，所以才叫做"无始无明"。要到什么时候，众生才会相应到无始无明呢？要到他心中起疑，想要探究法界万法的真实相，想要了解万法是从哪里来的？想要了解万法的根源是什么？想要证知万法的实际是什么？想要了知法界的真实体性是什么？这时才算是第一次与无始无明相应了。这就是众生进入大乘佛教，开始修学大乘法，想要证知般若实相的时候，这才是正式与无始无明相应时。在这之前，是不会与无始无明相应的，所以经中称为"心不相应无始无明住地"，就是这个意思。

无始无明又称为智障、所知障。有许多大师误会所知障，误认为："学人是因为所知太多而障碍修道，就叫做所知障。"然而所知障的意思是，对于法界实相的体性无所知，因此而障碍成佛之道的见道与修道，所以名为所知障。所以某些大法师所说的"因为所知太多而障碍佛道"，是错误的；反而是对于"成佛之道"的见道内容及修道内容无所知，所以成为修学佛法的障碍，故名所知障、智障。

而所知障的随眠，在烦恼障的习气种子断除净尽时，无始无明的随眠如果也同时断尽，那就是成佛了；因为如果没有断尽所知障的一切随眠，烦恼障所摄的有漏习气种子是不可能断尽的。如果第八识中全部的有为法，所相应的全都是无漏习气，没有一丝一毫的有漏法相应，那就表示第八识中永远不会再有种子的变易，种子已经究竟清净了。就好像提炼黄金一样，黄金如果已经提炼到究竟清净时，就不用再去提炼它，永远不会再改变它的体质了。而烦恼障的有漏习气种子如果想要断尽的话，就必须悟后跟随真善知识修学一切种智；一直到究竟了知时，才能做得到，否则永远都不可能断尽有漏习气种子的随眠。所以，烦恼障的习气种子断尽，无始无明的随眠断尽——所知障的随眠断尽——就是已经成佛了，这个第八识已经是内外俱净，是心体清净而含藏的种子也都清净了；这是究竟清净，不仅断了分段生死，也断尽变易生死，是真正的常乐我净，这才是佛地的境界。

【问题讨论】

一、何谓无始无明？众生无始劫来刹那刹那相应的无明是什么无明？

二、众生要到什么时候，才会相应到无始无明？原因何在？

三、何谓"所知障"？

四、请问"所知障的随眠"和"烦恼障的有漏习气种子"，两者之间，谁先断尽？为什么？

五、无始无明称为什么烦恼？一念无明又称为什么烦恼？

六、会使众生轮转生死的是什么烦恼？

第三节　一念无明与无始无明的究竟断尽

《菩萨优婆塞戒经》卷一中佛言："善男子！如来世尊，能于一念破坏二障：一者智障，二者解脱障，是故名佛。"这意思是说，如来世尊能在一念间破坏两种障，第一种是智障，也就是所知障，另一种是解脱障；一念二破，所以称之为佛。当年世尊示现时，是以凡夫之身在四禅八定具足的状况下，一念破二障而成佛，确实是在一念之间而完成的。譬如七住位菩萨在明心破参时，找到了如来藏，也是一念破二障，同时获得解脱道的见道智慧与大乘别教的见道智慧，是同破二障的，只是没有断尽二障而已，而佛则是一念断尽。

先说解脱障，也就是烦恼障。当菩萨参禅找到如来藏而确认不疑时，我见当下就可以断除，不再认定意识觉知心和思量心的意根为真心，也就是当场可以把自己十八界全都否定，不再认取十八界中的任何一法为真心；从那时候开始，总是认为自己虚假不实，唯有如来藏才是真实的存在，这就是同时打破了烦恼障，成为解脱道中的见道者，三缚结同时已被断除。

当我们找到如来藏而经过多刹那的思维、体会、领受，确定是如来藏而没有错误以后，就断了我见；接着疑见、戒禁取见也都跟着断除，这就是打破了解脱障，具有声闻初果的解脱智。这时先前观察如来藏分明的运作而维系着一切法，就知道万法的实相原来都是这个如来藏：如果不是常住恒存，人们连色身都不可能有，更何况会有意根与前六识呢？又何况能有蕴处界的缘起性空法呢？因此而知道能出生万法、能灭万法；原来世界的成住坏空也是依如来藏而有的，所以宇宙的本源就是如来藏。而这个实相法并不是从三界世俗法蕴处界虚妄的观行来完成的，而是从寻找入胎识而亲证，接着现观确实是能出生蕴处界及三界万法的心体，所以证实是法界万法的实相，误以意识为常住我的我见就断除了，也证知法界的真实相，对法界的实相也就了知了，不会再有"由谁出生有情"的疑惑了，因此我们在明心时一念之间也同时打破了所知障。

由此可见，三乘菩提的差异的确存在：二乘菩提的初果证悟时，只能断我见而打破烦恼障，可是不能打破所知障；甚至于断我执成为阿罗汉之后，都还不知道法界的实相是什么，当然仍被所知障遮障而无知于法界。但是证得如来藏时，一念相应之间破了所知障，也同时破了烦恼障，所以在因地明心时，同样能够一念之间破二种障；最后身菩萨位更能够在一悟之间断尽所知障与烦恼障，这是二乘圣人所做不到的，因此如来就以一念破尽二障，而称之为佛。

成佛之后，这个第八识已经究竟清净不再变异，所以称为"常乐我净"。意思是说，第八识中含藏的烦恼障分段生死的烦恼现行，在很久以前已经断尽了，早已具足二乘圣人的有余及无余涅槃；而"烦恼障的有漏习气种子"随眠如今也断尽了，如来藏中的种子也永远都不再变异；所知障的无明随眠也已全部断尽，永远不可能再受熏、再增进了。既然内含的种子已经永远不再变异，所以就是真常——真正的常——心体从来不变异而所含藏的种子也不再变异了，这已经超越中道的"非常亦非断"的境界，所以名为成佛。

到这个地步，分段生死断尽了，变易生死也断尽了。"变易生死断尽"是指第八识中所含藏的种子究竟清净而不需要再变易了，所以没有种子生灭变异的现象，已经断尽变异性，不再有异熟性了，所以诸佛都已断尽无记疑，于一切异熟都已了知无疑，所以无垢识是永远的常、究竟的常，所以称为真常。这种真常，包括心体的恒常，也包括本体中所含藏的种子常不变异，这才是真正的常，这就是究竟的涅槃，与因地菩萨的"中道的常"有很大的差别。

这种"真常"，与外道主张的真常，是完全不同的，而且是有天壤之别的。外道的常，其实仍是无常，但他们自称是常；因为外道所说的真常，都是意识觉知心，不曾离开意识觉知心的体性，尚且不能与七住菩萨所证悟的第八识心的"体常"相提并论，何况能与初地、八地、等觉地的非断非常的第八识中道心相提并论？更何况等觉菩萨所不能了知之佛地无垢识真如心之真常？根本不能一概而论。但一些人完全不知这个正理，连禅宗初悟祖师所证得的"本来自性清净涅槃"都不懂，就以自己所崇信的藏传黄教应成派中观，而说"大乘佛法中的'真常唯心'的如来藏常，与常见外道的常一样，故富有外道神我、梵我色彩"。以此误会而贬抑大乘真常唯心思想："如来藏思想富有外道的神我、梵我色彩，不是佛说的正法。"

因此，分段生死和变易生死都断尽，就成为无上正等正觉，也是无人能出其上的三界至尊，永以法乐自娱，永离二种生死苦，所以名为"乐"；一切法无所不知，成为一切智智——具足一切智、道种智、一切种智，所以叫做"乐"；三界世间没有人比你更有智慧，成为究竟佛了，所以叫做"乐"。世间与出世间的究竟果报，到此已经究竟了，再无可断的不净法，再无可学的清净法，再无可修的了义法，再无可证的般若实相法，再无更上的可修境界，究竟圆满了，所以称为"乐"，这是究竟清净的境界，也是永离一切苦乐受的境界，乃至最微细的心地上的苦乐受也都永离，究竟安隐，所以是乐。

而藏密的祖师们根本不懂这个道理，却用双身法中的第四喜的淫乐，作为报身佛所证得的快乐，所以他们的"报身佛"其实都是抱身"佛"，永远不与异性分离，而永远处于与异性交合的状态中在领受乐；但这种乐其实是苦，因为是无常的，是变异的，是受制于他人的，也是有为有漏的。那根本不是佛法，由于无知而崇拜性器官，而追求淫乐最大乐受第四喜的行门，所以他们所谓的"即身成佛"法门，只是原始低级追求物欲的法门，最多只能说为人间淫乐技巧的"艺术"方法，但他们却冠上佛法的果位名相，妄说淫乐没有形色，所以是佛法所说的"空性"，妄说懂得这种技巧的人就是有智慧者，妄说女人拥有性器官而能使学密者获得性爱快乐的智慧，所以是智慧母。如是追求物欲，笼罩世人说是究竟的即身成佛法门，事实上和真正的佛法道理，相距何止千里万里之遥！根本上是与佛法修证完全无关的世间法，只是以佛法名相来包装，用以欺瞒世人。

佛地的"常、乐、我、净"中，"我"是说什么呢？是说第八识无垢识心体。菩萨从证悟第八识开始，一直到等觉位都一样：第八识都只能够跟五遍行的心所有法相应；因地时的第八识，一定都是离见闻觉知，不与六尘相应，所以没有办法与别境五心所法相应，因此不能了别六尘中的万法。换句话说，此时的第八识如痴如呆，好像白痴一样；虽然好像白痴一样，却又很灵利：善能了知五蕴众生的心行，众生的任何一个心行都不能瞒过。但因为不与别境五个心所法相应，所以不能了别六尘境界，因此就不与烦恼心所及"善十一"心所法相应，尚未生起证自证分，不能返缘于自我——不能自觉有我——所以不能称之为"我"。所以等觉菩萨及一切菩萨的第八识都只能称作"无我如来藏",不能称之为"常乐我净"的"我"。而佛地的第八识,不但可以跟五遍行心所法相应,也可以跟五别境、善十一等心所法全部相应,能于五尘境界中运作无碍,能拥有证自证分,所以佛地的第八识真如心可以真正名为"我"。

为什么无垢识又名为"净"呢?因为无漏法已经具足圆满,已经无须再熏修任何无漏法,心体与种子是内外俱净的,非如因地尚有或多或少的不净种子,所以是究竟的清净。因此佛地的第八识具足了"常、乐、我、净",到这个地步才是究竟的涅槃。究竟涅槃就是无住处涅槃:永远不住于生死中,也不住于涅槃中。无住处涅槃本身,其实是涵盖了菩萨所证的本来自性清净涅槃,也涵盖了二乘圣人、六地满心以上菩萨所证的有余及无余涅槃在内,所以说佛地具足四种涅槃,因此佛地所得的涅槃,才是究竟的涅槃,而二乘涅槃并不是究竟的涅槃。

由于佛地的第八识具足了"常、乐、我、净"四法,所以才能称之为大般涅槃,这才是《心经》所说的"究竟涅槃"。这种涅槃不是定性声闻的大阿罗汉们所证的涅槃,也不是缘觉所证得的涅槃;他们的无余涅槃不是大般涅槃,只能称为二乘涅槃。二乘涅槃是初地满心以上的菩萨就能证得的涅槃,但是第七住贤位菩萨所证的本来自性清净涅槃,却不是二乘圣人所能稍为知悉的。因此,定性二乘的无学位阿罗汉、辟支佛,以及等觉位以下的菩萨,都不具足佛地的这四种法,所以不能称为"常乐我净",是故说二乘圣人都是"无漏不尽",只有佛才是真正究竟漏尽的圣者。

胜鬘夫人在《胜鬘经》里面说:"阿罗汉、辟支佛无漏不尽。"意思是说,阿罗汉、辟支佛不能断尽烦恼障的有漏习气种子,他们还有有漏习气种子随眠在第八识中,仍有可断的烦恼障习气种子可断,所以"无漏不尽";另一方面也说,他们还不能断除无始无明所知障的"上烦恼"随眠,还有可断的烦恼未曾断尽,还有可增进的无漏法未曾修证圆满,所以他们所证的无漏法仍不究竟。而诸佛的第八识已经永尽这一切有漏习气种子随眠与无始无明的随眠,不只是断尽烦恼障的现行而已,已经无可再进断的了,所以是"究竟涅槃"。

但是这个究竟涅槃的法,得要证悟以后,才能真正开始了知,所以《胜鬘经》中,佛才会说:"如此二法,汝及成就大法菩萨摩诃萨乃能听受;诸余声闻,唯信佛语。"也就是说:"自性清净心难可了知,自性清净心而有染污——自性清净心仍有可以修断的二种烦恼随眠——修断这二种烦恼随眠而究竟清净,成就究竟涅槃;这两种妙法,只有利智菩萨及佛方能了知。"想要明了这甚深微妙的法,必须证悟如来藏之后,消除慢心,殷勤研读佛所说的第三转法轮经典及阅读上地菩萨所造的书论,努力进修种智,才能渐渐通达这些法义。

【问题讨论】

一、佛于成佛时,一念破二障,请问是哪二障?

二、为何我们明心时也能破二障而不究竟?原因是什么?

三、为什么成佛时,称为"常乐我净"?"常"是指什么?"乐"是指什么?"我"是什么?"净"是什么?

四、外道所主张的"真常"是什么意思?有何过失?

五、藏密所主张"即身成佛"法门的"乐"是指什么?这和佛法中的"乐"有何相异之处?

六、为何说二乘人都是"无漏不尽"的,是什么道理?

第六章　二乘菩提与如来藏

时值末法，主要是因为众生根器陋劣，外境攀缘多，大部分都在法相等枝末作攀缘；又由于福德浅薄，性障深重，所以此时名为末法时期。虽然是末法时期，但并非已无了义正法在世间绵延赓续不断，还是有正法能使有缘人亲证实相，然大部分人则是因为福薄缘浅而无法值遇，或虽值遇而由于性障及慧劣而无法信受奉行。

譬如当代的南、北传佛法大师，泰半皆以教授四圣谛、八正道、无常无我之声闻法，或教授十二因缘之缘起性空诸法为主要；而芸芸学人竞相供养护持，蔚为风潮，却未见弘法者中曾有已断五上分结者，乃至三缚结都尚具在。许多南传佛法大师，应邀来台传授四念处观、内观禅、动中禅等，全都以定为禅，教导学人时时保持警觉清醒，不可中断，以觉醒性作为常住不坏的涅槃本际，殊不知全都堕在我见之中，因为觉醒性正是意识心的作用。如是诸方大师，尚且未能入二乘菩提见道之初果位，更遑论四果阿罗汉之无学位？而随之修学者，又如何能断我见乃至我执？空言修学解脱道，终无实义。

不仅南传佛法解脱道之大师如是，北传佛法之大乘比丘亦如是；口中好言无常、苦、空、无我，好言四圣谛、八正道所说无我见，可是看他们所谓的证境，仍然是堕在我见之中，反而指责大乘真实无我见的别教如来藏心体为富有外道神我、梵我色彩。他们唯恐否定七、八识以后堕入断灭空中，故又施设意识细心认作是涅槃本际、为生死轮回的主体，成为建立见者，别立意识的细心说，主张意识细心可以常住不坏。但意识心不论如何细，终究不是涅槃实际，也不是生死轮回的主体，因为一切粗细意识之现起，必须是"意根、法尘为缘"才能现行，不能自外于"意、法为缘生"的圣教，都是有生之法，有生则必有灭；这些道理都已详细记载于四阿含诸经中，并非圣教中不曾说过的新法。

探究南、北传诸大师之所以无法证得二乘见道，最主要的原因有两个：第一，不了解五蕴十八界等基础佛法，误以为自己已经确实了解蕴处界等基础佛法；第二，不能了解涅槃之本际，反而因见取见作祟的缘故而公然否定之，断了自己证悟的法缘。第一个原因遮障南、北传大师们的二乘菩提见道，第二个原因遮障南北传大师的二乘菩提正见，并使他们同以错误的看法误导众生。

　　犹如十八界法，是由六根、六尘、六识而合称为十八界，这是众所周知的道理；但是诸多大师不解意根，多谓"头脑或脑神经即是意根"，于是就产生了种种的理解。为什么头脑或脑神经都不是意根呢？因为佛曾开示说意根是无色根，故非头脑等物质；佛又开示说意根可以去到未来世，然而现见中阴身入母胎时，并没有带着头脑或任何脑神经物质来入胎，所以脑神经等物质不是意根。举经为证：

　　《杂阿含经》卷十四中佛世尊云："若思量，若妄想者，则有使攀缘识住。有攀缘识住故，入于名色。入名色故，有未来世生老病死忧悲恼苦，如是纯大苦聚集。"意思是说，如果有思量性（作主审断性）不灭，如果有虚妄想不灭的话，则有结使而会攀缘的意根就会存在。因为这个具有结使攀缘之意根妄识意欲继续存在的缘故，所以使得真识如来藏进入母胎而住于名色之中。进入母胎名色之中的缘故，便有未来世之生老病死忧悲恼苦等。

　　所谓"有结使而能攀缘之识住于母胎中"，那个有结使而能攀缘的识是指什么识呢？答案是真识如来藏。这个真识会有攀缘性的原因，则是由于意根所导致——意根的我执使真识如来藏产生阿赖耶性——意根使真识如来藏具有执藏分段生死种子的体性，于是真识就成为攀缘名色之识。为什么呢？因为佛说此识藏有意根结使种子，能使真识入胎住于名色中故，而甫入胎时之受精卵及意根就是名色，而意根正是有结使、能攀缘的心；意根既是无色根，当然不是头脑或脑神经。因此，甫入胎时既由真识入于名色中，而此时之"名"尚无前六识，所以"名"唯是意根，"色"则是受精卵尚未分裂时之单细胞。"名"摄在心，不是有色根，所以意根当然是心，不是物质的头脑或脑神经。又因为上一世死时之六识俱灭，不能去至来世而住于母胎中，由此证明"识"所入住之"名色之名"，唯是意根；意根是心，非有色根故。甫入胎时之"名"既是第七识意根，则能持"名"者必定是第八识如来藏，因为前六识尚未出生的缘故。所以，假如说这时候意根"名"是头脑或脑神经，则违背现象界之事实；因为初入胎时并未携带前世的头脑或脑神经飞来入住母胎中故，也尚未出生头脑故，头脑是净色根、是胜义根物质故，不是意根心法故；如果说甫入胎时唯色无名，则违背四阿含所说，佛说此际"名色俱有"故；因此意根是心，不是头脑、脑神经，因为众生的头脑等物质并不能去到未来世，也不能入胎而住故。

如是,《阿含经》中佛语正真,已证实有第七识意根,亦证明有第八识——持名色之识,则阿含法义中已具足八识之说,不须于十八界外另行建立意识细心、意识极细心,妄想施设为前后世生死轮回因果之联系者;他们也不须外于佛说而另行建立意识细心或极细心作为涅槃之本际。为什么呢?因为佛说所有意识都是依意根为缘而生、而有,不是本来自在之心;佛说意识若在,就不能入无余涅槃;而意识之最细者,无过于非想非非想定中之意识;此意识心若不永灭,则意根与第八识就不会舍寿入胎。所以,由此可见,建立意识细心、极细心为涅槃之实际、为前后世生死之联系者,名之为妄说,堕入常见中。如此妄说形成的原因,端在天竺月称、安慧、寂天等人不解阿含所说的五阴十八界法,别创应成派中观,使得后代很多中国、印度的修行人受到应成派中观之蛊惑,所以极力否定七、八二识;又恐堕入断灭见中,故又另外建立意识细心和意识极细心而广为弘传;此举不唯违教,亦复悖理,实在无一可取之处。何以故?此说佛在《阿含》中已经明示一切粗细意识都是生灭法故:"诸所有意识,彼一切皆意法因缘生。"

再者,这些南、北传诸大法师,由于不知、不解、不证涅槃,所以对涅槃产生种种臆度,堕在情解之中,便以情解臆度而弘传常见外道之涅槃,悉堕于《楞严经》所说的外道五现见涅槃之见解中,共同误导众生。此诸人等,悉皆欲以意识心而入住涅槃中;譬如以见闻觉知心作为涅槃心,以意识细心为涅槃本际,以意识极细心作为涅槃本际,同皆欲以意识心常住于无余涅槃中。殊不知,佛所说的涅槃是阿罗汉断尽我执,舍寿时令自我(五蕴十二处十八界)灭尽,包括意识的细心、极细心都应灭尽,方可名为实证涅槃。也就是六识及意根俱灭,第八识不再入住母胎,亦不受生于天界中,所以不再有来世蕴处界我现行,名为无余涅槃。而不是这些大师们所以为的意识觉知心可以入住涅槃中;因为意识一旦现行,皆必可以自己觉知,亦皆必须有意根及法尘存在故,则非十八界法俱皆灭尽的涅槃;而且意识心不论细至何种程度,悉皆具有证自证分,若无余涅槃中仍有意识存在,则无余涅槃即非真实无我性。因此,但凡主张"有不可知之意识细心常住",就是虚妄建立的见解,正是"兔角法",不是真实之佛法。

如佛在四阿含中,处处说阿罗汉入无余涅槃时,名色俱舍。色即色身,名是意根及六识与其所引生之受想行蕴。因此,意识舍已,还有何种细心可以存而不灭?如果还有意识细心不灭,就不可以说意识及意根俱灭,那么佛应该说"无余涅槃中还有意识细心不灭",也应该说"无余涅槃中还有意根及法尘不灭",因为佛在阿含诸经中不断宣说"意根与法尘为缘生意识故",只要意识存在就一定会有意根及法尘存在故。那么无余涅槃位中最少就应该还有三界存在：意根、法尘、意识。如果是这样的话，那么阿含诸经中佛语显然已经成妄，应须改写。如果不是这样，主张有"不可知之意识细心或意识极细心常住于无余涅槃中"，就成为妄语，乃是虚妄想所建立之"兔角法"。

由阿含诸经所说之教理可知二乘菩提不得离于七、八识而单独存在；由基本的十八界及涅槃本际之理，即可推知二乘菩提都是以如来藏为根本而建立的。如是二乘无学证得十八界空后，舍寿灭尽名色十八界成无余涅槃时乃是非空亦非有的境界，而非一切皆无的断灭空境界。"非空"的意思是说有第八识离见闻觉知而独存，所以不是断灭；"非有"则是说"三界有、十八界有、名色有"已灭尽故。如是非空非有即是涅槃中道义，而非"蕴处界灭已，灭相不灭，故名真如"。因为灭相的本质即是空无、即是断灭，不可强说为"非断灭"，其本质乃是虚妄想所建立之"兔角法"。此外，唯有意识觉知心是能知灭相的心识，若主张此心识能入无余涅槃常久不坏，则不可说不是"非常计常"的常见外道思想。是故一切人不应外于如来藏而说二乘缘起性空之法，才不会落入常见及断见的外道思想之中。而且佛于四阿含中，已处处说有第八识，而一些人由于自身不解佛意，妄谓佛未曾说。如是诸人尚且不能入二乘见道位中，不能实证声闻初果，更遑论大乘别教之果证？因此，我们说"二乘菩提不外于如来藏，乃依如来藏而显"。如是正理，一切欲入解脱道及佛菩提道之佛子皆应知之。

【问题讨论】

一、为何称为末法时期？

二、为什么南北传大师教导学人"时时保持警觉清醒"的法教，无法令人证入二乘菩提之初果位？

三、你认为把如来藏法指为"富有外道神我、梵我色彩"的主张，有何过失？请详述之。

四、南北传诸多大师之所以无法证得二乘见道的原因有哪些？

五、为什么意根是心法而不是大脑？如果意根是大脑，会产生哪些过失？

六、建立"意识细心"、"意识极细心"为涅槃本际，会产生哪些过失？

七、为何建立的"意识细心，常住不灭"与"灭相不灭，故名真如"都是"兔角法"？

第七章 唯一佛乘

《胜鬘经》"一乘章"第五:"佛告胜鬘:'汝今更说一切诸佛所说摄受正法。'胜鬘白佛:'善哉!世尊!唯然受教。'即白佛言:'世尊!摄受正法者是摩诃衍,何以故!摩诃衍者,出生一切声闻、缘觉世间出世间善法。世尊!如阿耨大池出八大河,如是,摩诃衍出生一切声闻、缘觉世间出世间善法。世尊!又如一切种子皆依于地而得生长,如是,一切声闻、缘觉世间出世间善法,依于大乘而得增长;是故,世尊!住于大乘、摄受大乘,即是住于二乘、摄受二乘一切世间出世间善法……'

'世尊!不受后有智有二种:谓如来以无上调御,降伏四魔,出一切世间,为一切众生之所瞻仰,得不思议法身,于一切尔焰地得无碍法自在,于上更无所作,无所得地;十力勇猛,升于第一无上无畏之地;一切尔焰无碍智观,不由于他,不受后有智师子吼。世尊!阿罗汉、辟支佛度生死畏,次第得解脱乐,作是念:我离生死恐怖,不受生死苦。世尊!阿罗汉、辟支佛观察时,得不受后有,观第一苏息处涅槃。世尊!彼先所得地,不愚于法,不由于他;亦自知得有余地,必当得阿耨多罗三藐三菩提;何以故?声闻、缘觉乘皆入大乘,大乘者即是佛乘;是故三乘即是一乘,得一乘者得阿耨多罗三藐三菩提,阿耨多罗三藐三菩提者即是涅槃界,涅槃界者即是如来法身。得究竟法身者,则究竟一乘,无异如来,无异法身;如来即法身,得究竟法身者,则究竟一乘,究竟者即是无边不断。'

'世尊!如来无有限齐时住,如来应等正觉,后际等住;如来无限齐,大悲亦无限齐;安慰世间无限,大悲无限安慰世间;作是说者,是名善说如来。若复说言"无尽法、常住法,一切世间之所归依"者,亦名善说如来。是故于未度世间、无依世间,与后际等作无尽归依、常住归依者,谓如来应等正觉也。'

'法者即是说一乘道,僧者是三乘众;此二归依非究竟归依,名少分归依。何以故?说一乘道法,得究竟法身,于上更无,说一乘法身。三乘众者有恐怖,归依如来,求出、修学,向阿耨多罗三藐三菩提,是故二依非究竟依,是有限依。若有众生,如来调伏;归依如来,得法津泽;生信乐心,归依法、僧,是二归依非此二归依,是归依如来。归依第一义者,是归依如来,此二归依第一义,是究竟归依如来,何以故?无异如来、无异二归依。如来即三归依,何以故?说一乘道,如来四无畏,成就师子吼说。若如来随彼所欲而方便说,即是大乘,无有三乘。三乘者入于一乘,一乘者即第一义乘。'"

由以上胜鬘夫人之开示,即可了知一切声闻、缘觉出世间善法,皆由大乘出生,依于大乘而得增长;而所谓大乘者,即是佛乘;三乘者入于一乘,一乘者方是第一义谛。也就是说,三乘菩提皆汇归于一乘——佛菩提,而佛菩提之精髓,即是第一义谛——如来藏,所以大乘佛法实以如来藏为根本;但由于如来藏法难知难解、难修难证,所以非凡愚所能知之,能真实了知"唯一佛乘"妙义者,唯有能知二转法轮、三转法轮之别教菩萨耳。

声闻蕴处界相空及缘觉缘起性空之法,皆是佛的方便施设权法,法义、行门及所证,皆不及法界实相之义;虽共大乘菩萨法道,而非究竟,不能触及第一义,皆依三界有为法而说而修故。唯有大乘不共二乘之菩萨法道,方依法界实相而说而修,能证法界实相之真如与佛性故,所以说唯有大乘是第一义法。大乘之空性法涵盖二乘相空诸法,兼及三界有为法之相空及法界实相之空性故;因此二乘法乃是从佛菩提中方便析出,以度畏惧生死之人,令其现生可以实证无余涅槃,证已再授与佛菩提道,令其发起悲心欲度众生而不畏生死,回心佛乘而修菩萨道,永不取灭度;所以二乘佛法本是佛菩提之局部内涵,非究竟法,非圆满法。《法华经》云:"唯一佛乘,无二无三。"即是此义,是故第一义悉檀者唯大乘中才有,二乘则无。

有诸法师居士崇尚二乘法,勤修南传佛法而排斥大乘唯识系之如来藏经典;彼等异口同声推崇四阿含,谓四阿含为究竟说,是佛亲说;并谓四阿含已涵盖大乘法义,即是佛法之全部,即是成佛之道;又言大乘唯识如来藏系诸经非佛所说,谓唯识诸经为方便说,非了义说,是后人长期共同创造增补所成就者。此种现象,不独显教中有,藏传佛教中亦复如是多有其人,共同抵制佛菩提道妙法。譬如天竺月称误会龙树菩萨《中论》,彼著《入中论》,而不承认有如来藏;又如阿底峡及黄教始祖宗喀巴,亦同月称法师服膺中观应成派思想,齐力否定如来藏;乃至今时很多人继承月称之应成派中观,同堕意识境界中,未断我见而极力否定第八识胜法。此诸假名善知识,悉堕二乘相空之法,执缘起性空之无常断灭法以为究竟,谓彼诸人不许无余涅槃之中有空性本际故。

然佛于阿含四部之中,早已密意说有涅槃之本际,说无余涅槃非同断灭,谓其中有阿赖耶识空性不生不灭,故名涅槃"真实",亦言涅槃"常住不变";而诸二乘无学以信佛语故,知舍报入涅槃,非同断灭。今观应成派诸中观师,既不许涅槃中有佛说之本际,又说灵知心亦是缘起性空、幻灭之法,则无余涅槃岂非断灭?无异断见外道。以不解不证无余涅槃故,执二乘法为究竟;又复因此恐堕于断灭见中,随同月称、宗喀巴建立意识心为常住不灭之金刚心,返堕我见、常见之中;现代有些人,为与意识无常心而作区别,乃另立意识细心、意识极细心为常住不坏心,作为联结三世业种因果之心,仍堕意识心中,仍处于常见一边而却自谓已知已证中观。然其不可谓为已证般若者,因同于常见外道故,不离建立见与诽谤见故,皆属凡夫种性。

学佛者若未亲证空性阿赖耶识,任凭口说中道之理滔滔不绝,感得天花乱坠,亦皆戏论,不离断常。如是之人必以遮遣一切名相为离有,以灵知心离诸名相而不灭为离无;以灵知心不起语言影像而安住不动为中道。此亦戏论,何以故?盖灵知心乃一期生死所有,不通三世;彼世灵知心死已即无,彼心不入母胎来至今世;今世之灵知心亦然,死已即灭,不能去至来生,已成断灭,何能常处中道?今应成派中观师认定灵知心为不生灭者,具足我见,常堕于六识自性见中,正是自性见外道;而反指责永离六识自性而证得空性如来藏者为自性见外道,同于盗贼之诬责屋主为贼,颠倒正法之大是大非,反责他人正法为非,无斯理也。

如是之人岂唯不解大乘,亦乃不解二乘;岂唯不解楞伽、楞严,亦乃不解四阿含、不解原始佛法:一者,谓彼诸人不解世尊已于四阿含中密意说有阿赖耶识、说有涅槃本际、说涅槃非死已断灭、说有如来藏、说有大乘、说有菩萨,而彼应成派诸中观师不知不解;复于自身及一切有情身中不知不见如来藏性,求索不得,遂谓之为佛之方便说;乃执灵知心为不生灭心、为中道心,堕于意识之缘起无常,正是我见,而反诬指亲证如来藏者为自性见,颠倒是非。二者,谓三转法轮是佛陀一生之为人悉檀、方便施教;必定先以解脱道而教众生速证解脱,十余年后已令众生于佛得具足信,然后始说难知、难解、难修、难证之般若实相妙义;亦十余年而证般若已,确知法界实相妙义而亲证已,信自能修、能证佛菩提道,生起自己亦能成佛之大信已,佛始进入第三法轮而转唯识增上慧学法轮,令诸已悟般若之菩萨众,得入初地乃至十地、等觉,即如善财童子之一世证入等觉位中,即是大菩萨之方便示现也!故有五十二阶位之修证过程,开示于佛菩提之实践者;由是可知前后三转法轮诸经俱是佛陀亲口宣说者,当知初转、二转、三转法轮诸经皆是佛陀在世之所亲说,应当皆是原始时期之佛法,焉可将第二、第三转法轮时期之佛说，排除于原始时期所说佛法之外？而谤为非佛说？

今观应成派中观见者，否定第二、第三转法轮诸经所示如来藏妙义已，已令自宗所弘之解脱道成为断灭境界，由是缘故，产生二种不同之现象：一、藏传佛教建立无常生灭之意识心为常住心，努力钻入意识境界中而坚执不舍，故有男女合修之乐空双运、无上瑜伽、大乐光明等双身法之弘传，以淫乐第四喜之意识境界作为成就佛果之即身成佛法门，将诸众生同入火坑，本质实是以外道法取代佛法之破法者。二、有人虽否定乐空双运之双身法，但在承认应成派中观为正法以后，由于四阿含中佛陀处处宣说"意、法为缘，生意识"，处处开示"意识为生灭法"，又处处开示"灭尽十八界者方为无余涅槃"，他们发觉自身否定第八识而依教奉行之后，实已堕入断灭境界中，故又回头重新建立意识心为常住心；但为区别自己新立之意识细心不同于一般意识，乃主张意识细心常住不灭，言外之意为"意识细心非意识"。然而佛陀大智早已料定后世有人将生如是邪见，故于四阿含诸经中，多次开示："意、法为缘，生意识。"又于《杂阿含经》卷五中明确开示："所有诸色，若过去、若未来、若现在、若内、若外、若粗、若细、若好、若丑、若远、若近，一向积聚。作如是观：一切无常、一切苦、一切空、一切非我，不应爱乐、摄受、保持。受、想、行、识亦复如是。"从世尊的这些开示中，我们可以明确地知道：识蕴中的意识之特性乃是："一切粗细意识皆意根、法尘为缘而生。""一切粗细意识皆无常、苦、空、非我，不应爱乐、摄受、保持。"谓意识心之种种变相，不论其粗细，所有一切意识皆是意根与法尘为缘方能出生者，非是本来自己已在之心，当然是生灭心。由此事先预料故，佛陀已于四阿含诸经中，处处说有第七、八识；而此四阿含中处处隐语密意以说第七、八识之诸经，其实本是声闻罗汉听闻第二、第三转法轮佛陀所说经法之后所结集者，经文具在。所以，现在首要之务在于引导学人回归佛菩提正道，在于引导解脱道学人远离断常见之错误解脱道，回归正确之佛法解脱道，故有此书之作。

如来藏阿赖耶识方是般若经所说之空性，不可谓一切法缘起性空、一切法无常生灭为空性。若一切法之无常生灭及缘起性空即是空性，则般若空性即成断灭，悉皆无常生灭故，则般若即成性空而无实义之戏论；然而如来藏则非如是，本是实义法而非名言施设之性空唯名；凡夫异生之如来藏，悉皆驻在有情五蕴身中，一切异生及二乘愚人皆不能见，唯有菩萨以其慧眼方能见之。证得如来藏者，名为亲证般若空性；般若名为智慧，乃是世出世间之慧，不共二乘。证得如来藏者，经由触证体验如来藏空性之各种法性，而渐渐发起般若慧，方能了知般若经所说非有非无、非一非异、不生不灭、不来不去、不增不减之义；以如来藏之体性本来如是故，便不再如应成派中观师之执灵知心意识为常我，即能实证无我。

心若有知有觉，不论定中定外，亦不论有无妄想，皆是分别我见我执之心，此心永远都是意识故，永远不可能被转变为第八识真心。心若有做主、能做主者，皆是俱生我执之心，此是意根末那识故，永远不可能被转变为第八识真心。而如来藏空性离六尘中之见闻觉知，不自知自己之常住，亦不做主，复不贪不厌五尘，不贪不厌佛法；其体非无非有，不增不减，不生不灭，不来不去，不垢不净，不断不常；能生一切法，而与一切法非一非异；远离三界觉观，无所贪著，亦不执著自心，如是无我无人而无厌憎、无取舍、无所住，方是中道心；证此中道心者，方能契会三乘无我空性。

此如来藏空性方是法界之实相，正是无余涅槃之实际，亦是佛地大菩提果之根本，即是十方三世一切诸佛之法身，非以蕴处界缘起性空之空无而可名为空性。一切有情悉皆各各有一"唯我独尊"之如来藏，彼诸应成派中观师等，人人亦各有其如来藏，唯彼诸人悉皆不见而否定之；而人间一切证悟之人，悉能以其证悟所得慧眼，观见彼极力否定如来藏之应成派中观师各人之如来藏，非二乘无学之所知也。是故二乘无学圣人若未回心大乘而证如来藏空性者，悉皆不解大乘般若空，不敢轻言般若。而诸二乘法中之凡夫，不信佛语所说确有如来藏为涅槃之本际，故每诤论于证悟如来藏之贤圣菩萨。而诸菩萨证得如来藏已，纵使已入相见道位中勤修别相智，亦仅知般若空性之总相，唯得般若法智与类智；尚未能知如来藏空性之内所藏一切种子功能差别，故须悟后加修一切种智，方得入地。一切种智即是全部如来藏系经典所开示之深密法义，总名唯识学，即是大乘法中之增上慧学；一切种智修学未圆满前，皆名为道种智，具足圆满则名一切种智，唯佛成就。

是故，十方三世诸佛之法，皆是如此，同是唯一佛乘之大菩提道；二乘菩提其实也是一乘道之法，不外于唯一佛乘。在此娑婆世界百岁人寿之时，学人善根浅薄，以此缘故，世尊不得不观机逗教，施设三转法轮之方便，将唯一佛乘区分为二大甘露法门——解脱道与大菩提道——而弘扬之；然究其实，解脱道与大菩提道，俱依自心藏识而生而显，本属唯一佛乘涵盖之理，本皆不能外于自心藏识而说有解脱道与大菩提道。如法华所说，诸佛之示现于人间者，皆为同一大事因缘而示现，即是令众生开示悟入诸佛之所知与所见也！然而诸佛之所知与所见者，同属真如心之体与用也，故说三乘为方便说，其实同一佛乘；若不如此说者，即成戏论,离真实义。由斯正理,说诸菩萨若证自心藏识,即能入此大菩提门,依之便能渐次圆满三贤位,亦能次第修进诸地乃至佛地,故说唯一佛乘是以如来藏为根本,也是大乘佛法之精髓。

【问题讨论】

一、声闻、缘觉世出世间善法,从何而生?依何而得增长?

二、佛菩提的精髓是什么?为什么?

三、大乘之空性法涵盖哪些?请说明之。

四、《法华经》云:"唯一佛乘,无二无三",指的是什么?

五、为何说未亲证空性阿赖耶识者,口中所说,皆是戏论,原因何在?

六、请你谈谈为何十方三世诸佛之法,皆是唯一佛乘的道理。

第五篇　藏传佛教应成派的中观思想

就佛教思想哲学基础而言，自古以来，藏传佛教各派可总括为如来藏中观与应成派中观两个系统。前者如宁玛派（红教）、噶举派（白教）、萨迦派（花教）、觉囊派，其内容或曰如来藏、自续中观、唯识见、轮涅槃不二见、大中观、他空见等，皆是站在"世俗谛无、胜义谛有"的原则上，而各自讲述其胜义谛要旨，其间差异南辕北辙，不可谓不大。而应成派中观则是由较晚形成的格鲁派（黄教）宗喀巴师徒数代而发扬，造成如来藏系法弘传不彰、人才凋零，应成派中观至今仍为藏传佛教哲学的主流思想（上述藏传佛教诸宗派中唯有觉囊派之如来藏他空见，以第八识如来藏法为主要内容，红、白、花教都是误会如来藏而说自续中观。但觉囊派以双身修法为表相，表面弘传"时轮金刚"作为掩护，而密传他空见之如来藏正法，以如来藏正法暗中破斥藏传佛教其他各大派所传授之双身法。时久月深，藏传佛教中较强势者（黄教）渐知觉囊派之所为与目的，因此觉囊派已不能见容于黄教。但是觉囊派之"他空见中观"如来藏法，历经达赖五世时起之多世篡改，曲解法义，以格鲁派误会后之观点而改易之，今时欲再寻觅觉囊派正确之他空见中观如来藏法，已难可得也）。

应成派中观思想于20世纪20至30年代，经法尊法师二度入藏修学藏密，并翻译大量藏密经典，如《入中论》、《入中论释》、《入中论善显密意疏》、《菩提道次第广论》、《密宗道次第广论》、《胜集密教王五次第教授善显炬论》及藏密因明学的《集量论》和《释量论》等。法尊法师对藏密的研究工作影响了当时其他佛学研究者的兴趣，并因此直接或间接引起中土地区藏密的广大弘传，一些大师也因此而将藏密黄教的应成派中观六识论，积极引入大乘法中，公然与传统佛教的如来藏正理抗争，并且已成功地影响了专弘六识论的相似佛法。从此以后，应成派中观思想在世界各地产生极大的影响。由于应成派中观思想不同于中土传统佛法以证如来藏为修持重点，因此，在概论佛法之时不得不另辟章节介绍应成派中观思想，使读者皆能明辨藏传佛教主要思想与正统佛法之间的差别。

第一章　藏传佛教应成派中观的缘起

佛灭度后，印度之佛教于公元2—3世纪时，龙树菩萨依大般若经，造《无畏论》，总有十万偈，宣示藏识空性法门。后由此论中拈出八不之颂，即"不生亦不灭，不常亦不断，不一亦不异，不来亦不出"，此八不中道之颂，阐述般若的中道实相，并依中道涅槃智证修断等门，分析辨正，成立百偈，建立二十七种观门，宣示八不中道正理，这百偈颂即是《中论》，又名《中观论》。龙树菩萨并有弟子圣提婆著有《四百论》、《百论》及《百字论》，圣提婆的著作均继承龙树菩萨的如来藏中道思想，并广泛地驳斥其他宗派的论说。圣提婆有弟子罗(宙)罗跋陀罗法师，罗(宙)罗跋陀罗法师著有《赞法华经偈》、《赞般若偈》，嘉祥吉藏大师《中观论疏》说："罗宙罗法师，是龙树同时人，释八不，乃作常乐我净明之。"罗(宙)罗跋陀罗法师以八不缘起来解说无垢识大涅槃的常、乐、我、净四德，而将中观中如来藏思想明显地说明出。

公元5—6世纪期间，印度佛护论师学习龙树菩萨之中观思想，并广泛地注释《中论》。但佛护论师并未如实理解龙树如来藏说《中论》正理，他以六识论为前提，在注释《中论》时主张胜义谛、世俗谛一切皆空，不许佛法名言中有自相，并且不立自身宗派的宗旨，以一法不立的立场专门破斥其他宗派，由此掀起了空有之争。后来有六识论者清辨论师驳斥佛护论师对《中论》的看法，两派之间的空有之争正式展开，此后两派历代弟子不曾中断地继承空有之争的法战——同以六识论错误前提而互相辩论不断，成为佛教史上有名的空有之争，但实证如来藏的贤圣有时难免遭遇池鱼之殃——被诬为执有。此后佛护论师的追随者，由于辩论最后归结之时必言"如是应成"，故被号为"应成派"；而清辨论师的追随者，仍主张意识可以自己永续存在而被名为"自续派"。但无论"应成派"或"自续派"之见解，皆以意识心不住两边、不著诸法，作为究竟的中道观，因此称之为"应成派中观"与"自续派中观"。这两派六识论的中观见，传到公元7世纪时，有月称论师独尊佛护论师，大力发扬"应成派中观"的思想；月称论师著有《入中论》，认为是悟入《中论》的阶梯。《入中论》的内容除遮破唯识学第七、第八识思想外，亦破斥"自续派中观"。至此,形成"应成派中观"(佛护及月称论师)与"自续派中观"(清辨论师)间的诤论高潮。这两派的中观思想是藏传佛教的主要思想内容,藏传红白花黄之四大教派之中,红、白、花教皆尊"自续派中观",而黄教则独尊"应成派中观",但都同属六识论的思想。

有关佛教传入西藏的过程,有多种不同的传说。一般认为是唐玄宗天宝六年(约公元747年)吐蕃国王赤松德赞王在位期间,天竺晚期"佛教"坦特罗"佛教"正式地引进吐蕃王国,当时吐蕃国王聘来寂护(汉译为静命)等举行桑耶寺的奠基,且举行最初西藏僧人的授戒。后吐蕃国王并延请莲华戒,于"桑耶寺之宗论"与来自中土错悟的摩诃衍辩论,由于摩诃衍自身实未具法眼,又缺乏因明论的熏习而为熟悉因明论的莲华戒所论破,但二人同属六识论者,都不曾证悟第八识如来藏。摩诃衍辩论失败后退出藏地,中土佛教思想因此停止于藏地的弘传,这即是藏传佛教史上著名的"拉萨论争";近代法国学者研究之后,写了《吐蕃僧诤记》一书,详细记载二人间的论诤。从此以后"应成派中观"思想一支独盛,并成为以后藏传佛教的基础,其影响在黄教开派祖师宗喀巴所著之《菩提道次第广论》一书中表现最为显著。

"应成派中观"以月称论师的《入中论》为理论根据,逐渐发展成熟。转入藏地以后经过一段很长的时间,在公元15世纪左右,才有宗喀巴大力弘传,并对藏传佛教的发展产生很大的影响。宗喀巴依据月称论师的《入中论》著作《入中论释》,明确地否定唯识思想——否定如来藏的存在;并推翻佛陀在《阿含经》中隐覆而说,或者有时明说的第七识意根和第八识如来藏阿赖耶识。"应成派中观"的思想继承者,在藏地始弘扬之后,以藏传黄教为主,自阿底峡、宗喀巴、寂天、克主杰、土观、历代达赖,代有传承;乃至近代显教的一些人,则是在法上主动承继,并无传承。

【问题讨论】

一、藏传佛教之主要思想内容以哪两个宗派为主?其教义源自于哪些人的哪些著作?

二、何谓"拉萨论争"?"拉萨论争"对藏传佛教有何影响?

三、在藏传佛教的历史中是否曾有致力于弘扬如来藏正法的宗派?

第二章 藏传佛教应成派中观的主张与正统佛法间的差异

第一节 应成派中观不立自宗破他宗

月称论师在《入中论》偈中说"前说能破与所破，为合不合诸过失，谁定有宗乃有过，我无此宗故无失"。宗喀巴释曰："前说能破所破，为合而破，为不合而破，所有诸过失。若谁定计有自性之宗，彼乃有过。由我无此有自性之宗，故汝所说若合不合二种过失，我定非有。以我许能破所破俱无自性故。回诤论云：'若我有少宗，则我有彼过；由我全无宗，故我唯无失。'"应成派中观诸论师认为一切法俱无自性，因此不立自宗。月称论师认为，不论哪一个宗派提出有自性之宗旨，彼宗派即有过失；而应成派中观，因不立自宗，因此将全无过失。然而，应成派中观论师的这种观念却是来自对《中论》全然的误解。

《中论》是龙树菩萨批判当时印度诸学派的著作，《中论》的论述方式，是以指出错误知见的方式来显现如来藏空性中道正理，而非以正面陈述的方式使人悟入。《中论》中虽已处处说明有空性心如来藏的存在，但古今不明此理之佛学论师却认为《中论》不曾指向或"显现"任何真实心或常住法，而认为《中论》只是说明"一切法空"或"缘起性空"。月称论师同样因未悟入中道空性如来藏，且未能接受如来藏之存在，因此将《中论》叙述空性心如来藏所出生的十八界法不真实（一切法空）之法义，当成是究竟的了义正法，而完全忽视了《中论》是依能出生空相诸法的空性心如来藏来显示中道的现观。至于月称以后之阿底峡、宗喀巴等人，均一致认为世俗与胜义二谛均无自性——皆是缘起性空；他们并且皆主张世间的一切法，是不必有任何实法（如来藏——阿赖耶识）作为依止，而业种可以独自存在，亦能生果。由于应成派中观彻底地否定一切法有自性的存在，因此它本身无法成立自宗派的宗旨，唯能以一切法空来驳斥其他宗派，也就是"不立自宗，专破他宗"，对于他宗他派所立的主张，应成派都加以随立随破而不立自宗，但其本质仍然是已经建立"一法不立"的主张了，并非真实不立自宗。

大乘佛法所谓的心，是指如来藏空性心，也就是窥基大师在《般若波罗蜜多心经幽赞》所叙述的心："余经说心，自性清净；诸法贤圣，皆即真如；依他相识，根本性故。又说一谛、一乘、一依、佛性、法身、如来藏、空、真如、无相、不生不灭、不二法门，无诸分别，离言观等。"《般若波罗蜜多心经》及《幽赞》中所说之心，都是指自性清净心；此心乃真实不虚之心，不生不灭之心，其体犹如虚空，其性犹如金刚，是无人能坏的"贞、实"微密而难见之心。故窥基大师于《般若波罗蜜多心经幽赞》中所说的一谛、一乘、一依、佛性、法身、如来藏、空、真如、无相、不生不灭、不二法门等等，均是以如来藏心体之体性而别别立名，虽然名称广有多种不同，然实皆是同指第八识如来藏空性心。此第八识如来藏空性心，远离六根、六尘、六入所生诸法，远离见闻觉知，远离一切名言觉观。因此，如来藏不只是离于能分别、所分别两边，亦离于世间一切法的二元对待。故有龙树菩萨"不生亦不灭，不常亦不断，不一亦不异，不来亦不出"之八不之颂，亦有心经中之"不生不灭、不垢不净、不增不减"，乃至佛经中及祖师开示中常有"不断不常、不生不死、非空非有、非有非无、非俱非不俱、非修非不修"等离于两边之如来藏体性的种种论述。月称论师不认同佛陀及龙树菩萨所开示的如来藏法义，却采用如来藏空性离于两边的论述方式，衍生出一连串的归谬证法(应成法)。月称论师所著《入中论》即采用此归谬证法企图证明凡是立宗旨者都将自相矛盾。月称论师主张真理是无法以言语说明的，虽然有譬喻可以引用，却是没有建立真理的第一因存在。所以月称论师自宗不设立宗旨，仅是权巧借用对方的宗旨为因，反诘论破对方宗旨以证成对方自宗立场的错误。

对于应成派中观"不立自宗，专破他宗"的作为，在《楞严经》、《瑜伽师地论》、《显扬圣教论》中皆名之为不死矫乱外道而评破之，如《瑜伽师地论》卷七中弥勒菩萨开示："不死矫乱论者谓四种不死矫乱外道，如经广说应知，……第四，唯惧他诘，于最胜生道及决定胜道，皆不了达；于世文字亦不善知，而不分明说言：'我是愚钝，都无所了。'但反问彼，随彼言辞，而转以矫乱彼。……由彼外道多怖畏故，依此见住；若有人来，有所诘问，即以谄曲而行矫乱。当知此见，是恶见摄，是故此论非如理说。"语译如下："经中说有四种不死矫乱的外道，第四种不死矫乱论的外道，因为怕他人诘问，其自身于最殊胜的真理及最了义的道理，不能通达；对于世间文字也不充分了知，却不明白的承认说：'我因为愚钝，一切不明了。'反而藉题质问对方，随着对方的言词所说，来矫乱对方，……由于这种外道心中多怀有畏惧，并依着这种见解安住，如果有人来质问，就用谄曲的心态矫乱对方。

所以应该知道这种见解是恶见,这种理论并不如理。"弥勒菩萨于《瑜伽师地论》中将"于最胜生道及决定胜道,皆不了达;于世文字,亦不善知。……随彼言辞,以矫乱彼"的作为,归类为第四种不死矫乱论的外道。其中,应成派中观"不立自宗,专破他宗"的作为,即是"随彼言辞,以矫乱彼"。然真正的佛弟子者为破邪显正,应立自宗最胜生道及决定胜道来显扬圣教,破斥之拯济群萌。《瑜伽师地论》卷十七中弥勒菩萨即为此而开示:"彼圣弟子虽于他所显扬自宗摧伏他论,然于诸法惟为法性缘于慈悲。谓当云何?若有于我所说妙义一句领解,如是如是正修行者,令彼长夜获得大义利益安乐,亦令如来正法久住。"可见应成派中观"不立自宗,专破他宗"之思想及作为,与弥勒菩萨所开示之圣弟子之所应为恰恰相反,乃非圣弟子之所应思、应为。凡是依之而行者,难免不死矫乱外道之讥。

应成派中观虽然不立自宗派,但其实仍有几点主张,其中主要为破唯识宗的主张与论点,并非他们自称的不立一法。宗喀巴在《入中论善显密意疏》中认为应成派中观与其他佛教宗派间有多种不同的论点:"此清净宗有多种不共余释之义。举要言之,谓破离六识之异体阿赖耶识,破自证分,不许用自续因引生敌者真实义见(破自续派中观),如许内识亦应许外境,许二乘人亦能通达法无自性,立法我执为烦恼障,许灭是有为,及以彼理安立三世等诸不共规。"应成派中观与其他宗派有几项不同的论点,其中遮破唯识的主要论点有:不许离于六识外有阿赖耶识、不许有自证分、不许自续派中观、以不许外境故亦不许内识(换言之,即是不许唯识学之"三界唯心,万法唯识"主张),却谬许二乘人亦可证法无我。如此公然否定佛陀开示之唯识教法而又自称不立自宗、专破他宗,如是主张就是"应成派中观"的思想核心,以下分别就应成派中观的主张与三转法轮唯识种智间的差异进行说明。

【问题讨论】

一、你是否认同"不立自宗,专破他宗"就能规避他人的评破而能毫无过失?

二、何谓不死矫乱外道?哪些经典中曾有佛菩萨开示不死矫乱外道之思想内容?

三、佛教圣弟子是否应"显扬自宗、摧伏他论"?

四、"一切法空"及"缘起性空"是否就是全部佛法?"一切法空"或"缘起性空"是否能符合八不中道及心经中"不生不灭、不垢不净、不增不减"之佛菩萨开示?

第二节　应成派中观不许有阿赖耶识

第一目　应成派中观是"六识论"

月称论师《入中论》偈说:"经说外境悉非有,唯心变为种种事;是于贪著妙色者,为遮色故非了义;佛说此是不了义,此非了义理亦成;如是行相诸余经,此教亦显不了义。……如是了知教规已,凡经所说非真义;应知不了而解释,说空性者是了义。"语译如下:"三转法轮唯识经典说外境皆非真实,是由阿赖耶识变现为内相分,而为七转识所了知;这是对贪著于妙色的人,遮止对妙色的贪著,因此不是究竟了义;佛陀说这是不了义的,这非了义的道理是可以确定的;三转法轮唯识经典就应成派中观的观点来看,均是不了义说。……如是了知了义与不了义之建立规矩者,当经典所说非是真实了义时,应当了知彼经典即是不了义;了知彼经典是不了义后,即当解释一切法空是真实了义。"宗喀巴在《入中论善显密意疏》中解释上述偈文后,明白地说明:"(一)显破外境说唯有心是不了义者……(二)显说阿赖耶是不了义者,谓明常恒坚固如来藏之教是不了义之教。"宗喀巴明白指出"三界唯心,万法唯识"是不了义,说离六识外有阿赖耶识是不了义,说有一恒常坚固的如来藏即是不了义。宗喀巴并于同书中亦说"如般若十万颂等无量经典说识数时,只说六识身,不曾多说。故佛经藏有建立不建立阿赖耶识之二类"。也就是宗喀巴等应成派中观论师认为二转法轮般若系列经典于说到识的数目时,仅说有六识,不曾说到有七识、八识,佛陀的经藏有建立与不建立阿赖耶识两种。因此,应成派中观可以说是完全否定佛陀开示的唯识法义中之"八识心王"而坚执主张"六识论",亦是认为佛陀前后三转法轮的经典是互不相同而不一致的。

对于二转法轮般若系列经典是否仅提及六识,以下引般若经典经文探讨佛陀对如来藏、意根与六识的看法:

在《大般若波罗蜜多经》卷三六六世尊开示:"是菩萨摩诃萨意了法已,不取诸相,不取随好,即于是处防护意根不放逸住,勿令心起世间贪忧恶不善法诸烦恼漏,专修念定,守护意根。"经文中说大菩萨于世间法上不取贪爱,并防护意根令不放逸,使意根于世间法上不会去贪爱、忧愁、厌恶不善法等诸有漏烦恼,维持正念与正定,以守护意根。意根在本书声闻菩提的内涵中已详细介绍,意根即是第七识——末那识,是意识存在时的所依根;若无意根为依,意识即不能存在,故称意根为意识的俱有依。《大般若波罗蜜多经》经文中确实是曾提及有意根第七识。《大般若波罗蜜多经》卷五七八中世尊开示说:"谓一切有情皆如来藏,普贤菩萨自体遍故。"同样的经文内容在《实相般若波罗蜜经》卷一说:"所谓一切众生是如来藏,普贤菩萨体性遍故。"在《金刚顶瑜伽理趣般若经》、《佛说遍照般若波罗蜜经》等般若经典中均有同样内容的经文,显然般若系列经典是确定一切众生皆有第八识如来藏阿赖耶识的。

在般若系列经典《大乘理趣六波罗蜜多经》卷十世尊开示:"眼识依赖耶,能见种种色,譬如镜中像,分别不在外。所见皆自心,非常亦非断,赖耶识所变,能现于世间。法性皆平等,一切法所依,藏识恒不断,末那计为我。集起说为心,思量性名意,了别义为识,是故说唯心。心外诸境界,妄见毛轮花,所执实皆无,咸是识心变。色具色功能,皆依赖耶识,凡愚妄分别,谓是真实有。"语译如下:"眼等六识,是依止于阿赖耶识才能见到种种的色相,譬如镜中所显现的影像一般,眼等六识所分别的六尘相并不是外境,而是阿赖耶识所变现的内相分。眼识等所见的景象,皆是自心如来藏所显现,它非断灭相亦非永恒相,是阿赖耶识所变现,因此才能出现于世间。世间一切法皆是平等性,一切法的依止皆是阿赖耶识如来藏,如来藏阿赖耶识是恒常不断灭的,而第七识末那识常将如来藏的功能据为己有。阿赖耶识如来藏能集藏杂染清净诸法种子故名之为心,恒审思量的是第七识末那识而名之为意根,于六尘境有了别功能的则是六识,是故说为'三界唯心、万法唯识'。在心外的种种境界,皆如同日、月、灯四周之红、绿轮圈(毛轮幻影)一样是虚妄不实的,众生所执着的境界其实皆是无中生有,全都是阿赖耶识心所变现的内相分。一切色法都是依凭着阿赖耶识而能具有色法的功能性,凡夫与愚人却妄加分别,还说那些色法是真实有之色法。"《大乘理趣六波罗蜜多经》中世尊的开示内容不只确立了八识,更是将八识个别体性说明清楚,而且确定"三界唯心、万法唯识"是了义且究竟之佛法。由此证明应成派中观宣称"般若诸经中未曾说第七、八识"的说法,是违背圣教量的。

应成派中观所奉为思想源头龙树菩萨的《中论》,并非如同应成派中观论师所说是排遣一切法而否定第八识如来藏的,如:《中论》第一观因缘品中开宗明义宣说八不中道后,接着说:"诸法不自生,亦不从他生,不共不无因,是故知无生。"也就是说:"诸法不是自己能够出生的,也不是从自心以外的他法而出生的,也不是诸法自己共同而生,亦不是没有根本因而出生,而是从本来无生的空性心——如来藏中出生的。因为诸法都摄属如来藏,而如来藏从来无生,由这缘故就知道诸法本来无生。"这与《楞严经》中"五蕴十八界四大等皆非因缘、非自然性而生而本于如来藏妙真如性"之世尊开示是无二无别的。

同时《中论》在观十二因缘品第二十六中说:"以诸行因缘,识受六道身;以有识著故,增长于名色。"也就是说:"由于过去世身、口、意行的因缘,阿赖耶识会产生下一世六道轮回的五蕴身;因为有阿赖耶识持身的缘故,名色得以增长。"由七转识之体性非能执持色身而增长名色,唯有阿赖耶识有结生、相续并执持根身的功能。在本书叙述缘觉菩提"逆观十二因缘"科目中,曾详细叙述十二因缘的流转、还灭与入胎识(第八识)的关联。在阿含系列的经典中,十因缘法已经明确说明:必须有阿赖耶识,因缘法才能产生,十二因缘的每一支才能展开。而且具载一件事实:阿罗汉们都知道这个道理,才能于内、于外都无恐怖而证阿罗汉果。《中论》第一观"因缘品"亦说:"因缘次第缘,缘缘增上缘,四缘生诸法,更无第五缘。"依本书前面所探讨缘觉菩提"十二因缘"法的究竟义中,确定是须以阿赖耶识为依止,四缘才能生诸法,这点与唯识宗说"唯有种子生现行及现行熏种子是因缘相符"——也就是"必须以阿赖耶识所含藏的万法种子为因缘,才能生起诸法"的观点是一致的。

从二转法轮般若经典及龙树菩萨所著的《中论》偈中,可以确定有阿赖耶识,而众生确实是有八个识的,而应成派中观师宗喀巴,于《入中论善显密意疏》却说:"如般若十万颂等无量经典说识数时,只说六识身,不曾多说。"可见宗喀巴不曾深入经藏,或因文字障而于般若诸经之意旨无法通达,甚至可能是故意扭曲经文中的意旨。由此可知,宗喀巴所主张的"六识论"是违背佛陀教诲的;修学大乘佛法之人只要细心研读思维般若诸经并加以参究,必然会了解众生于六识外仍然有七、八识的存在,乃至有朝一日能亲证之。由上论述可证:宗喀巴显然符合了《瑜伽师地论》中所述之第四种不死矫乱论外道的"于最胜生道及决定胜道,皆不了达;于世文字,亦不善知"之特性。

关于是否有如来藏阿赖耶识的议题,佛子不应人云亦云,而应以最严谨的态度面对及深入经教中加以思维,然后慎重抉择。因为在初转法轮的阿含经典中,佛陀已经隐覆密意而说如来藏阿赖耶识,而在二、三转法轮的大乘经典中,如来藏阿赖耶识更被宣示为一切法的依止,是唯一佛乘的根本所在;否定有真实如来藏阿赖耶识的存在，便无法跳出断见论者的窠臼，亦无法断除常见而开启佛菩提道的大门——无法进入真见道位，更遑论内门广修菩萨六度万行乃至十地道种智的修学。若佛子希望深入佛法、实证真实解脱涅槃智慧，就应深入了解如来藏阿赖耶识，进而亲证之。而不应如同藏传佛教之应成派中观历代论师及其追随者，因无法证得万法之根源——如来藏阿赖耶识，而加以否定之。

【问题讨论】

一、般若诸经中，世尊是否曾开示众生皆有八识心？而八识心的体性分别为何？

二、《楞严经》中世尊曾开示五蕴、十八界、四大等法皆非因缘生、非自然生，而是本于什么而生？

三、龙树菩萨在《中论》中是否有任何"否定如来藏阿赖耶识"的开示？

四、否定"第八识如来藏"者是否能跳出断见论者的窠臼？肯定"第八识如来藏"者会不会落入常见论者的窠臼？

第二目　应成派中观的"业灭能生自果"

应成派中观认为二谛（世俗谛、胜义谛）均无自性，一切法皆是空。因此不允许有能生万法的阿赖耶识。但是六识是生灭变异无常之法，六识本身无法结生、相续，亦不能执持根身，更无法安立业果。为此应成派中观论师特别创立"业灭能生自果"，月称论师在《入中论》说："如影像等法本空，观待缘合非不有；于彼本空影像等，亦起具彼行相识。如是一切法虽空，从空性中亦得生；二谛俱无自性故，彼等非断亦非常。由业非以自性灭，故无赖耶亦能生；有业虽灭经久时，当知由能生自果。……说有赖耶数取趣，及说唯有此诸蕴；此是为彼不能了，如上甚深义者说。"语译如下："诸法本体空性犹如镜中影像显现而无有自性，于观待缘起和合时并非无有。世人对于本空的虚妄影像亦生起见到其行相的识别。一切诸法虽皆自性本空，但从空性中亦得生起诸法；诸法于世俗谛及胜义谛中俱无自性，是故诸法并非断灭亦非恒常。即使没有阿赖耶识作为所依，业仍然可以无自性而生，无自性而灭。凡所造业虽已灭极久时，应知犹能产生相应果报。……虽然佛经中曾有阿赖耶识才有五趣中轮转的众生，及唯有此诸蕴的说法；但都是为了接引那些不能直接了达、悟入上述甚深空性法义的众生所作的方便善说。"月称论师在《入中论》的偈中，已经明确表示不须阿赖耶识执持业种，业果亦能自生；故主张业灭后经过许久的时间，仍然可以安立业果。

对于"业灭能生自果"的内容，应成派中观的近代拥护者——法尊法师于《中观宗关于"安立业果"与"名言中许有外境"的问题》的讲座中曾详细说明如下："那么业是怎样维持到感果的呢？中观宗说，虽没有阿赖耶识等受熏持种，但已作之业也不会失坏，因为可以许业灭能感果故。……在中观宗，认为业灭本身就是一种有为法，就是业的相续（这个相继是继续不断的意思）。业灭，并不等于业没有了。即许业灭也是有为法，可以延续不断，所以它就能够感果，并不需要另熏种子，也更用不着别的东西来保持它了。换句话说，业灭也好，业未灭也好，两种都是业，都是有为法，都是因缘所生的缘起法。也都是无自性的、空的。业未灭时是业，业灭时还是业，必到感果之后而此业方消，这都是缘起的道理。……又大小乘经论都指'灭'是有为法生住异灭四相之一，属行蕴摄（十四不相应行，或二十四不相应行之一）。难道行蕴里面的灭，能等于没有吗？既然灭有为法，是四有为相之一，那么业灭是有为法，还有什么问题吗？既然业灭是有为法，是因缘所生法，那么说他能感果，又有什么过失呢？龙树菩萨对于安立业果的问题，是说业本身就无自性，故业之生起也无自性，业之谢灭也无自性。这样本来无自性的业从造成之后直到未感果报之前，不必用阿赖耶识等为所依止，也会照样可以自类相续而不断。此中既不犯常过，也不犯断灭之失。所谓诸业本不生，以无自性故；诸业亦不失，以其不生故，因缘所生法，不断亦不常等，这种阐明业的缘起性空与感果的道理，在龙树菩萨的著作中是说得很多的。只要了解业灭可以感果的道理，也就知道没有计执阿赖耶识等实有法的必要了。这就是中观宗为什么不许阿赖耶识等的关键所在，也是中观宗安立业果的基本道理。"（原载《现代佛学》1959年第四期）

应成派中观诸论师认为业灭以后仍能感应果报的出生，因为"业灭"是一种有为法，是行蕴所摄，但是有为法与行蕴皆是生灭变异无常的法，根本不能成为诸法生起的依止。应成派中观诸论师认为："不必用阿赖耶识等为所依止，也会照样可以自类相续而不断。此中既不犯常过，也不犯断灭之失。"但事实上，排除阿赖耶识持种而为所依，说业果能无依、无因而自生自灭的这个主张，正好同时具足了断论与常论之过。当知若无不生不灭的阿赖耶识如来藏心，而五蕴十八界及所有心所有法悉皆无常生灭，终有一时全部灭尽，当蕴处界灭尽之时，"若无不生不灭的如来藏阿赖耶识"恒存及持种，即是断灭。应成派认为，因为业灭本身是一种有为法，在无阿赖耶识如来藏含藏种子的情况下而能无因相续不断，这是妄计有为法能常久不坏的,是一种非常计常的主张。业种若无常住心执持去后世,死亡后入胎时六识已经全灭,并无一心能去后世,而那时的业种仍是独存的,那么业种的实现酬偿就与前世造因者无关,因果律就被应成派破坏了!故业种无自心执持去后世而能自己存在来实现因果,是无法成立的;当应成派发觉这个问题无法解决时,便只能回头重新建立意识细心常住说,实质上仍属回堕常住不坏心的理论,却又完全不符法界事实及圣教量。应成派中观思想就是像这样具足断见外道、常见外道与无因论思想的组合,其思想的论述经常都是文字戏论,既违教而且又悖理。如前引文中法尊法师说:"业未灭时是业,业灭时还是业,必到感果之后而此业方消,这都是缘起的道理。"但业灭时若还是业,则业灭即不能称之为业灭。若业灭之时业仍存在未灭,同理则业消之时业亦未消,则若众生一时造恶而有恶业,则此恶业永不能灭、永不能消,常久恒存。所以,业灭之后不可能继续存在,业灭之后必然转成业种才能继续存在,却必须有常住心执持这业种往生去后世受偿;若说业灭之后的业仍可以继续存在,这绝不是缘起的道理,而是文字戏论。

对于应成派中观诸论师主张不须有持种的心(阿赖耶识),业果自然能成就的说法,玄奘大师在《成唯识论》曾破斥为无因外道及执自然生外道。玄奘大师在《成唯识论》卷三中开示:"已引圣教,当显正理。谓契经说,杂染、清净诸法种子之所集起,故名为心。若无此识,彼持种心不应有故;谓诸转识在灭定等,有间断故。根、境、作意、善等类别,易脱起故,如电光等不坚住故,非可熏习,不能持种,非染净种所集起心。此识一类恒无间断,如苣藤等,坚住可熏,契当彼经所说心义。若不许有能持种心,非但违经亦违正理。谓诸所起染、净品法,无所熏故;不熏成种,则应所起唐捐其功。染净起时既无因种,应同外道执自然生。色、不相应,非心性故;如声光等,理非染净内法所熏,岂能持种?又彼离识无实自性,宁可执为内种依止?转识相应诸心所法,如识间断;易脱起故,不自在故,非心性故,不能持种,亦不受熏;故持种心,理应别有。"

语译如下:"为证明有此第八阿赖耶识,前面已引圣教为证,以下更以正道之理作为证明。契经上说,由于阿赖耶识是杂染、清净等诸法种子之所集起的依止,所以称为心。如果没有这第八阿赖耶识,那执持种子的心就不应该存在。因为六识在灭尽定、无想定、无想天、正死、无余涅槃、初入胎、眠熟无梦、昏厥等位中,都会断灭——断灭时的业种将会散失无存。至于六根、六尘境界相,以及六识的作意等五遍行和善十一等心所法,种类各别不同而无法互熏,也都是时常变易而很容易与六识心脱离而暂时消失,也很容易突然又再生起而不可能是执持业种的心。又如同电与光等法,体性是不能坚固常住的,由于常常会断灭的缘故,所以不能受熏习,更不能执持种子;因此它们都不能成为染、净种子所集起的所依心。唯有这第八识阿赖耶识永不间断性,如香气所熏习的苣蕂一般是常住不坏的,才可以受熏习,才能够符合契经所说'心'的定义。如果不允许有能持种的第八识心,不但违背了经义,而且也违背了法界中的正确真理。为什么呢?因为各类所起能熏习的染污或清净等类的法,如果没有所熏的对象,便不能熏习成种子(意识及其心所法都是能熏的生灭性的心与心所法,不是被熏的常住心),既然不能熏习成种子,则其所起染污、清净的能熏功能便丧失其作用了。如此,当染污或清净法生起时,既然没有以前所熏习的种子为因,那就和无因论外道所主张一样是一切法都是自然而生了;因为色法和心不相应行法等,并不具有心的特性之故,所以不可能持种。诸转识、六根、六尘境、诸心所法等,就好像声音、光影一样,在正理上来说,是不能接受染污、清净等内法的熏习,当然不能执持染污、清净法的种子。同时,色法、六识的心所法及心不相应行法等,若是离开了阿赖耶识,就会即刻坏灭而没有真实自性,怎么可以执著为内熏种子的依止呢?而不断运转的六识相应的种种心所有法,如同它们所依的六识心王一样很容易间断,是很容易与六识心脱离,也很容易与六识相应而又暂时再度生起的缘故,所以体性是不能自己独自存在的,也不是执种心的常住及受熏体性故,所以不能执持种子,也不能受熏习。因此,除了五色根、七转识及其相应诸心所法外,理应另有一个能受熏、持种之第八识阿赖耶识心。"

玄奘大师在《成唯识论》里,明白阐述必须有永不间断而可以自己独自存在的阿赖耶识,才能受熏及持种,因缘果报才能成就。若无永不间断的阿赖耶识,而其余转识都有间断,色法及与转识相应诸心所法也如转识会间断,则有时业无有对待之所熏者,无所熏者则不熏成种;纵有所熏,由持种心(譬如意识)易起易断故,业种亦必散失;由此二缘,则致众生所行杂染、清净之事将无果报而唐捐其功,与现实存在之因果律相违。倘若应成派"业灭能生自果"的理论能够成立,试问业灭后能产生自果之势力该存在于何处?是存在于虚空中?还是存在于众生的五蕴之中呢?如果存在于虚空中,各个众生的业必当相互混淆而导致因果错乱。若是存在于众生的五蕴之中,则众生五蕴坏灭后,业自果的势力必然随之消灭,则有情造一切业已,都将无因无果亦无业报,大违因果律。若是业灭后能产生自果之势力不须要存在于任何一物一法而能自生,则一切染净事起时皆应属于无因而生,而一切善恶果报的实现也都应该是无因而生——与前世造业者已无关联,则因果律不能成立。亦应有情所造之业已成独立之有情个体,则是众生界必然日增而非不增不减,亦违法界实相定理;如此应成派中观所主张的"业灭能生自果"即是将"无因论外道"、"自然生外道"换一套讲法而以佛法名言说出,如是思想与诸外道见其实是没有差别的。

应成派中观论师以邪谬的六识论为前提,将"业灭能生自果"来推论众生一期生命的产生:譬如父母和合的业,此一和合的业已经灭后,依"业灭能生自果"的准则推演,则能自然产生受精卵,然后此受精卵在母体的孕育下自然逐渐长大成胎儿。然而《中阿含经》卷二十四中世尊曾开示:"阿难!若识不入母胎者,有名色成此身耶?答曰:无也。阿难!若识入胎即出者,名色会精耶?答曰:不会。阿难!若幼童男童女识,初断坏不有者,名色转增长耶?答曰:不也。"此段经文中,佛已说明须有阿赖耶识入胎,方有名色生长五根及具足五蕴而出胎(初处胎时唯有意根为名,意识尚未出生,受精卵为色);若非阿赖耶识常住而能入胎执取受精卵及母体之四大,则不能造色,则色阴五色根不能出生;若无阿赖耶识所造色阴五色根,则意识缺五根俱有依即不能生起;若无阿赖耶识执持五色根及持续流注意识种子,则意识不能继续存在;若出胎后之阿赖耶识非是不生灭性而可断坏者,则男女幼童之五蕴早已死坏,皆不能增长为成人。假使如同应成派中观一般主张不必有阿赖耶识入胎造身、持身,而以"业灭能生自果"来推论众生五蕴的产生,则一切众生是无因而生、自然而生,则作如是主张之人皆可不必出家修行,修行之后皆将无因无果而无后世自己所有之净业得以成就及现行。如此,同一父母之兄弟姊妹的体形外表,亦应长得一模一样,纯凭父母受精卵色法为缘故。亦应寿尽命终身体无残之人死亡之后立即复生,不必另有常住心如来藏持六识种及流注六识种故,唯凭色法即可出生识阴等六识故。然现实生活中,即使是双胞胎之体形、个性,均有相当程度的差异,其中真正原因即是因为各人阿赖耶识中含藏的种子有所差异的缘故,亦因为阿赖耶识能通贯三世而常住不坏故;非如意识之一切粗细心皆只能存在一世故。

如应成派中观认为一切法(世俗谛、胜义谛)空,一切法无有自性,如此则是外道所倡之无因论、断灭论、自然生论。《中论》"观四谛品"第二十四中龙树菩萨开示:"空法坏因果,亦坏于罪福;亦复悉毁坏,一切世俗法。"龙树菩萨认为"一切法空"是破坏因果律、破坏罪福成就之因缘,是毁坏一切世俗定律的。但是由于应成派中观错解《中论》的义旨,复将了义正法判断为不了义,因此产生自法的偏斜,显示违教复又悖理的现象,又再次证明了应成派中观符合《瑜伽师地论》所说第四种不死矫乱外道的"于最胜生道,及决定胜道,皆不了达,于世文字,亦不善知"。以上无论是经论研究或是现实生活中的探讨,一切法确实是必须有阿赖耶识为依止,业果才能产生,是故应成派中观所主张的"业灭能生自果"不应道理。

【问题讨论】

一、为何应成派中观思想是同时具足"断见外道"与"常见外道"思想的组合?

二、《中阿含经》中世尊曾开示:"阿难!若识不入母胎者,有名色成此身耶?答曰:无也。阿难!若识入胎即出者,名色会精耶?答曰:不会。阿难!若幼童男童女识,初断坏不有者,名色转增长耶?答曰:不也。"在这段世尊开示中的"识"是否有可能是六识的"识"? 请说明你的理由。

三、经中佛及佛之圣弟子常常开示:"六识是无常生灭法、随缘生灭、空无自性、执之则苦、苦则非我。"你是否可以举例说明六识何时生?何时灭?

四、为何一定要有能持业种的心识常住不坏才能安立业果,不致因果错乱?意法因缘而出生的意识心,是否能持业种从过去来到今生?是否能持业种从今生到未来世去?

第三节 应成派中观不许有依他起性的自证分

应成派中观的月称论师《入中论》反对有自证分:"纵许成立有自证,忆彼之念亦非理,他故如未知身生,此因亦破诸分别,故能忆念是我见,此复是依世言说,是故自证且非有,汝依他起由何知? 作者作业作非一,故彼自证不应理。"宗喀巴著《入中论释》解释上述文句谓:"自之作用于自体转成相违故。如刀不自割,指不自触,轻捷技人不能自乘己肩,火不自烧,眼不自见。……纵许内识能自证及了境,然说念心忆彼心境亦不应理,汝许后时念心与前领受境之识,是有自性之他故。自身后时所生识,应不能念未曾领受之心境,是自性他故,如先未知未曾领受者身中所生之识。……是故自证且非是有,汝唯识师所说依他起性,为由何识证知为有耶? 又由能斫木之作者,与所斫之木,及斫木之作用,三非是一。

故说彼识能自证知不应正理。《楞伽经》云:'如剑不自割,指亦不自触,如是应知心,不自证亦尔。'"宗喀巴认为:"由自识证知自识是不对的,就像刀无法割自己、手指不能触自己、矫健的人也不能骑上自己的肩膀、火不能烧自己等等。同时,纵使内识能自证并了知境界,然而说会忆念的心来忆念其心境亦是不对的。因为后时会忆念的心与之前领受境界的识,二者体性不相同,也就是后时会忆念的识应该不能忆念之前领受的境界。唯识论师所说的依他起性,是无法由识的作用而证明它的存在。就像砍木的人、所砍的木头与砍木头的作用是三件事物。"因此,宗喀巴认为:"识有自证分是错误的。"并引用《楞伽经》"如剑不自割,指亦不自触,如是应知心,不自证亦尔"作为证明。

对于自证分,窥基大师在《成唯识论述记》卷三中有如是开示:"述曰:相分、见分、自体三种,即所、能量、量果别也。如次配之,如以尺丈量于物时,物为所量,尺为能量,解数之智名为量果。心等量境,类亦应然,故立三种。若无自证分,相、见二分无所依事故,即成别体,心外有境。今言有所依故离心无境,即一体也。"依窥基大师的解释,如果以尺量物,来比喻六识的了别作用,物品是所量(相分),尺是能量(见分),了知量得的数字是量果(自证分)。识有相分、见分、自证分等,是唯识种智的内涵,事实上,自证分仍可因对本身的再证知,而有证自证分的存在,也就是护法菩萨依识的作用所提出的"四分"。意识能了别六尘,所以意识有见分,意识所了别的六尘是意识相应的相分。意识的见分运作之时,即能领受相分境界,即是意识的自证分;若意识无自证分,即不可能领受所见的六尘诸法而领受之;然而,月称在世而非处于眠熟境界时,其意识显然能领受所见六尘相而一一领受之,否则即不可能写字造论,故月称辩称识无自证分的说法,是违心之说。又,当意识现行运作时,其了别相分时的心行过程的法相也是意识的相分。若无这个意识相分,意识现行时就不可能被吾人所观察及认知,也就不可能由觉知心意识来反观而了知自己确实存在,而意识领受自己所住种种境界的功能,就是自证分;但意识也能返观而了别自己是否存在,亦能了别自己是否正在领受所了别的境界,这就称为证自证分。当意识觉知心现起时能具足此四分(注:在意识存在的境界中,只有非想非非想定中不能返观自己正处于非想非非想定中而不起证自证分,故当时只有自证分,这也就是此定名为非想非非想之原因,与此定外之心想不同的缘故)。依窥基大师之尺喻可知:如果意识没有自证分,那么意识的相分与见分便无所依之事相而成个别独立的个体,而意识的相分便成了心外之境,与意识的见分无涉,即违意识能了知及领受六尘境界的现量,故月称之说不应道理。然而今言确实有意识相分与见分所依之自证分的缘故,而说:离开了心便没有心的境界相。故说集意识之相分、见分、自证分及证自证分而成意识之体。

意识辨识六尘的成果——领受,是其自证分的作用,有时在大脑胜义根受伤害后,见分无法正常运作而不能作为产生自证分的依止,因此无法完成辨识而丧失了部分自证分的领受功能性。例如,某些中风后大脑受损的病人,对某些特定的物品无法产生辨识的成果(如:对脸型无法完成辨识),即无法具足领受所见的六尘相分,在脑神经医学中称之为"失认症",而意识领受六尘境界的功能就因此而有所缺陷——无法正常地具足领受。由此可知:自证分(意识能有领受的成果)确实是意识的功能之一。而自证分也确实是依他起性,须依于完好的扶尘根、胜义根及其他意识出生的因缘。当大脑(胜义根)有缺陷或其他因缘不具足时,辨识的功能不能完成,也就没有辨识的成果而不能领受了。由现代医学上的案例可以证明心识的运作过程,会因大脑胜义根或五种扶尘根的缺陷而无法完成部分功能,是故心识的运作非是单一作用,而是有多重微细的作用(见分、自证分、证自证分)配合而产生。若如应成派中观等凡夫论师所主张意识唯有见分而无自证分,以此主张意识如剑不自割,那么一切众生应该都无法自己确认自己所辨识的一切法,则必无法领受所见一切境界而不能对所有境界生起胜解,也将无法在事后忆念一切法,因为所有众生将无法自证自己的意识见分所见之一切境界相。

这在窥基大师《成唯识论述记》卷三中早已开示:"然彼难云:刀不自割,如何心能自缘,别立自证分?论云:此若无者至必不能忆故。述曰:谓无自体分,应不自忆心、心所法。所以者何?如不曾更(读作经。经历也)境必不能忆故。谓若曾未得之境,必不能忆。心昔现在,曾不自缘;既过去已,如何能忆此已灭心?以不曾为相分缘故。我今虽不令为相分缘,然自证分缘故,如曾相分所更境故,今能忆之。"对应成派中观认为意识心像刀一样不能割自己,如何能缘自己而有自证分?窥基大师对此认为:如果没有自证分,那众生将不能成就忆念曾经历之境界;也就是说,若无见分,则不能辨识所见境界;若无自证分,则不能对所见境界生起领受之功能而不具足胜解,则众生将没有念心所而无法回忆过去所曾经历的一切法。因为一般人于所未曾经历之境界,听人说明此一境界;或亲自经历此一境界,心中已生胜解,则成所经历之境(听闻的人以所听闻而理解的境界为经历之境界,亲身经历者以所经历境界为其"曾经境"),然后能于以后重复忆念——忆念起所曾听闻境界或所曾亲身经历之境界。因为如此,必须先于该境界生胜解后,才能有日后的回忆;而胜解的具足,则是基于对该境界的具足领受。如果没有"自证分",

则是于所经境界无法胜解（如于所听闻、所经历境界中不觉知其境——无彼境界之自证分），则于日后不能忆想彼中境界。

然而，凡夫论师月称所引的经文圣教本身却是正确而无谬失的，所谬者厥为引证错误——月称论师将叙述第八识的法义错误套用于第六识上。宗喀巴所引用的《大乘入楞伽经》卷七中佛陀的开示："如刀不自割，如指不自触，而心不自见，其事亦如是。"实际上是指唯识宗中的"真如本心——第八识阿赖耶识——于三界六尘万法中运作时一向不反观第八识自己"，这可由此段经文之前文"真如及唯识，是众圣所行；此有言非有，彼非解我法"得以证明。应成派中观大师宗喀巴引用了《楞伽经》的经文，却又去头截尾、断章取义而误解佛法。明明此段经文是开示唯识学中第八识在六尘相中无证自证分的体性，而宗喀巴却拿来作为证明第六意识无自证分的证据，实是错引强用。若是宗喀巴真信《楞伽经》之所言，就应信受佛陀在《楞伽经》中所开示的"三界唯心、万法唯识"之究竟法义，而不是单取其中部分片断而为自己的谬论加以证明。《楞伽经》中佛陀为大众开示阿赖耶识对六尘万法无证自证分，而应成派中观却刻意移接为现前领受六尘境之意识无自证分；欲藉此圣教之引证，令人误以为其主张符合佛说，实属欺瞒而非诚实之举。因此亦是符合《瑜伽师地论》不死矫乱第四种外道的"于最胜生道，及决定胜道，皆不了达，于世文字，亦不善知"。

【问题讨论】

一、意识有哪四分？四分的体性为何？

二、《大乘入楞伽经》卷七中佛陀的开示："如刀不自割，如指不自触，而心不自见。"是指意识的体性或是真如本心——如来藏阿赖耶识的体性？

三、如果意识没有自证分，为何就无法成就"念心所"而无法忆持所经历之境？

四、意识是否能于三界六尘万法中运作时反观意识自己，知道意识自己的存在？

第四节　应成派中观认为二乘人亦证法无我

应成派中观月称论师《入中论》说："无我为度生，由人法分二，佛复所依化，分别说多种。如是广宣说，十六空性已，复略说为四，亦许是大乘。"宗喀巴解释如下："诸法无自性之无我，佛说为二，谓人无我及法无我。此二分别之理，非由人法上所无之我，有所不同故分为二。以所无之我，同是有自性故。是由所依有法，有蕴等法与补特伽罗之差别而分也。""……由此故许二乘人亦达法无自性者，如佛护说：'声闻藏中说一切法无我，其所无之我，谓自性有。'"宗喀巴认为："诸法无有自性的无我，佛说有人无我及法无我。这两种无我，并非人、法上的无我有所不同，而分为二种。以二无我的我，是指有自性的缘故。是因为依于有法、有五蕴等法及有有情的差别而分为二无我。""……二乘声闻人同样达到法无我自性，就像佛护论师说的'声闻经典中说一切法无我，而其所谓的法无我，是一切法中无有自性'。"从宗喀巴的说明，可以知道应成派中观所谓的人无我及法无我，是指对有情无有自性及对五蕴等现象界诸法无有自性的体认，并未涉及对实相法界的体认。应成派中观师宗喀巴等诸论师，以佛所说如来藏自住境界中的二谛俱无自性圣教，移植到现象界一切法空的错解佛法基本立场，认为二乘人一样体认一切法的空无自性，因此二乘人亦通达法无我。彼等同作此说的背后目的，是排除第八识存在的事实，并扭曲圣教而建立意识常住的思想，藉此使彼等所修的双身法意识境界得以成立。

　　声闻乘的法无我智，是三法印中的"诸法无我"。声闻乘修行人，于五蕴十二处十八界之中证验人无我后，又在蕴处界之人无我智基础上，先前观察蕴处界辗转所生诸法之中，无有不坏之我，因此断尽我所执、我执，成阿罗汉；但仍未知诸法缘起缘灭之因——藏识法界实相，因此仍未能与大乘般若慧相应，未知法无我。然而声闻无学能为众生宣说蕴处界等诸法无我，所以结集阿含诸经时自称如是名为已知法无我，故名声闻法无我智。

　　缘觉乘之法无我智者，也不离开"诸法无我"，仍不离现象界诸法而无法涉及实相法界的法无我，本质仍与声闻一样不离人无我的范畴。缘觉乘修行人，依十因缘及十二因缘之缘起正观，深细证知诸法之中无有常恒自在之我，悉同蕴处界之缘起缘灭。然缘觉乘人于缘起法中，确认"识（阿赖耶）缘名色（意根及受精卵）、名色（意根及受精卵）缘识"，所以能推知无明必依于阿赖耶识而住，而至后世乃至现行。缘觉修行人智慧深细，不是声闻阿罗汉所能知之。虽然如此，缘觉辟支佛犹未能证得自心阿赖耶识，因此于菩萨所说般若中观之正理仍不能证入。辟支佛能为人宣说十二因缘之缘起正观——"识缘名色、名色缘识"——是名缘觉法无我智。

　　二乘无学有声闻法无我智，然此声闻法无我智未与实相般若相应，非能证知诸法无我之实相，非能证知诸法法性之无我性，故非是真正的法无我。菩萨则依自心藏识之亲证及领受其性，证知藏识法性之无我性，证知藏识所生十八界、五蕴、十二处之无我性，亦证知自心藏识及蕴处界所共辗转而生之一切法，悉无常恒不坏之我。如是菩萨的法无我智，下自初地所证八识心王之五法、三自性、七种性自性、七种第一义、二种无我法所得道种智，上至诸佛之二种究竟转依、四种圆寂、四智圆明之一切种智，悉名大乘法无我智。

然而以大乘佛法的立场而言，二乘无学的声闻法无我智与缘觉辟支佛的缘觉法无我智，不是真实的法无我智，仍属人无我的范畴。譬如龙树菩萨的《大智度论》卷四十三中说："是谁般若波罗蜜者？第一义中无知者、见者、得者，一切法无我无我所相，诸法但空，因缘和合相续生。……，是般若波罗蜜菩萨成佛时转名一切种智，以是故般若不属佛，不属声闻辟支佛，不属凡夫，但属菩萨。"语译如下："般若波罗蜜是属谁？第一义谛（如来藏阿赖耶识）不觉知六尘万法、对一切法无所见，本身俱足一切功能，因此对一切法无所得，由如来藏阿赖耶识所出生的一切法，无我及我所相，一切法是空相，由因缘和合而相续出生。……，是般若波罗蜜菩萨于成佛时，转名为一切种智，所以般若不属于佛，不属于声闻辟支佛，不属于凡夫，但属于菩萨。"龙树菩萨所叙述的"第一义中无知者、见者、得者，一切法无我无我所相，诸法但空，因缘和合相续生。"即是大乘的法无我智——皆依菩萨所证第八识自身的境界而说，非如声闻缘觉依第八识所生的蕴处界等人我的无我性而说。依龙树菩萨之界定，法无我智之般若实相智慧，唯属于菩萨，不属于声闻、辟支佛。此中道理，佛陀于《大乘密严经》卷三亦有开示如下："佛及诸菩萨，能知法无我。已得成如来，复为人宣说；分析于诸蕴，见人无我性。不知无有法，是说为声闻；菩萨善能观，人法二无我。"于《入楞伽经》卷七中佛陀亦开示："复说诸声闻得人无我，而不得法无我空。若如是说，声闻辟支佛尚未能证初地之法，何况八地寂灭乐门。"佛陀及菩萨如是开示，而应成派中观诸凡夫论师，对佛菩萨于诸大乘经论中的相关开示却置若罔闻。

此外，《入楞伽经》卷八中佛陀开示："声闻、辟支佛涅槃无差别，何以故？断烦恼无差异故，断烦恼障非断智障。复次大慧，见法无我断于智障，见人无我断烦恼障。"声闻及辟支佛断尽烦恼障而成二乘无学圣人，但于智障却无法断除，甚至于智障之名义亦未曾听闻或听闻后之不能解、不能证断。其最根本的障碍即是声闻、辟支佛不能亲证如来藏阿赖耶识而有出生般若智慧的障碍。而菩萨的法无我智即是以亲证如来藏阿赖耶识为基础，由于对如来藏阿赖耶识之体性及种子流注之现观而不断增长般若智、道种智乃至具足道种智而证一切种智,究竟成佛。而声闻、缘觉辟支佛因不能亲证如来藏阿赖耶识,而无法实证大乘菩萨法中的法无我。但是应成派中观却认为不能亲证如来藏阿赖耶识的二乘人亦能证法无我,显然是错解并浅化了佛菩提道中的法无我智。

由于应成派中观不许有阿赖耶识,因此对于应成派中观论师及其追随者而言,了知阿赖耶识所含藏一切种子功能的智慧——"一切种智"便成虚妄之法;证知藏识所生十八界、五蕴、十二处之无我性,及证知自心藏识及蕴处界所共辗转而生之一切法,悉无常恒不坏之我之法无我智,也都成为虚妄想像之法;因此、缘此,一切应成派中观师及其追随者,于佛法中所修、所证也随之成为虚妄想像之法,初始即谬故,随后所修、所证当然堕入六识范畴中,不离五阴遮盖。由于应成派中观师否定有阿赖耶识,并以声闻人无我智取代大乘法无我智而浅化法无我智,对于人无我及法无我的内涵不能加以区分,况是亲证?因此亦是符合《瑜伽师地论》中不死矫乱第四种外道的"于最胜生道及决定胜道,皆不了达,于世文字,亦不善知"。

【问题讨论】

一、何谓法无我?大乘法无我智与小乘法无我智有何差别?

二、《入楞伽经》卷八中佛陀开示:"声闻、辟支佛涅槃无差别,何以故?断烦恼无差异故,断烦恼障,非断智障。"请问佛陀为何如是开示?其中智障是指什么?

三、龙树菩萨的《大智度论》中说:"是般若波罗蜜,菩萨成佛时转名一切种智;以是故,般若不属佛,不属声闻辟支佛,不属凡夫,但属菩萨。"请问为何般若波罗蜜不属佛,不属声闻辟支佛,不属凡夫,只属菩萨?

第五节 应成派中观不许唯识宗的"三界唯心,万法唯识"

月称论师在他所造的《入中论》说:"经说外境悉非有,唯心变为种种事,是于贪著妙色者,为遮色故非了义,佛说此是不了义,此非了义理亦成。"宗喀巴《入中论释》解释说:"诸有情以贪著妙色为缘,随贪瞋慢等而转,不得自在。由贪著彼故造诸重罪,退失福德智慧资粮。世尊为破以色为缘所起烦恼,故说唯心。如于有贪众生说除外境贪之骨锁,虽非实有亦如是说。此经说唯心都无外境,大师自说是不了义,故由圣教即能成立为不了义。此经是不了义。以正理亦能成立也。月称论师,不说外境悉非有等,唯心之唯字,如十地经,不破外境破余作者,说此唯字是破外境,然释此经是不了义。……凡如上说行相之经,唯识宗许为了义者,由下引之教,亦皆显其是不了义。如是行相之经为何等耶?释论说如《解深密经》明三自性中,遍计执无性,依他起有性。又说:'阿陀那识甚深细,一切种子如瀑流,我于凡愚不开演,恐彼分别执为我。'如是等经。"应成派中观师认为唯识学派所主张"三界唯心,万法唯识"的基本观念是不了义,因为世尊是为了破除贪著妙色的众生,而方便开示说:唯有心而无外境。宗喀巴认为世尊于唯识经典中即说唯心而无外境是不了义的,因此从圣教经典中即可以直接证明"三界唯心,万法唯识"是不了义的。因此于三转法轮中世尊叙述唯识的经论,如《大乘显识经》、《大乘同性经》、《无上依经》、《不增不减经》、《大乘密严经》、《金刚三昧经》、《解深密经》、《楞伽经》、《瑜伽师地论》、《成唯识论》、《摄大乘论》、《唯识三十颂》等均为应成派中观所判定为不了义。应成派中观师此举,已同时成就谤佛、谤法、谤僧三项重大恶业之行,并已具足成就根本罪、方便罪、成已罪,有智之人殊不取法如是愚行。

事实上,应成派中观师因为执著一切法空无自性,并且否定有如来藏阿赖耶识,因此无法得到三转法轮唯识种智的真实义理,必须将唯识诸经义理加以处处曲解,才能使应成派中观成立。在《解深密经》卷三中世尊说:"由彼影像唯是识故,善男子!我说识所缘,唯识所现故。"是表示:"藉由外境所产生的内相分影像,唯是识所显现,善男子!我(世尊)说七转识所缘的内相分,均是第八识如来藏阿赖耶识所显现。"唯识增上慧学之经论真义乃是:一切法,包括有为、无为法,皆"唯识所生、唯识所现、唯识所显",于如来藏识体以外,无别有法可得。

古今应成派中观诸师,少有不修习唯识学者,然而此宗论师却一向以预设立场否定唯识学中确定实有之藏识,因此不能证解真实唯识门,只能稍解虚妄唯识门中的六识部分,不能及于对意根的如实理解,更不能实证世尊依如来藏而说的中观真义,导致对于唯识种智产生诸多误解。

《唯识三十论颂》无著菩萨说:"即依此三性,立彼三无性;故佛密意说,一切法无性。"应成派中观诸论师常引唯识种智所说三无性语,误会三无性真实义理,诽谤种智所说三自性为不了义法、为实无三自性,妄谓三自性乃是名言施设。事实上,三无性乃是为已经证得三自性者,欲令其实证有余涅槃,所以说三无性,乃是依藏识自住境界而说,非无三自性也。三自性是指遍计执性、依他起性及圆成实性,依他起性是指五蕴、十八界、六入及其辗转所生的一切法,皆非本来自在,必须依于如来藏阿赖耶识为因,及或多或少的众缘才能生起,因为是依众因缘才能生起的缘故,所以名为依他起性,其中最主要者为识阴等六识。众生不了解一切法——特别是意识觉知心——皆依他而起,由不解故虚妄熏习计著为实有而常住者,导致意根遍生执著,并于中贪著而处处做主,普遍执取,所以名为遍计执性。因为遍计执性的作用,覆障真如正理,不得解脱、不得实相智慧,所以应弃舍。依他起性之一切法,二乘人应舍,菩萨不应舍;因为二乘无学取解脱果,必舍五蕴、十八界、六入后才能进入无余涅槃。菩萨始从见道一直到无学位,皆不取证解脱果,永不进入无余涅槃,自度度他乃至成佛,期间皆须依他起性之五蕴、十八界、六入诸法以为度众之资,因此依他起性是菩萨的无漏有为法。而应成派中观月称论师在《入中论释》中说:"释论说如解深密经明三自性中,遍计执无性,依他起有性。"则是全然误解了唯识学正理。

菩萨于依他起性的五蕴、十八界、六入诸法中,如实的现观五蕴、十八界、六入诸法及其所生的一切法,皆是依于本来不生的藏识空性而生起,幻有非真,无有自在的体性。因为如此的现观,证得遍计执性及依他起性中显示的如来藏圆成实性,也就是二空(人空、法空)所显的藏识真如性,因此如实证解蕴处界之依他起性,并于依他起性中远离遍计执性——转遍计执性的意根及其心所法成为无漏有为法。证圆成实性后,即起法智忍;以法智忍作观行,随起法智。法智生起以后,便知道应远离圆成实性中之下劣无漏法,并依如来藏自身无有三自性之清净自性而远离三自性法之执著,如是而断法执,因此三性均远离。如果仍执著圆成实性,则是仍堕在遍计执性中,所以证圆成实性后即知道应该远离。以此密意说三自性为三无性,而不是无有三自性法常住一切凡夫有情界中。

《解深密经》卷一中世尊开示:"阿陀那识甚深细,一切种子如瀑流;我于凡、愚不开演,恐彼分别执为我。"语译如下:"阿陀那识的体性是很深妙、深奥的,而且是很微细的心,不容易找得到;这个阿陀那识所含藏着的一切万法的种子,犹如瀑流一般不停地流注而产生了万法;这个阿陀那识的深妙法,不是凡夫所能知道的,也不是二乘圣人所能知道的,所以二乘圣人虽然不是凡夫,在大乘法中来说却还只是个愚人罢了(因其愚于佛菩提道的中道实相),我释迦牟尼佛在凡夫之中是不演说这个法的,即使是在那些不证阿陀那识而愚于中道实相的二乘无学圣人之前，我也是不为他们宣说这个深妙法的；因为这些凡夫与二乘圣人没有深妙的般若智慧，如果我释迦牟尼佛为他们开示演说这个阿陀那识深妙的法，他们都将会因为还没有亲证的缘故，而作错误的分别与思维，这样一来，恐怕他们就会将我所说的第八识阿陀那识误认作是第六意识的我，将会因此而诽谤这个阿陀那识胜妙法为外道神我、梵我等世间我。"从上述《解深密经》的经文中，显示世尊非常重视阿陀那识(阿赖耶识)，不只是因为怕一般无知的众生误会，也提防二乘圣人将阿陀那识(阿赖耶识)误会为能对六尘万法具有了知功能的六识假我、神我，因此世尊对凡夫众生及愚痴的不回心二乘圣人，都不开演如此深妙的了义正法。惟应成派中观论师却将第八识法的经文正理，强行套用在第六意识上试图加以理解，于是误解了增上慧学的唯识胜妙了义正法，而将之判定为方便之说。

宗喀巴于《入中论释》中说："以教显示说无外境唯心有自性为不了义者，如《楞伽经》云：'如对诸病者，医生给众药，如是对有情，佛也说唯心。'谓如医生对各别病人，给各别药。此非由医生自主，是须顺病人之病情而给也。如是佛说唯心，亦非由大师自主，是随顺众生意乐增上而说。故知前经是不了义。"《入中论释》中引用《楞伽经》的经文，认为："世尊说唯心，并不是世尊本身的主张，而是随顺众生的增上意乐而说，因此知道《楞伽经》是不了义。"但是，实际上该《楞伽阿跋多罗宝经》的真正经文是："彼彼诸病人，良医随处方；如来为众生，随心应量说。"语译如下："就好比那些生病的人，优良的医师一定是随着各个病人不同的病，而分别处方给药；如来为了众生根性的不同，而随诸众生心性，依其所能理解之心量而以不同的说法，为他们说同一种真如法。"经文中全无意指"唯心"是不了义的说法，宗喀巴是扭曲而加以改说。

在《大方广如来藏经》卷一中佛陀开示："如来出世若不出世，法性法界一切有情，如来藏常恒不变。"而在《大乘密严经》卷三中金刚藏菩萨在佛前为大众开示云："阿赖耶识亦复如是，是诸如来清净种性；于凡夫位恒被杂染，菩萨证已断诸习气，乃至成佛常所宝持。"试想：若如来藏阿赖耶识果真如同应成派中观师所说，只是佛陀为了摄化执有之众生而方便施设，非真实有，那么佛陀将以何种心态而说"无论佛陀出世与否，众生之如来藏悉皆常恒不变"？又金刚藏菩萨何敢在佛陀面前为大众开示"阿赖耶识于凡夫位常所宝持，乃至成佛之后亦复常所宝持"？如此岂不是欺瞒众生之举？当知世尊从未在三转法轮唯识经典中，判定唯心而无外境是不了义，反而是处处说明"三界唯心，万法唯识"。应成派中观诸师不但无法察觉自己的中观论述并不符合世尊于二、三转法轮中所做的开示，而更进一步曲解世尊的开示,以此作为他们中观论述合理化的手段;此一行为亦是符合"于最胜生道,及决定胜道,皆不了达;于世文字,亦不善知"的外道状况;因此确定应成派中观师及其追随者皆是《瑜伽师地论》中所破斥的不死矫乱外道中的第四种外道。

　　藏传密教发展至今日益壮大,在中国台湾的密教中心便已超过上百个,吸引数十万的徒众,所聚集的金钱更是难以计算。表面上似乎佛法大兴,实际上则是有的带领这些信众背向佛道而走向外道法。造成这些现象的更深一层原因,就是数十年来台湾各大佛学院、佛学研究所的教授内容,几乎都是以尊崇应成派中观见的法师著作为其蓝本所致。所说、所修都不外于识阴六识范畴,故皆无法断除我见而证声闻初果,更无法证得大乘般若智慧。其著作中处处暗示:大乘佛法非佛说、无弥陀、无净土、无释迦佛报身常住色究竟天宫说法、无地狱、无如来藏、无真实唯识……在这种全面偏差的思想笼罩下,若其弟子们想要在佛法中更上一层楼,则必须走向南传佛法独修二乘法,却终归断灭空;或走向藏传佛教。而向这两个方向求取真法,实可谓"著僧伽黎破世尊正法",征之于其舍寿后的徒众发展方向,已经证明此一趋势的必然性。有心学佛的有志之士,于此应有正确认知。

　　此法师以显教法师身份而主动继承密教应成派中观,极力弘扬藏传黄教之无因论及不如理之意识常论,明为反对密教所教导之双身修法,实际则以广弘藏传佛教应成派中观而建立意识常住说,以建立意识常住说来暗中护持密教,使密教的双身法意识境界得以合理化;彼诸信众因此缘此而误解佛说之第二转法轮般若正义,并全力否定佛说之第二、第三转法轮如来藏妙义,由此反而令密教获得发展。如是,今时显教、密教双方各皆弘传密教,一明一暗互相助势,同令密教得以扩大,同令佛教中之学人,误以为密教真是佛教或更胜于佛教,其影响极为重大深远,故不得不据实加以披露。故此书中专辟一篇披露藏传佛教应成派中观所弘之法义,期望佛教法义回归佛世之纯净,普愿佛教中一切大师及学人皆悉了知;或令密教远离外道法,回归佛教诸经中佛陀所开示之正法,而令佛教日趋纯净。

【问题讨论】

　　一、三自性是指"遍计执性"、"依他起性"及"圆成实性",请解释三自性的内涵。

二、请问世尊为何于"未证解脱道的凡夫"及"愚于佛菩提中道实相之已证解脱道四果的圣者"面前,不开演如来藏阿赖耶识的甚深法义?

三、为何提倡"藏传佛教应成派中观"者确实是"不死矫乱"外道?

四、什么是金刚藏菩萨曾开示诸圣弟子要从"凡夫位乃至成佛常所宝持"的无上大法?

第六篇 综 论

由前面五篇所述,读者对于三乘菩提已有相当的认识与了解,知道佛法唯可分为二类菩提:二乘菩提与大乘菩提。声闻菩提与缘觉菩提合称为二乘菩提,大乘菩提则又称之为佛菩提或大菩提,涵盖了二乘菩提。二乘菩提之所观修,乃是现观蕴处界等人我的虚妄性,修断我见我执与我所执,取证的果位即是四向四果及缘觉果,以外无别他果可证,亦不需求证如来藏而现观法界实相。大乘菩提——佛菩提——则是先行修集广大福德,同时不断熏习而增益对于大乘三宝的大信;满足十信后,进入十住的初住位中,开始了漫长时劫的外门六度万行,直到六住位满心时,实证般若的知见与福德皆已具足,于是得值明师而证第八识如来藏,深入现观如来藏的中道实性、涅槃实性、能生万法之圆成实性等,由此而得成功转依如来藏,出生实相般若智慧;如是成为第七住菩萨,副产品是同时成为解脱道中的初果人。如是继续进修般若别相智,内门广修六度万行而修集更广大福德与智慧,次第进修而入初地,阿罗汉果是其副产品。但却舍弃解脱果而退回三果,发心继续受生人间,进修十度波罗蜜多而入八地,阿罗汉果是其副产品,也是不得不取证之解脱果。如是继续进修无生法忍,乃至妙觉位方止。此过程历经三大无量数劫,其中所证果位乃是十信、十住、十行、十回向、十地、等觉、妙觉,总有五十二位,不以解脱果的四向、四果表示果位。妙觉位是最后身菩萨位,然后下生人间成佛、转法轮等。在此五十二位阶的精勤不辍修学及实证中,以实相法界的修习为主要,藉以断除所知障——智障,取证无生法忍;解脱道的四向四果等解脱圣位,并非菩萨所欲取证者,而是大乘菩提实修过程中自然会出生的副产品。是故佛菩提的果证是五十二位阶,解脱道的果证是四向四果或兼缘觉果,所修有所异同,所证亦有所异同。明乎此,方能真入佛菩提道中学法,始能称为学佛;若以解脱道为所修之内容者,纵使所学正确而有实证,亦只是声闻果而非佛菩提果,只能名为学罗汉,并非学佛;所学、所修、所证者,唯能成阿罗汉故,尚不能成菩萨,何况成佛?

一切学人修学佛法,当依真善知识建立佛法修道次第之全盘概念,了知佛道之概略内涵及修学次第,而后依之修学,方不致误入歧途,造成久修佛道而唐捐其功的窘境。亦须了知佛菩提道涵盖二乘菩提——佛菩提道涵盖解脱道——之事实,然后方能确认自己所修者,是属于二乘菩提之解脱道,抑或是大乘菩提之佛菩提道;了知自己所修者是成阿罗汉之法,或是成佛之道。若已确认自己所学、所修者是成佛之法道,方可说是正在学佛者;若是所学、所修者是成为阿罗汉之法道,则不能说是正在学佛,应说是正在学罗汉。想要学佛或是想要学罗汉,是一切进入佛门学法者,必须先认识清楚的基本立场;否则修学一世之后,方始发觉与自己设定之目标相异,再欲从头开始,已届老年而时不我予,只能徒呼负负而自感叹,已经无可奈何了!

学人若能于"佛法"(不是指罗汉法)具备全面性之认知,尔后方有受学于真善知识教导之因缘;否则极有可能误入阿罗汉法中而被误导为正在学佛。真善知识出世弘法时,对于佛门法教都应提纲挈领开示学人,令学人先知"一切佛法具足解脱道与佛菩提道",然后更应次第为学人建立解脱道与佛菩提道之见道、修道顺序,令诸学人于此二道之修持,得有入手处,方能得见道;见道之后,亦能依进道顺序之教导次第修进,逐步成功,不会虚掷光阴、浪费生命。因此,欲趣入真实佛道而非罗汉道者,当先断我见,然后实证如来藏之所在,方能如实观察如来藏中所含藏之一切种子,进入诸地修道位中。是故大乘菩提之见道,以亲证第八识如来藏之所在为首要之务;若离如来藏之亲证,即无大乘之见道可言。若欲亲证如来藏者,则以取证二乘菩提之初果解脱为第一要务;此谓,不断我见之人而欲实证如来藏,并于实证之后得以转依成功而不退转者,无有是处。欲获二乘之初果解脱,则是以"断我见"为唯一首要;当一切有情不再误计色身为我,不再误计能知能觉之灵知心种种变相为常住不坏我,则可断除我见。

我见既断,或转入大乘菩提,或继续深入解脱道实修,皆可随意成功;我见不断而落入识阴境界中者,欲求实证三乘菩提之一,皆无可能。断我见而证初果已,再依世尊所说佛菩提道之般若实相智慧正理,求证般若诸经所说之实相心(非心心、无心相心、不念心、不住心)——具有八不中道体性之中道实相心如来藏。若佛弟子证得如来藏,而能作中道实相之观行,则可渐次发起般若实相智慧,渐渐迈向地上菩萨所修,也就是第三转法轮方广诸经所说"唯识增上慧学"一切种智之境地，始能渐次修进，具足一切种智而发起四智圆明之无上智果，成就"常乐我净"的清净法界，究竟成佛。

　　因此，佛道进修之能否圆满成就，"断我见"具有举足轻重的关键角色。断我见后，纵使未能获得禅宗的大乘开悟，以致未能证得大乘见道之般若智慧，不起般若实相智慧，不入菩萨数中，然而已成大乘通教中之初果菩萨，亦同二乘菩提道中之声闻初果圣人。钝根人可以因此而世世进修，渐次取证四果，然后留惑润生而不取无余涅槃，世世以解脱道正理而度众生，即是大乘法中之通教初果菩萨；如是世世留惑润生以度众生，必有一世得遇佛陀或别教中之胜义菩萨僧，因缘际会便得证悟第八识如来藏而转入别教七住位中，从此迈向成佛之大道。若能在证得初果之后，了知学佛与学罗汉之差别者，即可渐次入于大乘究竟了义正法中修集福德资粮，久后缘熟时亦有悟缘，自可悟入实相而起般若实智；由此可知，断我见而证初果之后，进则可以求证大乘见道之禅宗明心等法而起实相般若智慧，入菩萨数中，永不退堕于意识我见之中；退则可保解脱生死之进程，至迟历经七次人天往返，必尽苦边，得出三界生死；因此故说"所学断除我见之法是否正确"，为修进解脱道与佛菩提道之关键；若不能断除我见而言见道，若堕入意识境界而言见道，更言已证般若实智，皆是空言。接下来叙明断我见之方法。

　　所谓我见，略述如下：一者，断续分别我见，即是声闻法中初果人所断之我见也。谓如凡夫、外道之误认意识心为常住不断法者，皆属我见未断之人；或谓南传佛法中错悟二乘菩提者，同以种种变相境界之意识心作为涅槃心者，即是声闻法中未断我见之人；或谓大乘法中同以种种变相境界中之意识心（譬如长久安住于一念不生境界中之离念灵知、或如前念已过后念未起中间之短暂离念灵知、或如清清楚楚明明白白的觉知心等），作为第八识真如心、如来藏者，皆是大乘法中未断我见之人也。云何谓此为我见未断之凡夫？谓佛于四阿含中说："诸所有意识，彼一切皆意法因缘生。"一切意识既然皆是意根与法尘为缘方能出生之法，是则不论粗细，不论细至何种程度（最细意识是非想非非想定中之意识），皆是有生必灭之法；如是堕于意识境界中者，即同于众生我；若有差别者，都在意识境界之高下分别而已，都不离意识生灭法境界，故说为我见未断之凡夫。

　　如是我见，自古至今，即难断除；是故古今大法师、大居士，每多误以为断除"外我所"之贪著，保持觉知心于六尘中不贪不厌之境界，能清净安住即是断我见烦恼，即是证涅槃境界者。如是邪见比比皆是，皆是误认已断我见之误会者；所以者何？谓觉知心本身即是欲断我见者所应断之"自我"故。觉知心自我，不论处在何种一念不生之境界中,不论处在何等胜妙之无念禅定境界中,都仍然是意识自我故,都仍是常见外道所误认为"常"之意识心故,都仍然是识阴所摄之自我故。凡此误会而错认觉知心意识之种种变相,作为不生灭法者,皆是自我仍存者,怎能说为"已断自我常住之邪见"者?而可自称已"断我见"?如是堕于常见、我见中者,皆是误以凡夫境界而错认为已证声闻初果境界者。"南传佛法"中之大师与学人如是,大乘法中之大法师与大居士亦如是,参禅误会而错认妄心为真实心,误将种种变相境界中之意识觉知心,认作常住不坏之真如心——如来藏——阿赖耶识心体者,随处可见;此即禅宗真悟祖师所说"漫山遍野死人无数"之意;难得遇见一个已断我见而活却法身慧命者。

欲断我见者,当先了知我见之意涵;我见者即是误认意识心为常住不坏法,将意识觉知心认定为常住不坏法时,即是堕于识阴我之中;以如是见解而坚执觉知心——意识——常住不坏者,即是自我恒存;认定意识自我应该常存之见解,即名我见。所以欲断我见者,当先了知意识心;莫堕于意识心中而自以为不堕于意识心中,莫将意识心变相境界错认为第八识如来藏境界,是故应先了知勘验意识心之方法,方能真断我见无余。意识心体者,举凡现起时,必定会与五尘法及法尘相触,亦必定会与五种了别境界相之心所有法相应;又必定会有五位(眠熟位、闷绝位、正死位、灭尽定位、无想定位)暂时断灭之现象,当知符合如是体性之觉知心,必定即是意识心也。

此外,别有一种我见,是附属于六识心而有者,本质属于我所见——堕于内我所中;如是之人执著六识心之自性为常住不坏我,六识之自性即是眼识能见之性、耳识能闻之性……乃至身识能觉之性、意识能知之性,误将六识如是自性错认为常住之佛性。然而六识之自性,只是六识之心所法所显示出来的六识性,属于识阴之"内我所",阿含中已经分明宣说此理。若有人执著六识之能见乃至能知之性为常住之佛性者,即是自性见者,与自性见外道无二无别,堕于识阴内我所中,更是未断我见者:连识阴的我所都未能断除,何况能断除"识阴我、意识我常住"之我见?当知更是凡夫之见。以下再提出两种勘验之方法,以供大众自我检验:

第一:观察所悟之心,是否为觉知心?若是觉知心,则非真实心。复观察所悟之心,是否能领受五尘与法尘?若是能领受痛痒冷暖之心,能领受色、声、香、味、触之心,能了知法尘之心,当知即是意识心,不论所住境界相如何胜妙,乃至住于四空定中而了知定境者,都仍然是意识境界;综而言之,若是一念不生之际,仍然能领受六尘、仍然能触知六尘之心,皆仍是意识心。经中开示真心时如是言:"一切诸法无作无变、无觉无观,无觉观者名为心性。"(《大方等大集经》卷十一)又言:"法不可见闻觉知,若行见闻觉知,是则见闻觉知,非求法也。"(《维摩诘所说经》卷二)又言:"不会是菩提,诸入不会故。"(《维摩诘所说经》卷一)如是所言离见闻觉知之开示,处处经中同此一说,是故所悟之心若是有见闻觉知而能触知六尘者,当知即非胜义菩提心,当知皆是意识妄心也。此是初勘验之粗法。

第二:"五别境相应之心所法"。云何为"五种了别境界之心所法"?谓"欲、胜解、念、定、慧"。若所悟之心能与此五法相应者,即是意识心,应否定之。一、若所悟之心,是于六尘能起"欲"者,不论所起之欲是善法欲、或是恶法欲,皆是意识觉知心也;谓第七识末那识心,不与欲心所相应;第八阿赖耶识真心,亦不与欲心所相应故,则知此一能与"欲"心所相应之觉知心,必定是意识心也。二、若所悟之心处在一念不生之境界中时,仍然能闻人说法而得"胜解";于一念不生之时,闻听他人命令或示意之际,仍然能起胜解而了知其意者,皆是意识心也。诸佛菩萨于诸经论中都说意识心能与别境心所法中之"胜解"心所法相应故。由此证知:一念不生之觉知心乃是意识心。三、若所悟之心,对于曾经亲历之境界,"能回忆、能忆念"者;或于所念之佛,能生起忆念之念者,皆是意识心。谓佛菩萨于经论中开示,凡能忆念之心即是意识;今观定中能忆念往昔事之觉知心,正当忆起某事、某法时,虽然仍无语言文字相,然而已是忆念往昔所经、所闻之事与法也,故知能念之觉知心不论处于何种境界相中,都仍然是意识心也,常常与"念"心所相应故。四、若所悟之心,能制心一处而得"定",或住于一种境界相中而不移动,或住于一种见解而不转易者,皆是与定心所相应之心,皆是意识。诸佛菩萨于圣教中说,意识心与定心所相应,当知如是与"定"心所相应之觉知心即是意识心也!五、若所悟之心,是能了别五尘、法尘之觉知心者,即是与"慧"心所相应之心,即是意识心也。如是一念不生而始终不起语言文字,即已了知之分别性,即是五种了别境界心所法之"慧"心所,诸佛菩萨于圣教中开示:如是与"慧"心所相应之觉知心即是意识心,真心本识从来不与如是"慧"心所相应故,末那识虽能有少分之"慧"心所法,但亦无能力了别彼言语故,亦唯能极少分了别法尘而无能力了别语言之意故;由是故知定中离于语言文字而能了别之觉知心,即是意识心。

若所悟之心符合"五别境心所法"中之一种者,当知即是"意识心"也;不论彼觉知心有妄想杂念、抑或无妄想杂念,不论彼觉知心是一念不生、抑或有语言文字妄想，皆是意识心。由此检验而知是意识心者，则知应断邪见：莫再如常见外道一般、莫再如民间信仰者一般，误认此觉知心为常住不坏法。苟能实际观行而非纯依思维，能如是初知意识体性之人，当知已得暖法、顶法，而仍未断身见、我见。正断身见、我见之初果人，则是断除了意识觉知心常住不坏之恶见，即是了知意识心确属生灭有为之法者，方是断除意识心常住不坏之我见者，方是证得声闻初果者，方是大乘通教中之初果菩萨也！是故粗知此意者，仍非是证果之人！是故了知觉知心即是意识心时，应当再进一步而观意识觉知心之生灭易断体性而实际上现观为确实之正理。

然而确认与五种别境心所法相应之觉知心为意识心，却是首要之观行法门；能确认觉知心之种种变相皆是意识心者，方能确实断除我见；若不能确认种种觉知心之变相境界都是意识心境界者，则不能确实断除我见；是故观察意识心之种种变相境界，极为重要；若不能如此确实观行者，则我见不能确实断除，往往堕于意识觉知心之某一种变相境界中，而不知其中之觉知心仍然是意识心，则不能确实断除我见也。

为何意识心能与五种了别境界之心所法相应？为何以此五种了别境界之心所法为其亲所缘缘？为其功能差别？此谓意识心之自性即是六尘上之分别心故，本是《楞伽经》中佛所说之"分别事识"故。分别事识者谓：能于六尘种种事相上分别了知之觉知心。云何意识觉知心是分别事识？为何意识能见闻觉知？谓有如是五种别境心所法故，由是缘故即能了别六尘所摄之一切诸法。略说八理以明实义：一者，是能分别之心故；二者，真正无分别心是前后皆无分别，永不改易其性故；三者，有断灭之法，不可能是无分别心故；四者，意识觉知心是刹那生灭，有生有灭之法故；五者，须依他法方能生起、存在、运作故；六者，无分别心必是无记性之心体故；七者，无记性之心体必定不知善恶法故；八者，不知善恶法之分别者必定无此五别境心所法故。

第一，觉知心在初醒时之第一刹那虽不分别，其实并非其心性不欲分别或不能分别，而是觉知心初起时虽欲分别，而无可供分别比对之前一刹那境界，故尚未能完成分别；要待第二刹那寻求心时已有可供比对之第二刹那境界相，能与第一刹那境界相比对，由此了知转移注意对象后之新境界为是何物，方知新注意之境界相为何事、何物，此第二刹那之觉知心既名寻求心，当知即是欲分别、能分别之心也；若非欲分别之心，则当来下生弥勒尊佛焉得于《瑜伽师地论》中名之为寻求心？至第三刹那时，既已了知新境界相，是故心得决定，故于一切种智中，说此第三刹那觉知心为意识心之决定心,谓分别已经完成而得决定,定知新事物之境界相。同一心而依前后分位施设为率尔心、寻求心、决定心,当然属于同一觉知心,而且是能分别者,焉可谓此觉知心为无分别心?

第二,真正无分别心是前后皆无分别,永不改易其性故。第八识如来藏,自无始劫以来,恒常都不分别六尘,故无此五种了别六尘境界之心所法,故非有分别心;不论是悟前或悟后,都同样是无分别心。然而觉知心意识,一旦现起,则必定会对六尘中之境界相产生分别,绝非常时无分别者;纵使假藉定力而压抑之,使能暂时不分别前五尘;其实仍是在定境中分别定境法尘之有无变动,并非真实的无分别。一旦出定时,则其分别已非定境中之法尘,更扩及五尘,故非无分别心。纵使能入非非想定而不起分别,出定后仍将再起分别,不是从来无分别、以后亦永无分别者,当知绝非无分别心。

第三,有断灭之法,不可能是无分别心故。佛所开示之无分别心,是始从无量劫前,后至无量劫后,乃至成佛之后尽未来际,皆是永不断灭之体性,迥异离念灵知之觉知心意识也!当知意识觉知心,夜夜眠熟即告断灭故,五位中皆必断灭而非常住法故,常断灭之法即非常住之无分别心。

第四,如前所举离念灵知心,必须前后三刹那间之比对了解所触境界相,方能决定了知所触境界相,当知即是经由意识种子之刹那生灭方能完成其分别之事功;此是佛在《楞伽经》中所开示者,亦是当来下生弥勒尊佛在根本论——《瑜伽师地论》中所开示者。一切圣教中都说意识心是由阿赖耶识所含藏之种子刹那刹那流注生灭故,方能起其了知、分别之作用,方能运作其所相应之五遍行与五别境心所法;既是刹那刹那不断由如来藏中流注种子,如是不断由意识种子之流注生灭而成就其分别、了知之事功者,当知即是生灭法;刹那刹那不断生灭流注之离念灵知心,由于种子流注速度极为快速故,众生不能觉知其刹那生灭,即如《楞严经》卷十中佛所说意识心之刹那生灭:"如急流水,望如恬静,流急不见,非是无流。"是故凡夫众生执著离念灵知心,误以为是不曾有刹那生灭之常住心体。由此可知,离念灵知心仍是生灭法,绝非实相心体。复次,由其刹那流注不断,方能成就分别六尘之事功者,亦可证明其生灭流注性。

第五,意识觉知心是依于他法为缘才能生起者故。上说离念灵知意识觉知心于五位中必定断、灭,但离念灵知心为何必定会断灭?必有其理,谓此心是依藉他缘而生之有生法故。云何是有生之法而又依他起性?谓离念灵知心必须假藉因与缘,才能从如来藏中现起。此处所言必须假藉因与缘之"假藉诸缘"部分,是未悟般若之学人可以如实现观者；至于假藉"如来藏因"方能生起之事相，则非未悟般若、未证如来藏之凡夫与二乘圣人所能了知与现观。故此仅就假藉诸缘部分而作解说，能令一切大师与学人同作此一观行而断我见，普皆证得声闻初果。

先从圣教量来说，佛世尊于四阿含诸经中，多次开示："眼、色因缘，生眼识。""耳、声因缘，生鼻识。"……乃至"意、法因缘，生意识"。识蕴中的意识之特性乃是"二法因缘生"，要藉根与尘二法为因缘，方能出生。其中则以意识为主要，因为众生最容易落入意识中而被识阴所笼罩，是故佛又明示说一切粗细意识皆意根、法尘为因缘而生："诸所有意识，彼一切皆意法因缘生。"故一切粗细意识皆无常、苦、空、非我，不应爱乐、摄受、保持。此乃佛门四众皆无异议之原始佛法圣教。从现实事相中之现前观察亦皆可以证明：吾人离念灵知心正是因为意根与法尘为缘才能出生，完全符合圣教所说意识心体之自性。复从理证上来说，一切大师与学人皆可现前观察到：离念灵知心若离五色根、或五色根毁坏、或极羸劣时，离念灵知心意识即不得现起。由此可知离念灵知心非唯须藉意根与法尘为缘，尚须未坏的、功能正常的五色根才能从如来藏中生起而在人间运作。既然离念灵知心须藉种种外缘为俱有依才能从如来藏中现起，当知皆是有生之法，若是有生之法，当知离念灵知心必有断灭时，譬如眠熟位、闷绝位、无想定位、无想天中、灭受想定中；又当知必有暂断时，譬如正死位。亦当知必有永断而无复起之时，譬如入胎位五根未具之时，后时待五根具足而缘新生五根所生之离念灵知心已是全新之离念灵知心，而非上一世之离念灵知心，故上一世之离念灵知心已灭不复再起。又如当意根因为五色根受影响(譬如注射麻醉剂、服用安眠药等)而不能接触法尘、不能正常运作时，吾人都可以现前观察到离念灵知心即不得现起。由此当知离念灵知心缘他法而生，是有生有灭之心，非真实不生不灭之实相心也。

第六，无分别心必是无记性之心体故：无分别心是能执持一切善恶业种者，是能实现一切善恶业种者；若由能知能觉之意识心持种，必定会取善种而舍恶种，则因果大乱矣！当知离念灵知意识心，绝非持种者；既非持种者，即非无分别心。唯有绝对无分别的第八识如来藏，无记无覆性的恒住而平等执持一切善恶业种，永无分别，方能持一切业种而使因果合理实现。然意识离念灵知心永远无法如此，故知意识(不论意识之任何一种变相)都不是真正的无分别心。

第七，无记性之心体必定不知善恶法故：无记性心才是持种心，才能平等普遍执持一切法种；既是平等普遍执持一切善恶业种的心，当知必定是不对善恶法能起分别、能了知者；然而意识离念灵知是具有五别境心所法之心，必定能分别善恶，心中纵使不起语言文字思维，亦能于闻言之时即知善恶而作取舍，故知意识心不是无记性之心体；既是有记性之心体，当知不是无分别心。

第八，不知善恶法之分别者必定无此五别境心所法故：意识离念灵知心如是具有欲、胜解、念、定、慧五种了别境界之功德，当知即是能知善法、恶法、染法、净法之差别者。若有一心不知善恶法，亦不能了知善恶法之差别，当知即是无五别境心所法之心，而诸心识当中唯有第八识如来藏于六尘境当中不会分别善恶法，也无此五别境心所法，而意识灵知心永远都是有分别之心，是有记性之心体。

第二种的我见，称为俱生分别我见，亦可由此现观而断除之。俱生分别我见者谓出生时之觉知心即已自动执著觉知心自我，亦自动执著处处做主之意根自我，由是缘故堕于意识俱生断续我见之中，亦由是故转堕于意根相续我见之中，此即是我执（意识对"意根相续常住不断"之我见虽断，但意根之自我执著心性仍未能断除，要藉三乘见道后之断我执观行，确实修行才能断除之，故名我执），然世尊于二乘菩提中，往往不说意根所有之俱生相续我见，但说断尽意识我见及断尽意识对意根处处做主体性之执著，而不告知意根之执著性，要待第三转法轮时，方才告知二乘菩提中已断我执之正理。

由是之故，一切学人得以在我见确实断除之后，跟随真善知识之教导，力求大乘见道明心见性之法门，追亲证一切种子识——如来藏之后，依佛世尊所开示法道，次第进修，渐渐迈向成佛之道，此是一切真参实修之大心佛子所应知之。如此之法道，也符契世尊所开示，为令急求解脱出三界者，使其先证二乘菩提之解脱，追二乘圣人证得解脱果已，方信佛语真实不虚，佛法真实可证，乃敢回心大乘，修学别教之佛菩提果——无生法忍一切种智。因此，佛世尊以慈悯及智慧方便善巧故，于唯一佛乘，一分为三，遂有三乘菩提之同异，然实唯一佛乘，无二无三；如此方是《法华经》终教之真实义。

放眼望去，今日广大之佛弟子，有者努力布施行善、慈济众生、广种福田；亦有打坐修定，勤于参加各种打七参禅法会，一心想要亲证本来面目者；再者，有一部分人士，打着"学术研究"之大旗，举办各种佛学学术研讨会，拟以学术的角度探究佛陀真正的法教……如此林林总总，屡见不鲜，让人错以为佛法在现代非常兴盛；殊不知，由于知见的错谬，造成久修而无成效者，多如过江之鲫；究其主要之原因，可分为如下四点：一者为邪师所作错误之教导，不如实知三乘菩提法道之内涵与互相之差异，导致误会以为"解脱道就是成佛之道"，如此一步错，满盘皆输，不仅对解脱道无有正确的认识，对以如来藏为主轴的成佛之道——亲证如来藏为成佛之道的入道唯一标的，竟视之为"富有外道神我色彩"，真是冤枉至极。二者，对二乘菩提五蕴十八界的内涵不知不解，所以普遍错认意识之细心或极细心为生命之实相，于佛在《阿含经》中所一再开示的"意、法缘，生意识"、"诸所有意识，彼一切皆意、法因缘生"视若无睹，却把这个易断易坏的意识觉知心，必须众缘和合方能现起的心当成实相心，由于对五蕴十八界真实内涵的误会，造成欲求解脱，益加系缚之困境。三者，对涅槃本际不如实知，对二乘菩提断尽我见我执之后，不是断灭，而是有涅槃"本际"独存的境界无法信受，因此害怕"我"灭了，一切皆无，所以无法取证解脱果，更遑论佛菩提果了。四者，缺乏实修之行门所致，徒为意识知解所缠绕，而对如何"行持"，才能具足亲证法界实相之功夫行门一向缺乏，长时以来，鲜见有善知识能提出一个简单易行，而又能行之长久的功夫法门，所以学人普皆以为广阅经论、广读诸方大德论著、广作学术考证探讨，就能找出生命实相之所在。殊不知，转求转远，欲从经论著作中找出真心，比大海捞针要难上何止千倍！

普见学人为错误知见所误导，愈修行离解脱道愈远，愈修行与佛菩提道愈背道而驰，如是诸多现象，在在令人心生不忍，是故笔者在此吁请一切有缘佛子，皆能摒弃成见、邪见和谬见，努力勤求真善知识之教导，力求明心见性法门。明心见性已，复入般若宗义，详研《般若经》及三论《中论》、《十二门论》、《百论》，可使已明心者，生起胜解及胜行故。

三论宗之宗义已证已了，则入唯识宗，依所证知之八识心王体性，一一领受五法、三自性、七种性自性、七种第一义及二种无我，便能证得初地道种智，住于初地无生法忍果；由是道种智故，渐能通达十地修道断惑圆智之理，亦能圆证二乘菩提之解脱果，成人天之师，能破佛门内外一切邪见，能建立三乘法义于不败之地，一切人天外道所不能坏。然欲臻此地步，首须留心戒律，不犯律法，尤以不谤菩萨藏"如来藏法"、不谤大乘胜义僧为要，以免障道。

另于藏传佛教之种种，应予了知，摧伏令灭，转易其知见，使其回归显宗真实之密法密意。复应重研《阿含经》，亲知原始佛教之法教及风貌，以道种智了知阿含密意，建立二乘法于不败之地，则人天获安，佛法无虑，是则初地菩萨修集佛法及福德之无上妙道、无上功德。以此功德回向极乐净土，上品上生已，能速证八地无生法忍果；或回向求生此界密严净土，于色究竟天宫面见释迦报身卢舍那佛，速证八地无生法忍果，再返人间广益有情。

如是观之,大乘佛法之修证,不应分宗立派,故步自封;错误之人若自是非他,以自身误会之宗义非毁他宗他派,则成破法之人,则是自障障他,于自他悉皆有害无益。是故,大乘佛法之修证,应是全面修证的佛法,真正的成佛之道,应双具解脱果及佛菩提果之见道与修道法门,一切已悟之人,悉应检异辨邪,摒除邪知邪见于佛门之外,令人天获安。幸甚!幸甚!是所至祷!

【问题讨论】

一、学罗汉与学佛,在法义与果证上面有何不同?

二、欲趣入真实佛道者,首应如何?欲获二乘初果解脱者,以何为第一要务?

三、何谓我见?分成哪两种?

四、如何勘验自己我见是否已断除?方法有哪些?

五、意识觉知心为何能与五别境心所法相应?原因有哪些?

六、请说明许多学人久修无证的原因有哪些?

七、大乘佛法之修证,以何宗何派最为殊胜,原因是什么?

本书主要参考书目

一、佛经部分

1. 《杂阿含经》
2. 《中阿含经》
3. 《长阿含经》
4. 《增一阿含经》
5. 《央掘魔罗经》
6. 《大方广佛华严经》
7. 《大乘入楞伽经》
8. 《大佛顶如来密因修证了义诸菩萨万行首楞严经》
9. 《大乘妙法莲华经》
10. 《金刚般若波罗蜜经》
11. 《般若波罗蜜多心经》
12. 《实相般若波罗蜜经》
13. 《金刚顶瑜伽理趣般若经》
14. 《佛说遍照般若波罗蜜经》
15. 《大乘理趣六波罗蜜多经》
16. 《大般若波罗蜜多经》
17. 《小品般若经》
18. 《维摩诘所说经》
19. 《胜鬘师子吼一乘大方便方广经》
20. 《解深密经》
21. 《大方广如来藏经》
22. 《佛说不增不减经》
23. 《佛说无上依经》

24.《金刚三昧经》

25.《大乘密严经》

26.《大乘显识经》

27.《大乘同性经》

28.《金刚三昧经》

29.《菩萨璎珞本业经》

30.《菩萨优婆塞戒经》

31.《大宝积经》

32.《大方等大集经》

33.《大方广圆觉修多罗了义经》

34.《六度集经》

35.《大般涅槃经》

36.《分别善恶所起经》

37.《杂宝藏经》

38.《佛说未生冤经》

39.《大乘本生心地观经》

40.《佛说子经》

41.《大方便佛报恩经》

42.《佛说稻经》

43.《过去现在因果经》

二、古代论著部分

1.《六祖大师法宝坛经》

2.《阿毗昙心论经》

3.《瑜伽师地论》

4.《显扬圣教论》

5.《俱舍论》

6.《大乘百法明门论》

7.《大乘阿毗达磨集论》

8.《大智度论》

9.《中论》

10.《成唯识论》

11.《成唯识论述记》

12.《般若波罗蜜多心经幽赞》

13.《佛果圜悟禅师碧岩录》

14.《中观论疏》

15.《大乘义章》

16.《入中论》

17.《入中论释》

18.《入中论善显密意疏》

三、现代著作部分

1.《八识规矩颂注解》 佛莹法师

2.《佛教基本知识》 正果法师

3.《简明佛学概论》 于凌波

4.《唯识学入门六记》 于凌波

5.《佛教各宗大意》 黄忏华

www.ingramcontent.com/pod-product-compliance
Lightning Source LLC
Chambersburg PA
CBHW081201240426
43669CB00040B/2934